大是文化

中國戰狼外交

外交官怎成了文裝解放軍？一切要從周恩來說起。

彭博新聞社政治線記者
馬越 著
PETER MARTIN
吳盈慧——譯

CHINA'S CIVILIAN ARMY

第11章　因為這世界上有狼，才需要戰狼　333
習近平上任談外交，便抱怨「吃飽沒事幹的外國人，對我們的事指手畫腳」，並要求外交部表現「戰鬥精神」。中國外交戰略，自此走向「讓批評的人閉嘴」。

後記　中國外交核心戰略：讓批評的人閉嘴　385

謝辭　393

各界推薦

「提供看待中國外交政策內部運作的全新視角！**需要與中國打交道，或是想要了解為何中國崛起的人，這本書絕對是必讀之作。**」

——白宮印太事務協調官，著有《關鍵樞紐：美國未來的亞洲治理之道》（*The Pivot: The Future of American Statecraft in Asia*）／庫爾特・坎貝爾（Kurt Campbell）

「馬越的書令人驚嘆！依據外國人難以觸及的內幕記述，深入探究、描述中國的政治心理。簡直是一本**了解中國全球戰略的指南手冊**。」

——《紐約客》（*The New Yorker*）記者、美國國家圖書獎得主／歐逸文（Evan Osnos）

「深入探究中國外交使團的歷史，為中國外交政策的本質提供嶄新見解。」

——美國前國家安全顧問／史蒂芬・哈德利（Stephen J. Hadley）

「本書精彩捕捉中國想要鞏固海外利益的堅毅決心，也攤開美國與其盟友須面對的挑戰，更凸顯出共同協調合作擬定對中政策的重要性。」

——美國前國防部政策次長、顧問公司 WestExec Advisors 聯合創辦人／米歇爾・佛洛諾伊（Michèle Flournoy）

「藉由中國外交官的視角，精彩重述現代中國史。」

——美國新聞網站 Axios

「謹慎查證過的有趣歷史內幕。」

——《外交政策》（*Foreign Policy*）雜誌

「本書是我這陣子以來，覺得不需要花太多力氣就可以閱讀的著作。」

——談論中國時事的 Podcast 節目《Sinica Podcast》共同主持人郭怡廣（Kaiser Kuo）

「本書令人十足著迷。」

——《洛杉磯書評》（*Los Angeles Review of Books*）

「馬越這本書實在令人欽佩，看到書中各樣例子後，讓人心裡更產生疑問：到底中國外交官想從這些威脅、汙辱的行徑中得到什麼？」

——《金融時報》（*Financial Times*）

「為中國現代外交政策的關鍵謎團，提出根本的見解。」

——《中國季刊》（*The China Quarterly*）

「以新聞記者的細心與關懷態度編寫，直指中國當代意義。」

——《國際事務》（*International Affairs*）期刊

「本書有著深入的調查與探究。」

——《環球亞洲》（*Global Asia*）雜誌

「這份對中華人民共和國外交的研究，讀來有時會令人感到擔憂，但更常覺得好笑。」

——《澳洲人報》（*The Australian*）

推薦序

戰狼，是本性還是任務？

淡江大學國際事務與戰略研究所助理教授／林穎佑

「秦剛到底去哪裡了？」相信這個問題是二〇二三年七月時，外界對中國外交部產生的最大疑問。

「尋秦記」的真相，在此文截稿（二〇二三年八月七日）前還無明確答案，而隨著王毅的回鍋（編按：王毅為秦剛前一任外交部長，在秦剛被免任後回任）、火箭軍司令的人事異動（編按：二〇二三年七月三十一日，中共中央軍事委員會宣布新任火箭軍司令員、政治委員分別由王厚斌、徐西盛接任，間接證實「失蹤」數月的原火箭軍司令員李玉超和政委徐忠波已卸任），當前中國人事體系的變化更讓人難以理解。

外交單位作為國家與外國接觸的窗口，駐外外交領事人員更是本國在外的代表，許多時候必須適當的表達國家態度與立場。而**強硬與妥協之間的變化，自然也是中國古典兵學中虛實二**

元運用的藝術，任何舉動或發言的背後，可能都暗藏北京的盤算，這也是中國外交之父周恩來所說：「外交無小事。」

在習近平上任後，「說好中國故事」、「大外宣」、「戰狼外交」等名詞陸續出現在媒體中，不免讓人聯想：中國外交是否有所轉變？強硬態度背後的戰略意涵，是單純表態？抑或虛張聲勢？或單純想要藉外宣達到內宣作用？

在中國，能出任外交官的人，無論在國際觀或學歷涵養都為萬中之選，但他們在國際舞臺上的表現，卻又經常讓人無法與其資歷聯想。**中國外交官的外在表現，究竟是其不得不為之的職責？或是為未來仕途發展而演出？**這些都是可能的原因，也讓外界對於中國外交官的角色與養成，產生極大的興趣。

須特別注意的是，**對外強硬、實際上將其當作對內表態的「出口轉內銷」策略，是中國在外交戰略上經常應用的方法**。畢竟對中共而言，穩定政權為首要目標，將國際表現作為轉移內部壓力的手段，是歷代中共領導人的不二法門。而中國外交官，便是此任務中的重要角色。

關於中國外交的理論與體系，雖已有不少專著，但從外交官職務與角色切入的著作並不多，這正是本書難得可貴之處。本書以歷史為脈絡，對中國外交官的養成，以及不同時期中國面對國際與內在因素所造成的影響，皆有詳細的描述。

此外，本書不只從外國與中國互動的角度觀察，更結合中國內在因素與其獨特政治體系做出全面分析。身為中國議題的研究者，我認為此書無論在研究角度或內容的紀錄上，都有相當的價值，也值得關心世局的讀者們一看。相信讀者不僅能更了解中國「戰狼」，也能激盪出更多思考火花。

前言
中國外交官，穿文裝的人民解放軍

某日傍晚，巴布亞紐幾內亞（Papua New Guinea，以下簡稱為巴紐）外交部長倫斌・帕托（Rimbink Pato）突然聽到門外出現一陣喧鬧。不出幾秒鐘時間，四位中國外交官擅自闖入他的辦公室，要求在會議前夕修改公報內容。這場會議可是太平洋最重要的政經論壇，也就是二〇一八年亞太經濟合作會議（Asia-Pacific Economic Cooperation，縮寫為APEC）領導人非正式會議（以下簡稱為亞太經合峰會）。

APEC成員國的國內生產毛額（Gross Domestic Product，縮寫為GDP）約占全球六〇%，而巴紐能夠主辦這場會議可說是意義非凡。

巴紐全國擁有超過六百座島嶼，散落在南太平洋上，人口僅有八百六十萬人，是全球甚為貧窮的國家。國內語言共有八百五十種，因此就算是在最好的情況之下，仍舊是個管理難度很高的國家。

其首都摩斯比港（Port Moresby）以暴力事件出名，這促使位在巴紐南方的鄰居、同時也是其前殖民霸主澳洲，為了保障此次活動安全而派出軍艦駐紮港口。

多年以來，中國刻意在這個擁有豐富資源的國家建立起影響力，例如增加投資、興建基礎建設。全國各地把從中國借來的貸款，用來興建醫療院所、學校、水力發電站等。二〇一八年十一月亞太經合峰會開幕之際，巴紐有四分之一的外債都是來自中國[1]（本書參考資料，請見第三九二頁）。其實，依據一帶一路（編按：中國倡議及主導的跨國經濟帶，其範圍涵蓋中國歷史上的絲綢之路和海上絲綢之路，如中亞、北亞和西亞、印度洋沿岸、地中海沿岸、南美洲、大西洋地區），中國承諾要在廣大的太平洋和歐亞地區，提供超過一千億美元（編按：全書美元兑新臺幣之匯率若無特別標註，皆以中央銀行於二〇二三年六月公告之均價三十．八二四元為準）的基礎建設資金[2]。

如此看來，這場會議對中國領導人、共產黨總書記習近平來說，應該是既輕鬆又愉快。不過，時任美國總統唐納．川普（Donald Trump）卻缺席了，改派副總統麥克．彭斯（Mike Pence）出席。然而，彭斯待在巴紐的時間非常少，他大多數時間都待在不遠處的澳洲大堡礁（Great Barrier Reef）內陸城市凱恩斯（Cairns），原因正是擔憂當地頻傳的暴力事件。

習近平是第一位抵達摩斯比港的外國領導人，但早在他本人到達前，當地報刊雜誌即出現習近平署名的特稿，讚揚兩國關係的「快速成長」是「中國與太平洋島嶼國家整體關係的最高典範」[3]。

習近平的登場聲勢相當浩大，車隊是從中國空運過來的兩輛「紅旗」（譯按：中國豪華汽車品牌）禮車，從機場到下榻旅館，一路急駛在中國出資興建的高速公路上，路的兩旁則有兩國國旗飄揚。習近平車隊駛過高聲歡呼的高中生，也行經印有習近平與巴紐總理握手的大型廣告招牌，下榻的旅館更以紅燈籠和中國傳統的櫺星門裝飾[4]。

峰會期間，習近平的演說一如既往強調開放市場與全球化。二〇一六年十一月川普意外勝選之後，習近平公開形象帶出的中國態度，與美國人支持川普「美國優先」（America First）的保護主義形成對比，因此習近平也在亞太經合峰會採取同樣的姿態。聽到習近平以不指名的方式，提到加徵關稅、破壞供應鏈乃是「短視」且「註定失敗」的舉措後，在場的全球領袖與政治菁英群起鼓掌[5]。

戰狼外交：犯我中華者，雖遠必誅！

呈現在大眾面前的峰會過程，大多受到中國的操控，但中國持續爭辯峰會公報內容一事卻沒有被封鎖。即便到了最後一刻，中國外交官還奮力想改變公報的用字「unfair trade practices」（不公平貿易措施），原因是他們覺得這話是針對北京當局。

中國外交官決定親自出動，要求巴紐外交部長坐下來會談，但被拒絕了，因為巴紐外交部長認為與單一國代表的雙邊談判，會損害巴紐身為主辦方的中立身分。因此，當中國第二度提出請求時，又再一次被斷然回絕。

不過，**中國外交官並未就此罷手，一行四人決定直接衝進巴紐外交部長辦公室，大聲喊著他們只需要占用兩分鐘的時間！**接著，警衛便來把中國官員請走，隨後警察直接駐守在辦公室門外。巴紐外交部長對外尋求淡化此事，告訴記者這「不是什麼大問題」。然而，巴紐官員私底下形容中國在談判過程中的行為完全是「霸凌」[6]。而中國外交部則是否認發生過這起事件，還說這是「別有用心的人散布的謠言」[7]。

加拿大總理賈斯汀．杜魯道（Justin Trudeau），向等待峰會討論結果的記者證實公報談判破局，他淡淡的表示：「對於特定項目有不同的解讀。」自一九九三年，各國領袖開始出席這場年會，這還是

▲ 2018 年亞太經合峰會與會者合照，包含中國國家主席習近平、時任日本首相安倍晉三、時任南韓總統文在寅、時任美國副總統麥克．彭斯、新加坡總理李顯龍、加拿大總理賈斯汀．杜魯道等人，臺灣則由領袖代表張忠謀出席。（白宮官方照片，攝影：Myles D. Cullen。圖片來源：維基共享資源〔Wikimedia Commons〕公有領域。）

頭一回沒有發布聯合聲明[8]。

這年的亞太經合峰會，原本應該是中國炫耀名聲的好機會。因為摩斯比港舉辦峰會的前兩年，川普把時間都花在去除大多數美國過去在這一帶發展的友好作為。二〇一七年一月宣誓就職之後，川普隨即退出跨太平洋夥伴關係協定（Trans-Pacific Partnership），這是由十二個國家達成的貿易協議，目標是幫助美國制衡中國在亞洲的介入深度。接著，川普向中國開啟貿易戰，強迫太平洋各國在兩個他們都不敢得罪的國家選邊站。

此外，川普個人也曾羞辱過該地區的數個美國夥伴，先是在二〇一七年一月和時任澳洲總理麥肯．滕博爾（Malcolm Turnbull）通電話到一半就掛掉，接著又譴責加拿大總理杜魯道「非常不坦誠」和「軟弱」。

然而，中國卻沒有好好利用這個機會，反倒在亞太經合峰會裡展露出越來越蠻橫的樣貌。中國外交官，本應是最關注國家名聲的一群人，卻讓事態越演越糟。

亞太經合峰會潰敗的經歷，也不過是峰會前後數個月裡，中國外交官遭受挫敗的其中一例罷了。峰會召開的前兩個月，密克羅尼西亞（譯按：Micronesian，太平洋三大島群之一，位於往返亞洲和美洲的重要航路，頗具交通戰略價值）的微型國家諾魯共和國（Nauru）舉行太平洋島國論壇（Pacific Islands Forum），會議中，中國特使因為想在另一位總理之前發言被拒，遂起身離席。諾魯總統形容這位中國外交官「非常無禮」，還很「惡霸」[9]。

巴紐峰會插曲發生後的幾個月內，中國駐加拿大大使公開指控其駐在國患有「白人優越感」，駐南非的大使也公開表示唐納・川普的政策會讓美國成為「全球公敵」。至於中國駐瑞典大使桂從友，又是給瑞典警察貼上「無人性」的標籤，又是對該國「所謂的言論自由」大肆抨擊，僅僅兩年之內，桂從友就被瑞典外交部請去不下四十次，瑞典更有三個政黨訴請把桂從友驅逐出境。但是，不怕批評的他上瑞典廣播節目時表示：「面對朋友，我們端出美酒招待；面對敵人，我們拿出來的是槍彈。」[10]

此類激進行徑在中國境內贏得讚許，同時間卻損害了中國塑造自己為一和平政權所付出的努力。**海外媒體開始稱呼這種咄咄逼人的態度是「戰狼外交」**（wolf warrior diplomacy），此名稱取自中國二〇一五年的動作片，內容講述特種兵主角違抗軍令，打死了恐怖分子，卻意外得到「戰狼中隊」的賞識，在國內外與中國的敵人戰鬥；而二〇一七年續集《戰狼2》，演的是一群人民解放軍士兵，被派去解救困在爆發戰爭的某個非洲國家裡的中國平民。

對中國製片業而言，《戰狼2》大獲成功，在中國境內締造超過八億五千四百萬美元（編按：以二〇一七年年底美元兑新臺幣匯率二十九・八四八元計算，約為新臺幣兩百五十五億元）的票房[11]。電影裡有句經典臺詞：「**犯我中華者，雖遠必誅！**」[12]戰狼這個綽號，精準捕捉了外界所見的中國外交，不只是駭人，有時還讓人無法理解。之後，這個暱稱就緊跟著中國，再也撕不下來。

強硬、不妥協，不打算建立夥伴關係

二〇二〇年初，新冠病毒肆虐全球，此時中國外交官變得更加好戰。

面對指稱中國是病毒傳播罪魁禍首的說法，北京來的外交官強烈反擊，其中有一位甚至在推特（Twitter）上寫道：「你說話的方式就像是病毒的一部分，你會跟病毒一樣被殲滅。你應該感到羞愧！」（You speak in such a way that you look like part of the virus and you will be eradicated just like virus. Shame on you.）這個人是查立友，中國駐印度加爾各答（Kolkata）的總領事，這是他回應一位推特用戶批評中國的推文[13]。

還有在大使館官網上發洩情緒的：有人在中國駐法國大使館的網站上匿名刊文，汙衊法國養老院員工沒照料老人家、任憑其等死，法國民眾為此氣憤不已，法國外交部也出面斥責[14]。

所有人之中，最為挑釁的就屬趙立堅了，當時他剛被任命為中國外交部發言人。趙立堅指出，新冠病毒可能是美國軍方蓄意散播出來，此言引發美國白宮的憤怒，更讓全世界警覺到北京當局在散播假訊息上所扮演的角色[15]。

中國外交官的行為引起全球反感，也點燃對北京的怒火。出任歐洲議會（European Parliament）對中國關係小組主席的德國議員包瑞翰（Reinhard Buetikofer）表示，中國外交部「極為激進」的行為，加上共產黨「強硬不肯妥協的政治宣傳」，已在歐洲掀起反對這個亞洲國家的民意。

包瑞翰指出，**中國的所作所為「充分演繹出一種態度，這態度並不具備建立夥伴關係的意願，而是告訴大家要怎麼依其意願行事」**[16]。某份全球性調查於二〇二〇年十月公諸於世，顯示美國與八個包含德國、英國、南韓、澳洲、加拿大在內的已開發經濟體，對中國的反感程度達到歷史新高點[17]。

對中國而言，這些挫敗事關重大。由於全球政治的走向，越來越趨向中美之間的相互較勁，因此外交競爭能力將有助於中國形塑二十一世紀世界歷史。外交與經濟、軍事、科技、意識形態實力是任何國家強大的關鍵要素。其實，美國戰略學家早已把外交設定為國家勢力的核心元素之一——外交（diplomatic）、資訊（informational）、軍事（military）、經濟（economic）這四大能力，縮寫為「DIME」[18]。

中國外交官在海外代表中國，發揮巨大的作用。而共產黨最高領導階層對全球說的話，也充斥著空洞的陳腔濫調，不論是談「雙贏」的合作關係，還是高喊馬克思主義口號，這些對海外聽眾根本就起不了作用。同時，中國民間社會卻被緊緊壓迫，不能表達創新的不同看法，非營利組織被嚴密管控，中國的媒體和文化產業同樣受嚴格審查，商業界領袖則會刻意迴避政治。儘管中國國內廣泛認為外交部是個儒弱的官僚單位，但在許多重大全球議題上，中國外交官就是中國政府在全世界的代言人。

中國很清楚外交的重要性，為了取得競爭力，更是大手筆投資。二○一二年至二○一七年間，當美國正大幅刪減國務院（編按：State Department，前身為外交部，其職責也相當於其他各國的外交部）的經費時，北京當局的外交經費卻將近翻了兩倍，金額來到七十八億美元[19]。**二○一九年，中國的外交網絡規模已超過了美國，**全球各地計有兩百七十六間大使館和領事館，但在這三年前，中國還排在第三順位，僅次於美國和法國[20]。

然而，**中國的「戰狼」外交官，已成為中國興起帶來威脅的象徵。**

周恩來，以軍隊方式打造中國外交

為求理解究竟哪裡出了錯，我們得設身處地為中國外交官設想。中國外交官的行為之所以會這麼不像一般外交人員，是因為他們無法擺脫遮掩、偏執政治體系的束縛，這是一種獎勵無條件忠誠、堅信理念的體制。

即便在外人看來，中國外交官的行徑有時會過於激進，甚至是怪異得不尋常，但以中國國內的角度來看的話，卻是相當合理。想要了解原因，就得先探討自中華人民共和國初期以來，中國政治體系是如何形塑外交官的行為。

一九四九年，歷經數十年與對手國民黨的艱苦政治鬥爭之後，毛澤東建立了共產中國

（Communist China）。這數十年間，共產黨員大多時候都過著見不得光的祕密生活，深怕被捕、被迫害。一九三四年，挺過幾近被殲滅的日子之後，共產黨員被迫羞愧撤退，跨越中國中心地帶，一路來到偏遠地區，後來才又得以重新組織革命運動，最終於一九三七年逮到日本入侵的機會，發動反擊攻勢。

不過，就算共產黨在一九四九年取得最後的勝利，反而畏懼起國內階級敵人（譯按：共產主義國家中對異己的指稱），害怕他們會損害新政權的執政權。此外，國民黨在臺灣這座島嶼上設立新首都，所以此一新政權也得面對國民黨的入侵威脅，以及敵意日漸增長、相當反對共產主義的美國。

然而，毛澤東的新政權非常需要與外在世界建立橋梁。與資本主義國家建立關係，乃是為了強化中國共產黨主張自己是唯一合法的中國政府，畢竟臺灣的國民黨也在爭取同一地位。此外，與共產主義國家建立穩當的外交關係，可為中國新政權帶來軍事保護，也能為其現代化取得所需的重大外來科技與專業知識。因此，**共產中國外交方式的形成，起因是迫切想要與全世界建立關係，同時還要小心守護共產黨得來不易的勝利**。

這項挑戰極為艱難，由周恩來一肩扛起。周恩來擁有甚為豐沛的共產黨革命經驗，更是現代中國外交的創建者。這份任務之所以特別艱困，原因是毛澤東的新政權政府根本就沒有所謂的外交官。依據毛澤東指示，周恩來撇棄了選擇留在中國大陸的國民黨外交官，準備自行從零開始組織外交使團。

周恩來的外交使團成員，除了一小群曾與外國人打過交道的黨內官員之外，絕大部分都是剛畢業的大學生、退役榮民、歷練深厚的農民革命軍，他們**大多不會說外語**，**有些人甚至連外國人都沒見過**。

當時中國內部常把外交聯想為向海外勢力示弱、屈服，這使得周恩來的任務難度加劇。中國國內會有這種聯想，起因是十九世紀中葉起，中國使節就代表著搖搖欲墜的清朝政府簽署數份協議，授予海外勢力享有進入中國市場的優惠條款，在中國土地上握有額外的法律特權，甚至還掌管了部分中國領土，例如香港。光是清帝國的首都北京，就曾被多次洗劫。

因此，當共產黨掌權後，遂承諾要終結海外帝國主義的欺壓，主張中國要「站起來」。為了與羞愧的前朝區別，**中華人民共和國的外交必須贏得他國的尊重**，**中國外交官也不被容許展現出軟弱的一面**。

周恩來的解決辦法，**就是按軍隊方式來打造中國外交**。而此處的軍事部隊，指的就是把共產黨推向政權的那一支軍隊——人民解放軍。周恩來告訴新進外交人員，思考與行動時，都要像個「穿文裝的人民解放軍」。因此，**中國外交人員被訓練成嚴守紀律**，**需要時變得好戰**，**本能的遵守階層制度**，**並向長官報告自己所做的每一件事情**，**必要時還得向上匯報其他外交人員的情況**。

以「文裝解放軍」運作的概念之中，最重要的就是強調中國外交官一定要向共產黨展現最初的忠誠。正如同每一位好的共產黨員所知，毛主席宣布「槍桿子裡面出政權」時，也說了「是黨指揮槍，絕不容許槍指揮黨」[21]。

「文裝解放軍」的概念，已被證明是中國外交歷久不變、強而有力的譬喻。它讓這支混雜的團隊可以為自己所做的事感到驕傲，也理解該如何採取行動。這有點像是貼在科技新創辦公室牆上的「使命宣言」，它提供了快速擴展組織的方法，同時又能讓自己忽略完全不知道自己在做什麼的這項事實，可說是相當省事。

「那些軍隊裡的紀律，也拿來套用在外交部上，」前外交部翻譯高志凱解釋：「這些紀律可以用在組織上，也可以運用在個人。壓力非常大，每個人都在監看身旁的人，以確保沒有人胡來。」[22]

有了這套指示，共產黨員既找到與外在世界溝通、往來的方法，又能把跟外界往來的風險壓到最低。有位幹部把周恩來在中國外交官身上培養出來的模式，描述為「受控的開放」（controlled openness），可說是相當適切[23]。**中國外交官得遵守規矩，禁止單獨與他國外交官會面，因此他們總是兩人一組行動，以確保若其中一人偏離黨的教條太遠，或是洩漏敏感資訊時，另一個人可以舉報。**

此外，中國外交官也被告知，他們行動前必須獲取許可，即便是最微小的事情也得先問過，還要向長官回報自己說過的話、做過的事和聽到的內容。他們也被禁止與外國人約會或結婚。而且，就算已經知道他們要說的內容，無法讓外國聽眾產生共鳴，還是要嚴格遵守事先獲得許可的談話要點。

這些規定與做法，乃是因七十年前的需求而誕生，但至今中國外交官還是持續遵循這套規矩。歷經革命、饑荒、資本改革後，中國興起成為世界強權，周恩來的這套做法不僅被保留下來，甚至更進一步演化。

「我們跟其他部門很不一樣，」某位外交官說道：「我們的不同之處，在於我們擁有從一九四九年一路傳承下來的強力文化。」[24]

就算是在中國官僚制度內的保密世界，外交部官員也是出了名的異常焦慮，比起其他部門官員更難以親近。有時，**商務部官員會開玩笑稱外交部是「魔法部」，這是外交部英文簡寫「MOFA」（Ministry of Foreign Affairs）音譯而來。**

中國獨特的外交手法，其核心是歷久不衰的軍事信條，出自周恩來之手。「**我們的外交使團是支文裝解放軍，**」一九九七年某位前任大使如此寫道：「我們所受的訓練和培育，都是來自黨的教育以及周恩來的監護。」[25]二〇一九年，外交部發言人華春瑩在北京參觀新的軍事博物館時，還提醒當天身為主人的人民解放軍，外交部的根本就是一支「文裝解放軍」[26]。

時至今日，在日益緊張的全球競爭過程中，中國外交官毅然面對美國，卻仍以二十世紀血腥革命奮鬥時期所訂下的假設來行事。

不過，中國的做法還是有其優勢。中國外交官追求目標時，其紀律無人能敵。「他們可以很專業、善於言詞，」某位歐洲外交官說道：「和他們打交道很累，因為他們一秒鐘都不會偏離官方立場。」[27]因此，**在中國核心利益議題（例如臺灣、香港、西藏）上與其對話的海外人士，從來就不必猜想中國的看法是什麼。**

中國對此類議題操持著嚴守紀律的態度，甚至還延伸到各個中央政府單位。全世界都看不到中國跨部門間的衝突，如此一來，談判時中國就更有能力展現團結陣線，這在充滿不確定性與顛覆性的世界裡就是個強大的組合。

有段時間，中國交出相當優異的外交成果。一九五〇年代，中國對開發中國家展開魅力攻勢，結交了不少朋友，此舉協助共產黨取得國際公認之中國政府的地位。一九八九年天安門事件發生過後，中國外交官幫忙重建世界看待中國的眼光，歷時近二十年的成功外交，於二〇〇八年主辦夏季奧林匹克運動會（Olympic Games）時達到顛峰。

寧可羞辱他國，也不能看起來軟弱

然而，中國外交體制還是有重大弱點。中國外交官很快就能制定出強硬請求，卻很難贏得人心。由於害怕在黨領導階層與中國人民面前看起來軟弱，使得他們過分專注於小小的戰術勝利，而犧牲掉戰略性成功。他們不斷重複著官方論點，好的時候頂多讓人感覺沒有說服力，但糟的時候看起來就是在欺壓他人。**中國外交官的彈性、主動性、臨場反應都非常局限，以致於無法針對不同的聽眾調整做法**。

這些限制與束縛，正直搗外交行為的核心意義。二十世紀初期的義大利外交官達利艾雷・華雷（Daniele Varé），描述外交行為是「讓他者順著你心意的藝術」。美國前外交官傅立民（Chas Freeman）更進一步闡述：「外交就是政治上的表演藝術，用來傳達並影響他國與其人民的決策。外交可左右他國與其人民的觀點與算計，從而做我們希望對方做的事，因為對方會認為那麼做可給自身帶來最大利益。」[28]

以上述通則的做法看來，中國外交官的表現，極度受限於其政治體制。終究，**比起說服他人同意自身的想法，中國那套系統在滅除批評聲音上比較能發揮效力，可以讓中國共產黨獲得強大的國際影響力，卻交不到幾個真正的朋友**。這點在國家對國家的層級上看來確實不假，中國最親近的盟友是北韓，跟巴基斯坦的關係也非常親密。

甚至在私交往來上也是如此。「我不認為我真的有好好認識任何一位（中國外交官），」某位歐洲官員在結束與中國外交官往來四十年的職涯時說道：「一九九〇年代，我曾和幾位（中國外交官）打過網球，但無法維持關係往來，沒有一位是我真能稱得上是朋友的。」

更重要的是，**當北京情勢緊張時，這套系統的效果就會特別差。因為此時中國外交官比較關心如何避免因不忠誠被起訴，而不是如何改善國家聲譽**。每當中國國內政治出現不確定性時，常常可見國際舞臺上出現強硬的中國意識理念主張——無論這會對中國國家聲譽帶來什麼樣的影響。

一九六六年至一九七六年文化大革命期間，這股推力尤其顯著。外交官眼見毛澤東把中國政治推往更為激進的方向，卻選擇順從其帶領，與外國人來往時，不僅高喊口號，還遞出毛主席的「小紅書」。但最後外交部的嚴格紀律徹底潰散，低階外交官把大使關在地窖裡，強迫他們洗廁所，甚至把他們打到吐血。

時至今日，習近平在國內把國家推往更加集權的方向，在海外則樹立起更為堅定頑強的新角色，以往曾阻攔中國外交進步的許多武裝力量又再次浮現。與毛澤東不同的是，比起激進叛亂，習近平偏愛保持國內秩序。

最重要的是，習近平追求的是個人政治保障，以及一臺會回應他需求的國家機器。二〇一六年十月，中國共產黨宣布習近平為「核心領導人」，這是前任主席胡錦濤未能獲得的頭銜，也意味著黨內共同領導的敗落；二〇一八年三月，中國共產黨撤銷主席任期年限，為習近平終生掌權清出了道路。這些變化，意味著**有野心的外交官必定會站在習近平這一邊的政治立場，因為要等他退場的可能性太低了**。

站錯邊得付出的代價，顯得越加鮮明。在習近平的領導之下，中國政治越來越壓抑、越來越可怕。二〇一二年起，反貪腐運動把政治不忠誠視為一種腐敗，計有超過一百五十萬位官員受到懲處，這數目約是冰島人口總數的四倍！外交官得出席外交部的「自我批評」會議，也得參加「巡視」（編按：中國共產黨黨內監督制度，指中央和省、區、市黨委依規定建立專門機構，監督下級黨組織和幹部），測試自身對黨忠誠和聽從命令的意願[29]。因此，中國外交官遵從習近平領導的動機，除了野心之外，也有恐懼。

外交官為習近平辦事最簡單的方式，就是在國際舞臺上強烈維護中國的利益。早在習近平成為黨主席之前，二〇〇九年二月訪問墨西哥時，他就曾抱怨道：「吃飽沒事幹的外國人，對我們的事情（人權議題）指手畫腳。」[30]二〇一二年十一月，習近平成為黨主席後，頭幾件做的事情便是提出「中華民族偉大復興」，顯示他的野心就是要重拾中國在世界上的正當位置。自此以後，習近平屢次指示外交官，要採取比以往更加激進的方式以擁護中國，甚至還親手寫便條，下令外交官展現更多「戰鬥精神」[31]。

為了證明自己對領導人的忠誠度，中國外交官採取更為堅定、甚至好鬥的語氣。此外，他們更效仿四十多年前的前輩發送毛主席「小紅書」，開始在外交場合上發放「習近平思想」的書籍。與外國大使開會時，也是滔滔不絕講述著習主席的領導。中國外交官還會叫嚷、羞辱他國政治人物，就是不願意冒著看起來太軟弱的風險。

「北京會獎勵激進擁護中國觀點的外交官，斥責那些被認為是太過膽怯的人，」美國巴拉克·歐巴馬（Barack Obama）總統時期國家安全會議（National Security Council）的中國專家何瑞恩（Ryan Hass）解釋：「我們總是看著中國外交官，配合北京政府當下心情做事。」

隨著國際間越來越質疑美國的領導地位，中國的這股趨勢顯得越發明顯。不到二十年的光景，美國權威遭損，先是中東地區的外交決策失誤、全球金融危機的反應決策失利，接著國內政治僵局也陷入癱瘓、唐納·川普提出民粹主義觀點「美國優先」，應對新冠病毒流行病也是笨手笨腳。

然而，同時間中國經濟起飛，比多數西方國家更能成功擊退這場全球性流行病。許多中國外交官開始覺得，比起西方，他們的政治體制與發展模式更優秀，而中國國內的政治宣傳又再次加深這股信念。二〇二〇年五月，針對美國國務院抨擊中國鎮壓香港，外交部發言人華春瑩僅用簡單幾個字回應，就是被明尼亞波利斯（Minneapolis）警方壓制、暴力執法致死的非裔美國人喬治·弗洛伊德（George Floyd）生前說的那幾個字：「我不能呼吸。」（I can't breathe.）[32]

▲中國外交部發言人華春瑩，攝於 2019 年 1 月 25 日例行記者會。（圖片來源：維基共享資源公有領域。）

中國外交官，沒有溝通能力的縮影

綜合上述，讀者或許以為中國外交官很喜歡「戰狼」這個標籤，但事實並非如此。對許多中國外交官而言，這標籤只算是比較近期的例子，證明外國人在國際輿論上拒絕公平對待中國。

「我們認為這真的很不公平，」某位中國外交部官員說道：「我們如此努力想要改善中國的形象、解釋我們的政策，但不管我們說什麼都沒有用。無論我們做什麼，美國與其盟友都會批評我們。」[33]

二〇二〇年十二月，中國外交部副部長樂玉成在演講中指出，戰狼這個詞是「話語陷阱，目的就是要讓我們打不還手，罵不還口，放棄抗爭」，並表示「我懷疑這些人還沒從一百年前的舊夢醒來」[34]。

這樣的困擾並不難理解。以教育資歷來說，現代中國外交官在國際外交圈之中，可說是佼佼者，**許多人擁有美國喬治城大學（Georgetown University）或是英國倫敦政治經濟學院（London School of Economics and Political Science）的高等學位**。中國外交官花費多年時間精進外語，從捷克語到印尼語都會講，也投注許多時間認識駐在國的生活，更時時刻刻關切中國的聲譽。以個人層級來說，中國外交官可以很有文氣、很有品味、很有趣。

許多中國外交官內心也清楚，自己的行為助長了全世界對中國的強烈反感。二〇二〇年九月，中國駐舊金山前任總領事袁南生，吐露出中國外交部多位內部人員的憂心，還提出警告：「（北京）對中國民粹主義、極端民族主義如不加以防範，任其發展蔓延，國際社會很可能會因此誤以為中國也在追求『中國優先』。」暗指川普的「美國優先」政策。袁南生呼籲，中國要回到一九九〇年代和二〇〇〇年代初期低調的外交操作：「中國外交應該『強起來』，而不是單純的『強硬起來』。」[35]

在官方會議和記者會的場合裡，許多**中國外交官展現出來的生硬行為，與他們的出色能力形成強烈對比**，正是這份差異感讓我在二〇一七年初對此議題著迷。隨著中國外交官變得更加粗魯、激進，我的好奇心也隨之膨脹。為何這麼一群見多識廣的人士，會持續做出損害自己國家聲譽的行為？為什麼這麼一個新興超級強權，面臨前所未見的全球變遷時刻，卻不善加利用這些外交機會呢？

就許多層面來說，**中國外交官看來就是中國沒有溝通能力的縮影**。進一步探索這個議題，我更是被說服了，阻攔中國往前邁進的不是特定單一人士或團體的缺點，而是中國本身的體制。我決定要了解身為中國外交官的感受，並試著思索是什麼讓中國外交官——就個人層面來看——出現如此怪異的行為。簡單的說，我期望可以透析中國外交的全貌[36]。

本書就是成果的展現，建構於我在中國擔任記者的經歷，以及數十場在北京、華盛頓、倫敦，與現任、前任外交官的訪問內容。此外，我也在中國政府的書店和二手書商的網站上，挖掘到豐沛資源：中國退休外交官的回憶錄。

一開始，我著手研究的回憶錄，出自諸如李肇星和唐家璇等中國主要的外交人物，但很快便發現資深與資淺的外交官合計起來，共寫了超過百本類似的書籍。最有用的書籍，其出版時間點介於一九九〇年代中期到二〇〇〇年代中期，這段期間中國政治算是相對開放。另外，據我所知，有許多書籍從未被用來討論中國的外交關係，就算有，也多半用來講述中國外交政策如何橫掃世界，卻沒有停下腳步來細察這些外交執行者的內心世界[37]。

我得承認，這些回憶錄的內容一點也不有趣！在中國審查之下發行的書籍，盡是些小心翼翼編織的內容，往往枯燥無味，有些甚至是用假名或筆名出版。不過，冗長的會議、行程的規畫準備，甚至是家族旅行，隱藏在這些敘述中的微小片段，深刻描繪出中國苦苦掙扎的情形。

書裡個人的故事，反映出中國從極度貧窮，發展到有權力與地位的軌跡。有些書中有作者題給朋友或同事的字，這些書被賣給二手書店，又或者是收到禮物的人過世後被變賣。另外有些書籍裡，印有世界各地中國大使館圖書館的印章。甚至在部分書籍裡，有被讀者劃掉的文字區塊，或是照片中的人臉被劃掉。

總括來說，這些書籍與面談內容，揭露了把中國推出去、呈現在全世界面前的辛苦過程中，這些外交官所遭遇到的沮喪與自卑。另外，也可瞥見隨著中國革命朝著這些對外代表衝來時，他們心生的恐懼與擔憂，以及為了捍衛自己都不知該如何辯護的政策，或是被迫向他國外交官撒謊時，外交官們感到尷尬的情況。最重要的是，當這一個封閉的社會，與另一個開放許多的外在世界相互交流、往來時，中國外交官協助其展現人性的一面。

中國外交官驕傲但脆弱、擁有授權但缺乏信心，就許多面向來說，**他們就是中國即將成為的強權縮影。**

第 1 章

戰狼外交，
一切要從周恩來說起

共產黨的「新中國」，要以完全不同的方式做事，捨棄以前政府所為，從頭打造一支外交使團。

一九四九年十一月八日晚間，周恩來踏上新設外交部的舞臺時，內心清楚自己有個難題得處理[1]。

這時，**周恩來剛成為新革命國家的總理兼外交部長**，國家前景的不確定因素看來是不少。中國共產黨在北京成立新政府，而戰敗的國民黨黨員在臺灣島上建立敵對政權，多數國家都認定後者才是合法的中國政府，僅有少數支持前者。更糟糕的是，國民黨正尋求美國支持其攻打中國大陸，好把共產黨趕走。而至於美國，長久以來自詡為中國的仁慈導師，所以此時其內部正陷於相互指責，到底是誰把這個國家「輸給」了蘇聯勢力。

周恩來，眉毛濃密、長相俊俏，說著一口流利的英語與法語。二十五歲前後，他就已經在日本、英國、法國、德國等地待過一段時間。見識廣、有文化、沉著穩重，周恩來是天生的外交家。

不過，這天晚上來到周恩來面前的這一群新進人員，形形色色，全都與他差距甚遠。

聽眾席用小桌子排成半圓形，在座有一百七十多位剛畢業的大學生、地方首長、老練的農民革命軍，這群人多數都未

▲ 周恩來，1946 年攝於南京梅園新村，現為中國共產黨代表團梅園新村紀念館。（圖片來源：維基共享資源公有領域。）

曾出過國，也大多不懂外語。之後，還有來自人民解放軍的將軍和軍官會加入他們，這群人對外在世界的認識更是少之又少。

此批新進人員，與這棟被共產黨徵用為外交部的白色典雅建築物，形成鮮明的對比。這棟樓是十九世紀晚期清朝官員興建，用來接待德國顯要人物，大門口有兩隻中國傳統石獅，站在歐洲新古典主義長柱的前方。中央人民政府在北京接手這棟樓，設為外交部的據點。

周恩來準備為新政府在這世界上爭得一席之地，手上有的也僅剩這群人了。周恩來在臨時搭建的講臺致詞，頭頂上方還有毛主席的肖像緊盯著，他誠實交代未來挑戰的規模時表示：「你們大多是剛畢業的大學生……過去我們曾與外國人打過交道，但以前是打游擊戰，現在則是外交，完全不一樣。」

新進人員都不懂得外交，然而從某種意義上來說，倒也沒什麼關係：正如同這個革命國家在國內力求重建中國社會，其外交也想要和過去的中國完全切割。

周恩來拉大嗓門告訴臺下這一群人：「（清代到國民黨時期）哪一個不是跪倒在地上辦外交呢？中國一百年來的外交史是一部屈辱的外交史。」共產黨可沒打算要跟這種過往有瓜葛，他們認為先前的政府充斥著資本主義、叛徒及懦夫，而**共產黨所謂的「新中國」，要以完全不同的方式做事，捨棄以前政府做的，從頭打造一支外交使團。**

周恩來渴望重新開始，為國內政權的利益拚搏。把以前政府形塑成叛逃的懦夫，如此一來，他就可以讓共產黨成為國家的救世主。不再望向過去，共產黨所要做的外交，當然得運用讓共產黨從中國長期內戰勝出的力量！

「外交同軍隊一樣，不過是『文打』而已，」周恩來如此告訴大家：「**外交隊伍是文裝的人民解放軍**。」[2]對周恩來而言，這番話不僅是政治宣傳，也反映出中國人民對國家當下處境和其國際地位的絕望感受。

周恩來一生之中，見到曾是強權的清朝倒下，整個國家陷入數十年的內戰，中國還被迫割讓領地給外國勢力。日本入侵時，日籍士兵收到的命令是「殺光、燒光、搶光」，中國藉機蹣跚爬起，卻又被內戰吞沒。接著，共產黨贏得勝利。然而這時，中國國民生產毛額（編按：Gross National Product，縮寫為GNP，指某國一年內所生產的最終產品〔包含勞務〕的市場價值總和）每人平均只有五十美元，相較於同時期的印度已來到六十美元；中國人均壽命也只有三十六歲[3]。

周恩來強烈希望扭轉中國現況，憑藉的就是共產國家的革命潛能。意思就是要透過社會主義現代化，推動中國經濟工業化，同時還要推行一黨獨裁制，理論上就是代表中國人民來統治國家。此外，這也表示得徹底重新思索中國的對外政策與中國外交。周恩來投注於其中的努力，包含**依據「文裝解放軍」的概念設置外交使團——此概念在中華人民共和國成立超過七十年的今天，依舊存在。**

如同約翰・埃德加・胡佛（John Edgar Hoover）形塑了現代美國聯邦調查局（Federal Bureau of Investigation，簡稱ＦＢＩ），周恩來的性格與政策選擇，持續左右著今日中國外交部如何與外在世界往來。某位外交官的回憶錄裡，把周恩來描述為中國外交的「偉大舵手」，這尊號原本可是專門留給毛澤東本人的[4]。時至至今，周恩來依然很受敬重，某位外交官曾說：**「你在外交部可以批評毛澤東，但不能說周恩來的不是。」**[5]

溫文儒雅的務實主義者，「不倒翁」周恩來

周恩來出生於一八九八年，沒落的上流社會家庭、曾經輝煌過的帝國之中。掌權的清朝政府被迫簽署一連串辱國的「不平等條約」，賦予英國與其他帝國勢力在中國擁有大範圍的貿易權，甚至還享有治外法權（譯按：即外國人在中國犯法可不受中國法律制裁）。而這一切的開端就是一八三九年至一八四二年的鴉片戰爭。

在周恩來出生的前三年，中國簽署了多數人認為是所有協議中最為恥辱的一份條約：一八九五年的《馬關條約》，臺灣就此割讓給日本。接著，國內叛亂接連不斷，千萬人民喪命、陷入窮困的處境。

周家位在臨海江蘇省肥沃平原上的淮安市。周恩來的叔叔病重時，嬸嬸還未能有機會懷上

孩子，所以周恩來的親生父母就將年幼的他過繼給叔嬸，叔叔過世後由嬸嬸一手帶大。周恩來與嬸嬸、他的生父母，一大家子住在祖宅裡[6]。

嬸嬸對周恩來懷抱很大的理想。她落實嚴謹的作息，三歲就教周恩來讀書，每天天剛亮他就被叫醒讀書。嬸嬸還會講童話故事、中國歷史故事、唐詩給他聽。周恩來很快就培養出無限的好奇心，而這股好奇心就跟著他一輩子。

周恩來的童年過得並不輕鬆。他十歲時，嬸嬸因為結核病過世，生母也因為癌症離開人世，生父則是丟了工作，所以得到遙遠的河北去謀生，周家因此欠下許多債務。

家裡的重擔很快就落在年幼的周恩來肩上。除了照顧兩個弟弟、餵飽一家子之外，他還要跟債權人協商，典當母親遺物以免家人流落街頭。此外，周恩來還要記得家人的生日與忌日，張羅禮物與祭品。

一九一〇年，在中國東北工業城市瀋陽（當時稱為奉天）當官的伯父周貽賡（編按：音同庚），接周恩來過去同住。十二歲的周恩來踏上名為滿洲的土地，此地位於溫帶平原地形的江蘇以北約一千四百五十公里。滿洲北與西伯利亞接壤，南以白雪靄靄的長白山為界、與朝鮮半島為鄰。伯父讓周恩來就讀這一帶最好的學校，也就是新成立的銀岡書院。

周恩來操著一口南方口音，很快就被發現與眾人不同，成為被霸凌的對象。

「我得自己想辦法解決，」周恩來後來回憶：「基本上就是盡可能結交朋友，然後利用我的新盟友展開反擊。」

周恩來的童年經歷，讓他具備可以與任何人建立關係的出眾技能。一九七四年，美國中央情報局（CIA）的檔案裡，描述周恩來是個「溫文儒雅的務實主義者」，他可以「向聽者以理性方式」溝通，「在強大壓力之下工作，富有魅力」[7]。甚至連出了名愛抱怨的蘇聯領袖尼基塔・赫魯雪夫（Nikita Khrushchev）也十分喜愛周恩來，赫魯雪夫後來曾寫道：「我們全都覺得他是個聰明靈活、跟得上時代的男人，我們的談話可以很務實。」[8]

不過，其他人倒覺得他太過油滑：有些國民黨員稱呼他為「不倒翁」，一種底部有重量的玩具，落地時身子一定會直挺著[9]。紅軍將軍彭德懷，富有才能、說話坦率且直接，就曾當著周恩來的面，說他「老奸巨猾」[10]。

周恩來年輕時培養出來的性格特質，決定了他日後的領導風格：舉手投足既迷人優雅又自信完美，總是小心翼翼，做事認真、不鬆懈，更有相當奇特的吸收資訊技能[11]。身兼外交部部長和總理，周恩來的工作時間非常長，常常到隔天凌晨三、四點，才結束一天的工作[12]。每當感到疲憊時，他會拿條溼毛巾蓋在臉上、在太陽穴上擦萬金油，甚至拉拉自己的頭髮，讓自己保持清醒[13]。

周恩來就是運用這樣的形象塑造中國外交使團，周遭的人為了趕上他的進度，被迫得一起長時間工作[14]（這點至今不變。二〇一五年，中國預約乘車服務手機應用程式「滴滴出行」曾做了一份調查，發現外交部人員的工時是各部門中最長的[15]）。

就私底下來說，周恩來是個很有自制力的人。他的某任祕書回憶，即便在酷暑的北京城裡，他襯衫的鈕扣總是顆顆都扣好，為了避免給人邋遢的形象，穿涼鞋時也會穿上襪子[16]。周恩來不抽菸，他的辦公桌上甚至擺了禁止抽菸的標誌，這在當時那個世代男性裡，可說是相當少見[17]；烈酒倒是有碰，但幾乎從未喝過頭[18]。偶爾，周恩來吃甜點時，會在冰淇淋上撒幾滴濃烈的中國白酒[19]。

每場會議前，周恩來都會充分準備、著重細節，幾近強迫症邊緣。身為外交部部長，周恩來會定期糾正翻譯員的小過失，把人拉到一旁鼓勵談話，解釋可以如何改進。有時，他甚至會抱怨會議室的花朵「不夠自然」，並趕在賓客抵達之前，親自調整鮮花擺設。

周恩來把自己嚴謹的風格制度化，時至今日的中國外交部實習生都還要學習這一句話：「外交無小事。」[20]

周恩來性格雖然挑剔，但也有深切關懷的一面。他堅持記住每一位外交官的名字、問候他們的家人，甚至還會在宴席上幫翻譯員夾菜，確保他們在工作之餘也有東西吃。有時，他就像是位父親。「周總理曾問過我是否有做家庭計畫，」某位翻譯員回憶：「他建議我最多可以有兩個孩子，還說男性同志要學會克制自己才好。」[21]

酒醉的外交官不斷叨念：「這世界只有一個中國」

周恩來進入青春期之際，中國與歐洲的實驗外交已有數十年之久，但這不是自然形成的發展。**起初中國之所以成立現代外交使團，乃是回應外來入侵與內部動盪的直接結果，其存在正是中國軟弱的證明。**

第二次鴉片戰爭（一八五六年至一八六〇年）清廷敗給英國，處境艱難的清廷設立「總理各國事務衙門」（簡稱總理衙門），可說是外交部的原型，目的是為了回應英國的要求，才成立一個政府單位與外交使節溝通往來。傳統上，中國歷代帝王會依據每種關係的本質與功能，派出一堆政府單位出面與外國人交手，因此根本就沒有海外派駐特使的習慣。

清廷的時間很有限，得快速上手才行，還好外交使節也很快就進入了狀況。一八六四年，清廷節錄美國法官亨利·惠頓（Henry Wheaton）經典之作《萬國公法》（*The Elements of International Law*），向普魯士帝國（Prussia）索賠，因為普魯士有艘軍船搶奪了好幾艘停在中國港口的荷蘭商船[22]。一八七〇年起，中國使節開始永久派駐海外，成功完成數起任務，像是在古巴和秘魯就協助遏止中國勞工「苦力」（coolie）被剝削[23]。

然而，中國這批新的外交使節卻無力阻止主權與領土被破壞。其原因除了西方仍簇擁帝國主義之外，還有清廷管理不當，以及中國科技技術落後。一八七九年，駐俄羅斯帝國的北京使節違反其收到的明確指示，甚至讓出新疆遠西一帶約三千一百平方公里的土地[24]。當然，後續還有更多地區被侵略：歐洲勢力在非洲「瓜分」領土；美國很快就占有夏威夷，還從西班牙人手上奪得菲律賓。

不過，最為恥辱的時刻乃落在一八九五年的《馬關條約》，由李鴻章簽署，這號人物是一八七〇年至十九世紀末期，中國首要的政治與外交領袖。李鴻章是接受傳統訓練的學者，於一八四七年考中進士，後來成為一名優秀的軍事將領，協助平反歷時十三年、造成兩千多萬人身亡的太平天國之亂，接著晉升中國數個重要省分的總督。李鴻章很愛國，更是清代自強運動的先驅，訴求是增進中國對西方軍事技術的知識，以及提升國際法等治理技能，目的就是為了救中國。

不過，這些改革工作不足以阻止中國打敗仗。一八九四年至一八九五年，為了與日本競爭在朝鮮的勢力，兩方爆發戰爭。中國長久以來都在干預朝鮮內政，且按照傳統，朝鮮領導人每年會派隊前往北京進貢三次[25]。理論上，北京的狀況看起來良好：中國大量投資海軍，規模是日本的兩倍，還擁有一些世界上最強大的戰艦。然而，中國軍隊欠缺組織能力，補給也不足，最後這些弱點竟成了致命關鍵。衝突爆發後，中國至少有三萬五千人傷亡，是日本傷亡人數的七倍；中國船隊也幾乎全毀，負責指揮的中國海軍將軍被自家船艦的砲彈擊中，身負重傷的他最後選擇自行結束自己的生命[26]。

一八九五年，兩方和平談判，地點在日本本州西南方的港口下關市（編按：下關港周邊，過去稱為赤間關、赤馬關，也被簡稱馬關）。這場對談從視覺上，就能展現出兩方勢力接受變革的程度。日本首相伊藤博文身穿西式軍服，配著劍和勳章，而李鴻章看起來倒比較像是孔子的學生，一身中國傳統長袍，配上他那出名的大鬍子[27]。

談判過程中，日方不斷對李鴻章施壓，雙方於四月簽署條約，迫使清廷承認朝鮮為獨立自主的國家，同時讓出中國東北方的遼東半島、澎湖群島，以及——最重要的——臺灣這座島嶼給日本（遼東半島後來因為俄羅斯入侵便歸還了）。此外，中國還得開放更多口岸給日本，讓日本可以在中國經營工廠。

日本的勝利，扭轉了東亞長久建立起來的秩序，結束中國第一的不實稱號，也讓臺灣變成軟弱中國的象徵。過了一百多年，中國大陸與臺灣統一，就成為中國民族主義人士近乎神聖的使命。

▲李鴻章，攝於 1895 年他在日本簽署《馬關條約》期間。（圖片來源：維基共享資源公有領域。）

二〇〇三年至二〇〇七年間出任中國外交部長的李肇星，在回憶錄中寫到這麼一段故事，有位喝醉酒的資深同志持續不斷叨念：「這個世界只有一個中國。」喊話對象就是在臺灣的中國敵對政權。「這番話展現出中國外交官有多麼在意臺灣議題，」李肇星繼續寫道：「喝醉酒的人，說的都是實話。」

對李肇星和其他中國外交官來說，直到臺灣回歸中國大陸的那天，中國才能認定自己是個真正的強權。「不同於其他主要的世界勢力，中國沒有完全統一，」李肇星又寫道：「這點是中國外交官必定不會忘記的。」[28]

儘管李鴻章一生致力於讓中國變強大，但後人所記得的他，卻是軟弱中國的化身。過了百年，中國最高領導人鄧小平與時任英國首相的瑪格麗特．柴契爾（Margaret Thatcher，通稱柴契爾夫人，一九七九年至一九九〇年擔任英國首相）協商香港回歸一事時，他就告訴她，自己不會成為另一位李鴻章[29]。此外，二〇一九年時，時任國務院副總理、中美全面經濟對話中方牽頭人劉鶴，打算與川普政府協商時，網路輿論也拿劉鶴的退讓意願與李鴻章相互比較[30]。

一九〇一年，中國再度因外來壓力，而更動外交機關體制。由於爆發仇視外敵的義和團之亂，八國聯軍強奪劫掠了北京城，西方國家要求中國，把總理衙門變成中國第一個正式的外交部[31]。而後來的中央人民政府就在這棟建築物成立自己的外交部，也就是一九四九年十一月，周恩來為共產中國外交部成立致詞的地點，並在此誓言要破除這外交史上的「恥辱」。

周恩來親眼見證了外來勢力的逐步侵犯。八國聯軍殲滅義和團後，俄羅斯部隊就駐守在中國東北方。在學校老師的教導之下，年輕的周恩來明白了俄羅斯的陰謀詭計，憤而表示：「每個人民都要扛起重擔，自行決定國家的生與死。」[32]

中國的國際聲威持續衰弱。當時與多國簽署了不平等條約，如美國、法國、俄羅斯、普魯士、葡萄牙、丹麥、荷蘭、西班牙、比利時、義大利、巴西、墨西哥等[33]。日本急於在清朝變弱、權力真空之際遞補上位。一九〇四至一九〇五年，日本面對俄羅斯，先是漂亮打贏了一仗，接著一九一〇年又成功入侵朝鮮，逐步入侵中國傳統勢力範圍，與滿洲僅隔著一條長長的國界，而滿洲可是清朝統治者祖先的家鄉呢！

此時的清廷已是相當衰弱，以致於無法說服中國各省分拿出錢財來資助其所需的改革。一九一一年十月，以密謀要在中國中部湖北省安裝炸彈為開端，一場抗爭運動迅速擴張開來。清廷拚了命解救，但傳回來的消息卻是負責去平反叛亂的軍機大臣袁世凱倒戈了，還協助中華民國於一九一二年一月建國，臨時總統為知名革命組織人士、國民黨領導人孫逸仙。到了該年二月，清朝最後一位皇帝，也就是當時六歲的溥儀，在袁世凱的堅持之下退位。孫逸仙體認到自己不像袁世凱握有軍力，因此把新共和國的總統之位讓給了袁世凱。

然而，大家對新政府的期望很快就破碎了，因為這個新共和國表現得比之前的清朝還要軟弱。袁世凱接手的是一個破碎的國家，公共財政相當匱乏。為了擴張自己的權力，袁世凱任命親近的人馬出任政府機要職位，剷除反對自己的人，甚至在一九一五年稱帝，但最終他還是失敗了。

中國依舊是個支離破碎的國家，還墮落到被強大地方軍閥統治，北京政府只能在中國部分北方地區行使權力。整段時間下來，這個曾經偉大的帝國，在世界上的影響力和名聲持續不停下滑。

就在如此動盪的時空背景之下，啟蒙了周恩來的政治教育。周恩來透過《盛京日報》緊盯局勢發展。此時，周恩來十四歲，是瀋陽東關模範學校的學生，喜愛閱讀革命家的著作，包含主張君主立憲的知名人士康有為，及其重量級學生梁啟超。梁啟超對於中國在精神和肉體上的軟弱感到絕望，所以稱中國是「東亞病夫」，這個詞後來也被西方人用來嘲笑中國[34]。

此外，周恩來對鄒容的著作《革命軍》尤其著迷，鄒容是一九〇五年死在監獄裡的革命英雄，他呼籲中國人要站起來、戰勝恥辱（編按：該書主要論調為宣傳革命推翻滿清統治與反對外國侵略，同時是中國近代史上第一部系統性宣傳革命、主張建立獨立民主共和國的著作）。有回，周恩來被老師問到為何要讀書時，他便以鄒容《革命軍》精神作為他的答案：「為中華之崛起而讀書。」[35]

一九一三年，周恩來隨著伯父搬到北方港口天津。經過數個月的苦讀，他順利通過入學考試，成為南開中學的學生。這間學校效仿英美私立學校，力求培養學生嚴格的個人紀律：早上六點半起床運動，之後進教室上課，課程結束後還要自習，晚上十點熄燈。

該校課程全都是以英文授課，而周恩來的成績向來都是名列前茅；同時，他持續大量閱讀，例如：法國啟蒙時代思想家孟德斯鳩（Montesquieu）和尚—雅克・盧梭（Jean-Jacques Rousseau）、蘇格蘭哲學家和經濟學家亞當・斯密（Adam Smith）、英國生物學家查爾斯・達爾文（Charles Darwin）等人的著作。與此同時，周恩來也對政治活動越來越著迷，也更加堅持自己的信念——中國需要被解救[36]。

想要了解中國外交官的想法和作為，那一定要理解這份信念的力量。**「國恥」已是共產黨國內政治宣傳最重要的一部分，不只被擴大解讀，有時還被用來扭曲事件。不過，對周恩來這時期的人來說，恥辱可是生活中的血淋淋經歷。**

資深的中國外交官吳建民，他跟許多人一樣都有在自己的國家裡，被當作二等公民對待的經歷。一九四〇年代，吳建民和童年玩伴在南京法國大使館外的空地玩耍，使館警衛居然放狗趕人，直到他長大成人、成為派駐法國的大使了，心裡卻還記得這段害怕的經歷[37]。

正是此類經歷，形塑了中國使團的思維模式。二〇一五年時，吳建民寫道：「在歷史上，中國人被霸凌到會害怕，某種程度心態也不健康了，乃至於面對外在世界的評價會過度敏感。如果被誇獎，我們會開心到變得驕傲；但如果被說了幾件不好的事情，我們會極為傷心或生氣，這表示我們缺乏自信。」[38]

親眼見到被外國勢力欺凌的可恥中國，因而盼望自己能有所不同，這份渴望逐漸灌輸到中國外交官的心中。所以，當面對些微的輕視冷落時，中國外交官就會變得極度敏感，連最微小的事情，也會強烈渴望取得象徵性平等。

一九七二年，美國總統拜訪中國的歷史性時刻，周恩來與時任美國總統理查・尼克森（Richard Nixon）敬酒時，周恩來小心輕碰尼克森的酒杯，為的就是要確保兩人杯子的高度一致，表示雙方的對等關係[39]。

這種對微小肢體動作與象徵意義的敏感度，至今依舊沒變，有時還敏感到近乎荒唐的境界。唐家璇於一九九八年至二〇〇三年間擔任中國外交部長，他在回憶錄中寫到一段深埋他內心裡的小故事。一九九八年時，會議結束後，唐家璇與印尼外交部長都來到洗手間，這位印尼部長不只幫唐家璇轉開水龍頭，還遞給他毛巾擦手。唐家璇在十年後寫下這段插曲：「此舉在外交圈非常罕見，不僅反映出這位部長對中國的尊重與友善，也展現出他內心深處想建立私人情誼的期望。」[40]

弱國無外交

第一次世界大戰的經歷，再度加深中國的恥辱感，同時也證實了周恩來所要做的，正是一場大變革。

此時的中國四分五裂，有強大的地方軍閥，也有與之競爭的區域政府。遲至一九一七年夏天，中國才加入世界大戰的戰局，相對較晚（譯按：一戰期間為一九一四年六月至一九一八年十一月）。中國（編按：當時為段祺瑞主導的中華民國政府。因主要領導人為北洋軍系出身，因此也被稱作「北洋政府」）派出十四萬名勞工支援協約國（Allies），期盼德國戰敗會讓出其在中國的領土，藉此重拾領土的掌控權[41]。

某位英國軍官解釋，協約國非常開心迎接這些中國勞工，因為「他們是很好用的工具，來到其中一處苦力所在的軍隊營部，就會明白了」。不過，當中國向協約國提出軍事支援時，英國有幾位軍官認為載運這些中國士兵等於是「浪費盟軍載運的噸位，況且他們（中國）也拿不到什麼軍事報酬」[42]。

大戰結束、協約國戰勝，北京政府盼望著自己的貢獻會收到報償，所以也派出代表出席一九一九年的巴黎和會（Paris Peace Conference），舉辦地點就在凡爾賽宮（Versailles）。北京這邊，有許多人（特別是學生）也同樣感到樂觀，尤其是讀過時任美國總統伍德羅．威爾遜（Woodrow Wilson）的「十四點和平原則」（Fourteen Points）之後，更是保持正向態度，因為文中呼籲各國應當享有公平待遇，並可自行決定國政。知識分子陳獨秀，也是中國共產黨創始元老，更把威爾遜總統形容為「世界上第一個好人」[43]。不過很快的，這份極高盼望就會被無情的擊碎。

打從會議開始，中國的地位就非常弱勢。由於整個國家相當分裂，所以派來出席和會的代表，也混雜著中國北方和南方相互競爭的政府單位。此外，中國為協約國貢獻了勞工，但日本奉獻的可是鮮血：一九一四年八月，東京政府加入戰局，向德國宣戰，攻擊德國位在中國山東半島上的膠州（譯按：位於青島附近）租借地，這是塊往黃海延伸出去的土地，臨近韓國。最重要的是，作為軍事支援的回報，協約國成員承認日本對其領地的主張，這項日本和協約國成員的祕密協議，大大損害了中國。

在這樣的情況下，中國使節團表現得可圈可點。團員中有一位是顧維鈞（編按：一九四六年至一九五六年曾任中華民國駐美大使），時年三十二歲，在上海公共租界長大，就讀上海聖約翰大學，一間美國傳教士創設的獨立文理學院，畢業後前往美國哥倫比亞大學（Columbia University）取得法律與外交的博士學位。法國總理喬治·克里蒙梭（Georges Clemenceau，一九〇六年至一九〇九年和一九一七年至一九二〇年兩度擔任法國總理）形容顧維鈞是「一位年輕的中國男子，講話和穿著都有著巴黎人的感覺」。

▲《東方雜誌》刊登的「中國參與歐洲和會全權委員」：陸徵祥（中）、顧維鈞（右上）、王正廷（左上）、施肇基（右下）、魏宸組（左下）。（圖片來源：維基共享資源公有領域。）

不過，中國派往凡爾賽宮的代

表，依舊無法說動這幾個強權國家。德國在膠州的租借地轉讓給日本，顧維鈞等代表遂拒絕簽署協議。中國外交官從這趟巴黎行學到珍貴的一課，代表團團長陸徵祥的一句話可以清楚說明：「**弱國無外交。**」[44]

凡爾賽宮的進展傳回到中國，隨即點燃怒火。一九一九年五月四日，學生在北京和全國各地聚集抗議，要求中國政府得在國際事務上力求更公平的待遇。有些抗議人士甚至還放火焚燒北京政府交通總長曹汝霖的官邸，原因是認為曹汝霖與日本的關係過密[45]。這場學運很快就演變成全國性產業罷工，日本商品也遭到抵制，這場運動後來被命名為「五四運動」。

人在日本的周恩來，觀望著世界局勢的發展。一九一七年秋天，周恩來中學畢業後，便隻身前往東京，就讀一間日文學校。跟許多中國青年一樣，周恩來與日本的關係可說是相當矛盾。雖然中國民族主義分子已對日本非常不滿與憤慨，但這個國家依舊是亞洲各國的模範，演繹亞洲國家該如何在西方帝國主義主宰的世界裡成長茁壯。

同時，日本也是中國年輕激進分子的天堂，他們都有志於國家再造。周恩來就是在日本接觸到馬克思主義。在他抵達日本的前一個月，俄羅斯爆發十月革命，他深深被這起事件吸引，緊盯著整場革命發展，還在日記裡寫下紀錄。此外，周恩來也拜讀了美國記者約翰·里德（John Reed）記敘這場動亂的著作，即一九一九年出版的《震撼世界的十天》（*Ten Days That Shook the World*）。

一九一九年四月，五四運動的前夕，周恩來回到中國。當時民族主義的激昂情緒席捲全中國，周恩來也深陷其中，更沉浸在自由流竄的救國激進想法。沒多久，周恩來就成為天津學生運動的領袖，籌劃抵制日本商品的活動，組織抗議遊行以對抗當地的主管機關。一九二〇年，周恩來帶領超過五千名學生上街、遊行到地方首長辦公室，因此被送進牢裡六個月，他就在監牢裡對其他囚犯講述馬克思主義。此時，周恩來儼然已成為一名革命分子[46]。

出獄後，周恩來與數百名中國年輕人一起前往法國工讀。正如同那個時代的人，周恩來也把法國革命理想化。周恩來寫給一位比他先搭船出發的朋友的詩裡，描述法國是「自由誕生之地」，還憧憬的表示「有天你會回來揭開自由的布條」。

不過，周恩來後來被法國嚇到，感到失望不已。家書中，周恩來評論了騷亂的法國社會、失業失工很普遍，還有勞工的剝削問題。更糟糕的是，城市裡有許多中國年輕人被工人歧視對待，而中國年輕人想仿效的卻正是這些工人的激進思想[47]。

儘管如此，歐洲的知識環境還是很有啟發性。周恩來廣泛閱讀各種政治思想，從溫和漸進主義的英國費邊社會主義（Fabian socialism），到激烈的無政府主義（anarchism），他全都讀。一九二一年春天，周恩來加入一個地下組織位於巴黎的小組，這小組不久後便成為中國共產黨。負責指導該小組的，先有共產國際（Communist International），後來轉由莫斯科新成立的蘇維埃（Soviet）政府管理。

隔年，周恩來協助成立中國共產黨青年團（簡稱「共青團」）歐洲分部，扛起政治宣傳工作，還穿起共產國際出錢購買的西裝。

在歐洲的期間，周恩來還待過英國和德國，結識多位未來的共產黨領袖，例如知名的游擊隊指揮官朱德，更認識了未來的最高領導人鄧小平，此時法文很差勁的鄧小平在雷諾（Renault）汽車工廠打工。

同時，周恩來也是在這段時間，找到自己理想中的求婚方式，對象是他離開中國前認識的學生激進分子鄧穎超。周恩來在印有卡爾・李卜克內西（Karl Liebknecht）和羅莎・盧森堡（Rosa Luxemburg，兩人皆為德國共產黨創始人）畫像的明信片上寫道：「希望我們兩個人將來，也像他們兩個人一樣，一同上斷頭臺……。」[48]

周恩來之所以如此推崇馬克思主義，絕大部分原因是馬克思主義很有機會帶來社會公平，或許也是因為其可幫助中國整個國家重生的觀點，讓他甚為感動。在倫敦時，周恩來寫下對俄羅斯布爾什維克革命（Bolshevik Revolution）的欽佩之情，更預料這場革命會跟文藝復興、宗教改革、法國大革命讓西方世界興起一樣，弗拉迪米爾・列寧（Vladimir Lenin）的革命運動或許可推動中國成為全球知名的國家[49]。

對那些尋求讓自己國家強大方法的人來說，列寧的革命運動有些特別讓人著迷的地方，因為這是個很強大的實例，解釋有紀律的「先鋒」黨派可以再造落後的社會，並動員人民邁向重生。列寧式做法的力道有多強，與中國共產黨誓不兩立的敵人感受最明顯，一九三八年在中國推動國家主義的國民黨員蔣介石在日記裡寫道：「共黨因其共產國際百年來之祕密活動，顧其紀律最嚴，方法最精，為任何黨派所不及。」[50]

對列寧和二十世紀初期同期的人來說，現代軍事象徵著嚴格紀律的動員力量，所以共產黨員常在正式場合穿著軍服，還會把首要城市的中央地區改建成龐大軍隊遊行的場地[51]。周恩來也是循著同樣的脈絡，思索該如何讓中國外交運作，最後選擇以人民解放軍為靈感。

一九四九年十一月，當周恩來對首批中國共產黨外交人員致詞時，這支軍隊還占了幾分優勢，因為解放軍在拖延許久的內戰中，剛好成功擊敗了國民黨政府。

歷任黃埔軍校、紅軍，周恩來把軍事帶進外交

事實上，中國共產黨勝出之前，周恩來早已落實類似的概念數十年。一九二四年夏末，周恩來回到中國後，前往廣州黃埔軍校任職。此間軍校是國民黨成立，也獲得共產國際的支持，因為當時共產國際視國民黨為影響中國的路徑。在蘇聯顧問米哈伊爾·鮑羅廷（Mikhail Borodin）——他為布爾什維克革命提供技術、武器與顧問——的鼓勵之下，共產黨與國民黨在孫逸仙的領導之下，同意在廣州協力合作，計畫要建立一支國家革命軍部隊，終結軍閥統治，

統一中國，由一個政府來領導整個國家。

周恩來被任命為該校的政治部主任，因而有了真實的軍事資歷，並嘗試對革命軍施行政治紀律。黃埔軍校的成立與教學方式，皆是仿照蘇聯紅軍而成，蘇聯顧問也在一旁確保其徹底仿效[52]。周恩來在黃埔軍校期間，直接見證軍事訓練對心志專注與性格養成的潛力。

負責領導黃埔軍校的是孫逸仙的後進蔣介石，一九二五年孫逸仙過世後，蔣介石遂成為國民黨主席。蔣介石出生於一八八七年，來自上海南方的寧波鹽商家庭。與同時期的人相比，蔣介石非常能接受傳統孔學教育，培養出一生對紀律、階層、主權的敬重。他在日本接受軍事訓練，一九一一年回到中國，接著就成為孫逸仙的手下。

身為忠誠的愛國者與天生的獨裁者，蔣介石對自己命運與熱忱有個幾乎無法動搖的信念，他認為自己得把中國從帝國影響和軍閥統治中解放。但隨著時間過去，蔣介石逐漸覺得共產主義對中國的未來有著嚴重威脅：在廣州規畫統一中國的軍事活動過程中，蔣介石開始對蘇聯顧問的謹慎態度感到不滿。面對國民黨裡頭的共產黨員，蔣介石則這麼形容：「在黨內活動不能公開，即不能開誠相見……。」[53]

一九二五年八月，周恩來與鄧穎超成婚。鄧穎超是有經驗的革命家，在廣州女性圈子裡成為領導人。不久後，鄧穎超懷孕，但她不願因此犧牲政治工作、待在家裡，所以吃下跟街販買來的墮胎藥。這時候周恩來離家出軍事任務、討伐軍閥，後來得知妻子的決定後，憤怒不已。

鄧穎超後續又多次流產，兩人終未能有孩子[54]。

一九二六年，訓練期間來到尾聲。國民黨——孫逸仙於前一年過世，改由蔣介石帶領——發起「北伐」，要殲滅軍閥勢力，終結不平等條約。國民黨的軍力拿下中國人口眾多且富饒的東邊省分。此項計畫在國民軍抵達南京後終止，而國民黨也在此地建立首都。

就在此時，蔣介石覺得可以剷除共產黨員了。兩黨關係持續緊張超過一年的時間，到了一九二七年四月，蔣介石下令屠殺過去的盟友，為四一二事件（國民政府稱為東南清黨），計**有五百多位共產黨幹部在上海被殺**，這座臨海都市是中國共產黨六年前才剛創建的城市。至於**蔣介石所下達的命令，乃是要在全國上下追捕共產黨領導階層，而周恩來就在清單上**[55]。

這場行動對共產黨而言無疑是大挫敗，原本其在都市裡的組織都被殲滅。事件爆發之後，新的領導階層出線，周恩來成為中心人物，負責打理共產黨的軍事工作。大屠殺過後，周恩來開始過著地下革命家的日子。如同其他激進分子，周恩來持續面臨被國民黨祕密警察逮捕、虐待、處決的威脅。因此，周恩來只在晚上七點過後，或是清晨五點至七點出門開會，且從不在公眾場合出現，出遠門時會偽裝成商人，有時還會戴上假鬍子。

周恩來與其他領袖也開始在上海暗中重建黨的組織，協助兩百位地下革命家籌建躲藏密屋，地點遍布整個上海，同時也開始打造情報網。

一九二七年，南昌起義打斷了周恩來在上海的生活。儘管在這場起義中，共產黨部隊曾短暫控制住該市，但下場還是很慘烈，原本計畫在鄰近區域點燃範圍更廣的起義活動被消滅，共產黨只好被迫羞愧撤退。在共產黨與蔣介石的國民黨之間，長達數十年來的內戰之中，南昌起義可謂是首次的主要交戰。南昌起義潰敗之後，共產國際譴責周恩來；不過在一九二八年莫斯科某場會議過後，周恩來再度浮出檯面，成為黨內極具影響力的成員。

經過了一段時間，共產黨內發生派系角力爭奪，也與共產國際的想法產生歧異，使得周恩來與其他地下領導者最終被迫撤離上海。因為黨內情報機構有位成員被國民黨抓到，他們全都曝了光。

一九三一年十二月，周恩來展開一場驚險的旅途，前往中國東南方江西省的偏遠山區，目的地是共產黨的基地，毛澤東在此鼓吹以農民為首的革命運動——扭轉共產黨先前城市起義的策略。花費數週時間，幾經躲藏密屋後，周恩來終於經由香港抵達目的地，這裡被稱作為江西蘇維埃（譯按：一九三一年十一月七日成立的中華蘇維埃共和國）。

接著，周恩來著手展開紅軍的標準化和專業化工作，這支紅軍後來改名為人民解放軍。周恩來尤其著重政治教育、嚴苛的組織紀律、專業的情報蒐集，這套方法後來也運用在組織中國外交團隊之上[57]。

依照共產黨內的階層制度，抵達江西的周恩來順理成章成為毛澤東的上級，有時還會給這位未來領導人強加他本人無法認同的命令。事後，毛澤東總會提醒周恩來，自己一再被強加他不認同的命令[58]。

在江西的共產黨，仍持續蒙受巨大壓力，因為一九三〇年至一九三四年之間，國民黨對共產黨展開圍堵攻勢。一開始，共產黨都能運用游擊戰術、成功擊退，但到了一九三四年，這股壓力變得過於沉重。

到了該年十月，共產黨展開一段長時間的撤退行動，後來稱作「長征」。這趟旅程長達六千四百四十公里，跋山涉水、飢困之餘，還要面對國民黨的空襲與小規模戰鬥。這麼一段長途遠征，後來在中國政治史上占據了神話般的地位，近似於美國喬治・華盛頓（George Washington，獨立戰爭時的陸軍總司令）在福奇谷（譯按：Valley Forge，獨立戰爭期間，一七七七年冬季美軍曾撤退至此地，整軍訓練後於隔年六月奔赴新戰場）過冬的傳奇程度。

中國共產黨最後一位完美革命家

長征期間，周恩來歷經了重大的政治轉捩點。此趟旅途中，**毛澤東順利鞏固自己在黨裡的地位，更在一九三五年一月的遵義會議中，確立了其黨領導人的身分。周恩來快速順應政治環境，降回到一位忠心的中將，這角色就跟著他直到一九七六年過世為止**[59]。周恩來的轉變，展現出他內心深處的自保本能，也因此他能在毛澤東的核心圈內，待得比其他人都長久。

周恩來讓自己成為毛澤東身邊的好用人才，他時常是不可或缺的角色，協調衝突、組織黨內階級、落實毛澤東的政策、協助與外來者聯繫溝通。不過，周恩來的才能也招來不滿，而他對毛澤東的極度尊重，有時會瀕臨奉承的程度[60]。

周恩來晚年遭受毛澤東政治迫害時，他告訴毛澤東：「我一直而且永遠自認為，不能掌舵，只能當助手。」[61]美國共產黨人士李敦白（Sidney Rittenberg）在革命結束後繼續留在中國，他記得某次周恩來在地上爬來爬去，只為了替毛澤東指出地圖上的位置[62]。而毛澤東的私人醫師李志綏，甚至把周恩來形容成這位主席的「奴隸」[63]。

他這項本領也延伸到了外交事務之上。周恩來會晤海外賓客時，都會壓低自己的角色，竭力把中國的成就歸功給毛澤東的領導[64]。就算只是芝麻綠豆的小事，周恩來也會請示毛澤東，有時甚至會因此嚇到自己的部屬。

長征後又過了幾年，有次在莫斯科與蘇聯領導人赫魯雪夫餐敘時，周恩來罕見的失去自制力，喝太多就吐了。回到北京後，周恩來立即向毛澤東報告這起意外，此舉讓一位任職多年的翻譯員覺得很奇怪，但毛澤東似乎不是很在意[65]。

又有一次是在一九五四年周恩來訪問波蘭期間，波蘭共產政府表示，打算頒發個獎項給他。為此，周恩來還特別發了封電報給毛澤東，詢問自己是否該接受。當外交人員詢問周恩來為何不直接收下獎項，事後再跟毛澤東報告時，他回答道：「這是紀律的問題，我怎能不向主席回報這件事情呢？」[66]

另外，周恩來也不准外交部內部擺設他個人的肖像。有回，他在海外中國領事館內，看到自己的肖像跟毛澤東肖像擺在一起，隨即下令取走自己的肖像[67]。周恩來清楚知道，展現太多有利於自己的作為，乃是不智之舉。

周恩來的所作所為，都經過謹慎考量。一方面，對毛澤東尊重能讓周恩來有空間去追求他認為重要的政策，有機會時還可以顧全自己在意的人事物。另一方面，這做法很有可能也是政治生存的必要手段。

共產黨找來高文謙為周恩來寫自傳，高文謙後來搬到美國，成為人權運動激進分子，他曾如此說道：「某種程度上來說，**毛澤東很討厭他這位奴僕，因為他知道這個人太聰明了，展現出來的忠誠面也讓人難以捉摸**。他總是緊盯著可以羞辱此人的機會。」[68]

周恩來很尊敬毛澤東這點，可不能與懦弱混淆。就跟其他成功挺過地下共產黨運動的多數人士一樣，周恩來也有相當無情冷酷、令人恐懼的一面，例如：一九三一年，周恩來曾下令處決叛逃國民黨人士的家屬[69]；一九五五年，聽聞飛機炸彈陰謀後，自己不登機，而讓機上的乘客和空服人員（包括海內外的記者）和他原本要搭乘的該架飛機，在太平洋上空炸成碎片[70]。

關於周恩來與毛澤東兩人關係的實際真相，即便在今日的中國，依舊是個被嚴格監控的國家機密。有許多革命領導人的名聲，皆因饑荒、制裁鎮壓、政治迫害而留下汙點，而周恩來成為共產政權可以宣揚的良好模範。就如同其自傳作者高文謙所述：**周恩來是中國共產黨「最後一位完美革命家」**[71]。

撤退行動過了一年，一九三五年十月，被打敗的共產黨勢力來到中國西北方的陝西省。旅途上，過世的幹部只能淺葬在路旁，為了活下去只好剝下死去馬匹的肉來充飢，還有人啃咬身上的皮帶以抑制飢餓感[72]。**出發時原本有八萬人，到最後只有八千人抵達中國西北方這個不毛之地**。共產黨就在此建立營地，著手重組看似瀕臨失敗的革命。

共產黨展開重建工作之際，世界上絕大多數的地方看來是打算把自己搞到四分五裂。一九三五年三月，阿道夫・希特勒（Adolf Hitler）宣布要重組德國空軍（Luftwaffe），但這是《凡爾賽條約》（*Treaty of Versailles*）明定得解散的部隊。同年十月，義大利獨裁者貝尼托・墨索里尼（Benito Mussolini）宣布要入侵衣索比亞（Ethiopia），但該國可是當時少數幾個仍為獨立的非洲國家。蘇聯因為數年來的大饑荒和政治迫害已相當疲弱，此時卻也瀕臨約瑟夫・史達林（Joseph Stalin）即將執行大整肅行動（Great Terror），據稱這場駭人聽聞的行動，約莫造成百萬人喪命[73]。

處在如此迷惑不清的大環境裡，共產黨發現自己比以往更加孤立、弱勢。為了獲得拯救革命的希望，共產黨得取得國際認可與支持，這項任務就落到周恩來肩上。重要的第一步，周恩來找來一位負責組織學生的年輕人，名叫黃華，他將發現自己在對的時間出現在對的地方。

第 2 章

延安時期的毛澤東影子外交

共產黨領導階層以待客技巧迷住海外賓客，這招至今仍在使用。而首先接受這種待遇的，是位美國記者。

一九三六年夏季，黃華拎著一只皮箱溜出學生宿舍，完全沒有跟任何人道別。這位二十三歲學生的目的地，乃是中國共產黨地處偏僻的革命基地，荒蕪的陝西省[1]。

黃華出生於一九一三年，本名王汝梅，有著明亮的雙眼，笑的時候會露出牙齒。他從小在寬闊華北平原上的河北省長大。內戰爆發，打斷黃華在家鄉的求學之路，因此他被迫前往中國東北繼續求學。到了一九三一年，日本入侵該區，所以黃華的求學再度被打斷。隨著比中國強大的亞洲鄰國步步逼近，黃華與其他同學就看著中國學生搭上一列又一列的火車，準備往南方撤退。

一九三二年，黃華入學北京（當時稱為「北平」）燕京大學，這是美國傳教士經營的學校。在學校裡，黃華與左翼教授往來，並深深被馬克思主義的書籍吸引。短時間內，黃華接連參加抗議日本侵略的遊行、加入共產黨、親手試做炸藥，之後便因破壞行徑被捕入獄。黃華會支持共產黨，說明他的熱情乃是一股近乎發自內心的渴求，希望可以透過革命重建中國，讓中國重回到有尊嚴的地位。他也跟其他同時期從事地下共產黨運動的人一樣，入黨時就換了個新名字，此時王汝梅就變成了黃華。

大學的最後一年時，黃華同意出任美國記者愛德加．史諾（Edgar Snow）的翻譯，這位美國記者此時已經啟程，準備要去會面當時已是游擊戰傳奇人物的毛澤東。對黃華來說，這趟旅程就是他一生終將在世界舞臺上代表中國共產黨的開端，後來他不僅成了中國駐聯合國的首位大使，最後還成為外交部部長。不過，在這個當下，黃華必須橫越整個中國而不被逮捕。

黃華的第一站是西安，是個有城牆圍起的古老城市，位於絲綢之路的東部終點，也曾是數個古老朝代的首都。不過，此時的西安已是地方軍閥的戰場，也是國民政府間諜的巢穴，老街上滿是乞丐、打扮豔麗的妓女、兜售手工紡製衣物的居民，以及趕著把貨品賣往西方百貨商店的商人[2]。

黃華和史諾各自抵達西安，約好在西都飯店（West Capital Hotel）碰面。後來，兩人決定讓史諾與其醫生朋友喬治・哈登（George Hatem）先行搭乘軍用卡車出發，黃華則是留下來，等待地下聯絡人的進一步指示。

有回，黃華險些被在街上巡邏的國民黨特務逮捕。兩位特務敲著黃華的房門，要求他出示文件，並解釋來到西安的目的。黃華靈機一動，給出數個當地顯赫人物的名字，暗示自己在政治上的關係很好。

黃華說：「歡迎你們進來搜查我的東西。」他雖然沒有信心，但硬是展現出很有自信的模樣。特務則回答：「不了，看來你是我們的一員。」而當黃華向當地接應的人重述這段插曲時，對方表示他該趕緊離開西安，其中一位說：「西安不安全，你不可以再待在這裡了。」

神經緊繃了三天，該是離開的時候。接應人開軍用卡車來接黃華，還有位友好的上校協助他們通過西安的檢查哨。一抵達郊區，他們都換上當地軍閥軍隊的制服，展開長達約三百二十公里的旅程，沿途經過一些中國鄉村最為亂無章法的地區。

黃華與夥伴開了三天的車，直到真的沒有路可以再往前才停下。上校折返回西安，黃華與接應人繼續徒步前行，走泥巴路、攀爬山脊、赤腳涉水。

雖然兩人既累又餓，但接應人告訴黃華停下來太危險，因為碰到武裝土匪的風險太高了。途中，他們後方曾傳來不明的喊叫聲：「給我暗號，不然我就要開槍！」接應人選擇不理會、繼續往前走，黃華也趕緊跟著前進。

終於，黃華抵達共產黨的基地範圍，係以保安（後來遷移到鄰近的延安）為中心。共產黨的間諜專家李克農前來接待黃華，查問其背景資料以及與黨內人士的關聯過後，確認黃華不是間諜，他才獲得放行，開始探索這個新環境，這地區的環境確實很不一樣。

保安周圍地帶可說是中國甚為貧窮、科技極為落後的地區。農夫得想方設法，利用一年之中五個月的無霜期，在乾旱的山坡地上耕種，但往往七、八月的水患就會沖毀他們的心血。幾百年來，該地區未能獲得良好的治理，一九一一年後，又遭到軍閥和土匪的攻擊，再次被毀壞。因此，許多農夫就居住在被遺棄的鄉鎮裡，周圍都是碎石殘堆，連接的道路也支離破碎[4]。

正是在這麼艱困、惡劣的環境裡，共產黨為中國的未來和國家外交奠定了基調。共產黨很清楚，想要存續下去，他們需要國際正當性（international legitimacy），因此集結了一個國際事務專家小組，黃華即是其中一位成員。到了一九四九年，黃華更躍身成為該黨外交部的核心領導人。

無論是好是壞，國際事務專家小組設下的許多做法與文化，形塑了當代中國外交政策。**共產黨領導階層以待客技巧來迷住海外賓客，這招至今仍在使用。目的是為誘騙外國人，其中又以美國人為首，使之相信共產黨會實現政治自由化，但其實他們壓根都沒打算這麼做。**

最重要的是，這段時期可見到毛澤東自負不凡的政治影響力，開始架構起共產黨的外交文化，就如同毛澤東形塑其政治生涯的其他面向。接續幾年裡，新進外交官經歷了外交部內部定期會出現的政治控制，文化大革命時期尤其明顯，較近期的則是發生在習近平的領導之下。

不過，還是先來看愛德加·史諾，他抵達了共產黨基地，需要好好的被款待一番。

奉酒、設宴、討好，中國式公共外交

史諾到訪革命基地，等於是讓中國共產黨有了機會，初次出手從事我們現今稱為公共外交（public diplomacy）的事務。

周恩來打算試探外國記者是否願意前來陝西時，史諾看來就是個不錯的目標[5]。

史諾出生於中產階級家庭，家鄉在美國密蘇里州（Missouri）堪薩斯市（Kansas City）綠樹成蔭的郊區。時序進到「咆哮的二〇年代」（譯按：Roaring Twenties，指一戰結束後經濟與文化繁榮發展的一九二〇年代）的高峰，史諾決定從大學中輟，進入一間紐約的廣告公司。沒花太多時間，史諾便存足經費前往亞洲，於一九二八年啟程。

「當時，我對外國人一無所知，」他後來回憶：「到中國時，我連對方是共產黨員還是天主教徒，都無法分辨。」[6]

史諾在亞洲各地旅行，直到一九三三年與新婚妻子搬到北京之前，都是靠著寫稿賺錢過日子。在北京期間，史諾運用自己的媒體關係，協助中國左翼作家到西方出品，還為當地的勞工團體募款，起因正是親眼目睹中國在國民黨統治之下，既貧苦又不平等，為此感到哀傷、悲憤不已。後來，史諾開始強烈抨擊蔣介石，同時渴望訪問毛澤東[7]。

共產黨在史諾身上看到契機，那是可以讓黨在美國菁英圈裡引發關注的機會。而共產黨對待史諾的方式，則建立起他們長期延用的模式，也就是為了能鞏固外國「友人」的支持，採取奉承討好與精心規畫的舞臺管理（stage management）。

第一步就是奉承與討好。當史諾與同行友人哈登抵達基地時，他們被當作是國際政治人物對待。紅軍樂儀隊沿街列隊，成群的群眾大聲歡呼：「歡迎美國同志！」兩人走完這一大段路的盡頭，有多位共產黨領袖一字排開迎接，接著還有設宴款待[9]。

「此舉讓我感到非常激動，」史諾在日記如此寫道：「這是我第一次被政府全體閣員迎接，也是首次遇到整座城市的人民出來歡迎我！」[10]

今日，奉承與討好仍是中國政府的外交手段。二〇一七年，時任美國總統川普宣布將首次出訪北京時，當時在華盛頓的中國大使崔天凱吹捧起川普的自負感，予以承諾「國是訪問＋」（state visit-plus），意味著外國顯要人物通常不會享有的深入接觸與禮遇等級。

川普訪問期間，習近平為他在紫禁城擺設晚宴，這是中華人民共和國首次邀請外國領導人，來到中國皇帝居住了近五百年的皇宮用膳。此外，川普與妻子梅蘭妮亞（Melania）被請到故宮博物院享用下午茶，並前往暢音閣觀賞未對外公開的京劇表演，這暢音閣在以往可是用來取悅皇親家族的場所[11]。

川普後來對這趟訪問的形容是「我人生中，數一數二的絕佳體驗」[12]。中國共產黨的領袖沿用對愛德加．史諾測試過的模式，即奉酒、設宴、討好外國貴賓，而川普只是這一大串名單的其中一位罷了。

對共產黨黨員而言，史諾來到陝西也算是種認證。史諾和哈登為紅軍成員演講時，聽眾展開許多橫布條，上頭用中英文寫著：「我們沒有被孤立，我們有國際友人的支持！」（We are not isolated. We have the support of international friends.）[13]對於一個一路在逃亡和被孤立的政黨來說，史諾的來訪可謂是被國際認同的特別時刻。

等到史諾安頓好後，共產黨安排黃華帶他參觀基地。黃華陪著史諾出席前線紅軍指揮官與士兵的會議，這位美國人就是在此聽聞那段長征的故事。毛澤東也花了十天的時間會見史諾，講述自己的人生故事[14]。史諾在此的經歷與體驗，皆是仔細策劃與安排的結果。此外，毛澤東也透過黃華提供的翻譯，親自審查史諾寫下的內容[15]。

史諾初次見到毛澤東時，毛澤東時年四十三歲。出生於河南省韶山市的一處農村，父親是個控制欲極強的富有粗農，毛澤東在成長過程中就相當厭惡父親的性格。他自小狂熱投入閱讀，小學時即對民族主義改革家的作品特別感興趣。後來，毛澤東在北京大學擔任圖書館員時，因緣際會結識了中國共產黨的創黨黨員，隨即成為該黨非常早期的黨員。

操著一口濃厚的河南口音，凌亂的頭髮中分為二，毛澤東站在人群中相當突出，因為他的身高有近一百八十三公分。就許多面向說來，毛澤東與周恩來是完全不同的人，特別是毛澤東不在意紀律，且非常不信任知識分子。

毛澤東終其一生投注於社會正義，有份急於瓦解中國傳統社會與政治制度的渴望，因為他深信就是這個制度害得整個國家衰弱不振。對於個人和政治上的仇恨，毛澤東有著異於常人的本領和強大的復仇決心。

起初，毛澤東先是被蘇聯顧問忽視，其他革命家甚至還會迴避他。不過，由於中國共產黨先前採用獲得蘇聯支持的政策——城市起義——於一九三四年讓黨瀕臨解體，毛澤東所堅信的農民革命因而獲得確證。長征結束之際，毛澤東無疑已掌握黨內的主導權力。他的性格和對中國革命的願景，形塑了爾後數十年的中國政治。

史諾把訪談內容寫成一本書，名為《紅星照耀中國》（*Red Star Over China*，又名《西行漫記》），於一九三七年發行，此本暢銷書籍**也標記著毛澤東轉變成國際革命偶像的開端，書中讚許毛澤東為「宛如林肯的」領導人物，可以「喚醒」中國人民「對人權的信念」**[16]。中國共產黨首次重大公共外交嘗試的成果，遠比原先期望的還要好。

友誼實在很好用，大家都是老朋友

延安時期，一九三七年共產黨把總部搬遷於此之後，係以延安這個小城鎮取名。這段時間在共產黨歷史裡，帶著些許神話色彩，象徵著共產黨員純淨的理念蓬勃發展，一直到大躍進運動和文化大革命時，領袖們才紛紛走上歧路——這就是愛德加．史諾這類人協力打造出來的印象。

不過，事實上就是在這段時期裡，共產黨發展出政治與思想控制的手段，且一路沿用至今。毛澤東在延安時開始為自己鋪路，今後要成為名人被崇拜，遂與黨內宣傳聯手推出「毛

▲ 1938 年，愛德加．史諾（左）與周恩來、鄧穎超夫婦於武漢大學。（圖片來源：維基共享資源公有領域。）

澤東思想」。毛澤東也是在延安時期，第一次讀到《全聯盟共產黨（布爾什維克）歷史：簡明教程》（*History of the Communist Party of the Soviet Union (Bolsheviks): Short Course*），乃是史達林於一九三八年下令編纂出版的書籍，該書對毛澤東後續數十年的政經政策所採取的態度，扮演著建設性角色[17]。

許多外國人來到延安皆受隆重款待，史諾是其中一位，其他團體還包含學生、激進政黨成員、海外的中國領袖。每當有一批人來到基地，幹部就會評估對方對政治的看法，判斷他們是否將會是有用的對象。許多人都與毛澤東和周恩來用過餐，以共產黨所能端出最美味的佳餚款待，甚至還曾在桃林裡為一群學生舉辦雞尾酒派對[18]。

史諾訪問行寫出的評論充滿了熱忱，因而為自己贏得特殊地位：成為中國的「老朋友」。共產黨屢次搬出史諾，為其在外界傳遞訊息。從嘗試說服全世界，一九五〇年代慘烈的大躍進運動並沒有發生饑荒；到一九七〇年毛澤東傳遞祕密訊號，表示願意與美國建立進一步關係。

「老朋友」的稱呼後來也給了其他領導人，像是理查・尼克森、亨利・季辛吉（Henry Kissinger，一九六九年至一九七五年的美國國務卿）、新加坡建國總理李光耀、前西班牙國王胡安・洛斯一世（King Juan Carlos I）等人[19]。時至今日，該稱呼仍然存在。二〇一六年十二月，當泰瑞・布蘭斯塔德（Terry Branstad）被提名為美國駐中國大使人選時，中國外交官大肆利用布蘭斯塔德與習近平的關係，但兩人其實也不過就是在一九八〇年代一次短暫的訪美行見過面罷了。儘管如此，布蘭斯塔德還是成了「中國人的老朋友」[20]。

在中國的體系之下，此稱呼算是一種派任，有著非常精確的涵義。「對中國來說，友誼表示你是那位永遠會相信中國的朋友，」前美國中情局中國分析師蘇葆立（Robert Suettinger）說道：「就是有位外國人，會告訴你一些若不是朋友可能就不會說的事情，友誼的架構非常清楚、也相當透明。中國一再端出這個詞彙來討好你，因為他們知道你跟其他人的想法不一樣。」[21]

經過驗證，**「友誼」實在是很好用，它協助黨內多位領袖搭起外交情報世界的橋梁。**一九五〇年代，中國武官情報蒐集技能的訓練課程裡，李克農等多位教練拿出蘇聯情報單位的教科書，**裡頭鼓勵運用金錢與美女來蒐集情資。**不過，李克農告訴學員，**中國要改以結交「朋友」的方式來搜羅情報**[22]。

而稱呼對方為朋友的同時，也賦予對方不要破壞這份關係的責任。一九八五年，有份為美國智庫蘭德公司（RAND Corporation）製作的經典研究，探討關於中國的談判行為，該研究發現中國的核心戰略就是對「老朋友們」謹慎施壓。

當年隆納．雷根（Ronald Reagan）競選美國總統，打出強硬的中國政策，並於一九八一年順利取得政權之際，中國把心思全放在對副總統喬治．赫伯特．華克．布希（George Herbert Walker Bush，常被稱為「老布希」，以和其長子區別，中國譯為布什）施壓，因為中國很清楚老布希將他在一九七〇年代建立起的中美友好關係，視為其重大的政涯成就。因此，雷根宣誓就職之後，中國總理趙紫陽隨即寫信給老布希，表示「因為你曾推動中美關係正常化」，趙紫陽期望自己「可以為雙方關係的進一步發展，做出顯著貢獻」[23]。

日本入侵，給了共產黨喘息空間

完成陪伴史諾的任務之後，黃華短暫回北京一趟，之後便正式移居延安，把一生奉獻給共產黨事業。黃華花了一段時間學習，從政治宣傳到游擊戰術，後來成為紅軍將軍朱德的祕書，而朱德可是共產黨甚為偉大的軍事領袖[24]。

鄉村生活相當簡樸。幹部們吃的就是小米和水煮大頭菜，有時則是吃馬鈴薯，黃華因此身材瘦扁。有次，某位黨內同志撞上黃華，一度以為他攜帶手槍，但其實是因為他擦撞到黃華的髖骨。

黃華後來描述在延安的心情是「輕鬆的」，但在這裡的生活其實得受到嚴密管控。早上六點，軍號會叫醒學生與幹部，跑步、吃早餐後，就分別去上課或工作，十點熄燈前則有一小段的自由時間。黃華回想：「所有的單位組織，都是過著軍式生活。」即便到了今日，**在正式投入中國外交工作之前，外交部新進人員都得接受一個月的軍事訓練**[25]。

黃華抵達延安之際，共產黨才剛開始認真看待外在世界。一九二七年，共產黨固定（但有時會中斷）以無線電聯繫蘇聯為首的共產國際，但使用的是「村事務處」之名，藉以掩蓋其真實的工作內容。一九二八年，共產黨聯繫上在海外運行的革命運動。

一九三一年，江西蘇維埃，也就是共產黨長征之前的首要基地，在王稼祥（後來成為駐蘇聯大使）的帶領之下，架構起外交部原型。不過，這個新單位設立在村子的建築裡，能做的事情很少，只能偶爾處理一些與當地外國人相關的事務[26]。

一九三五年，共產黨抵達陝西、建立起固定基地之後，再次把眼光往外看，所以才邀請來像史諾這樣的賓客[27]。

共產黨對外關係的真正轉折點，發生在兩年之後，即一九三七年七月日本入侵中國之時。接續的八年裡，**蔣介石把大量的軍力從剿匪轉移到抗日戰事，共產黨因而有了喘息空間，用來強化革命行動**。一九三六年，由於先前共產黨與國民黨同意一起合作抗日，所以兩黨此時是站在同一戰線——至少，理論上應當如此。

難纏的抗日戰爭緩解了延安的孤立情形，讓共產黨有環境擴大其與國際接觸的範圍。此時，周恩來是兩黨聯合政府中的共產黨代表，他利用抗日時期遷都重慶的機會，與英、美、蘇聯的外交官建立關係，也認識了國外記者與國際組織[28]。

抗日時期，周恩來開始設立數個對外組織，培訓中國未來的頂尖外交人才。一九三八年三月，共產黨在近延安的邊界區域設立一處聯絡辦公室，專門處理外國人與非共產黨籍中國人來訪事務[29]。一九三九年和一九四〇年，周恩來指示黨內的南方局，設立專責國際政治宣傳的部門，後來更名為外交事務局[30]。

周恩來挑選了不少傑出的新進人員，其中有位英文非常傑出的革命人士，名叫龔澎，先前曾協助把愛德加·史諾的《紅星照耀中國》一書翻譯成中文。龔澎表示，這些新組織單位的任務，乃是蒐集外國情報、宣傳共產黨的外交政策，以及「結交友人、擴張影響力」[31]。在初期共產中國與外國記者的關係上，龔澎扮演著主要的角色。佩姬·竇奠安（Peggy Durdin）是頭幾個來到中國的外國記者，她形容龔澎是「我所見過處理公共關係的人員之中，令我印象最深刻的一位」[32]。

等到這些組織籌備好要運轉時，希特勒把不情願的歐洲推進戰局，再加上華盛頓當局與東京之間日益增長的緊張局勢，中國的抗日戰爭也正逐漸發展成全球衝突。一九四一年十二月，日本突襲珍珠港，美國因此被拉進戰局，局勢扭轉成對軸心國（Axis）不利，反倒讓國民政府贏得一位強大的新盟友，一起對抗日本。

此時，**毛澤東的共產黨與蔣介石的國民黨，至少名義上是站在同個陣線，不過雙方也都清楚，和日本一打完仗之後，最終還會有一場決定中國未來的戰役**。同時間裡，毛主席也專注於擴張自己對黨組織的控制，其中就包含剛開始拓展的外交事務組織。到了一九四一年底，毛澤東已在串接延安與莫斯科的長程無線電裡，樹立起個人掌控權[33]。然而，毛澤東渴望的是更加全面的當權者，而他的武器就是恐嚇。

中國外交官得謹記：內外都有敵人

一九四二年春天，毛澤東發起「整風運動」，這是共產黨新成立外交政策機構後，面臨的首個肅清行動[34]。此項運動的目標是要進一步統整在毛澤東身後的整個政黨，設法清除「主觀主義、教條主義、宗派主義」。但弔詭的是，整風運動的目標也包含「黨八股的流毒」[35]。

一開始，許多幹部對整風運動感到很不解，新進人員更是困惑。不過，大家就跟隨著上級的帶領，使用列寧的「批判」與「自我批評」，攻擊那些沒有達到毛澤東標準的人，同時也得承認自身的缺點[36]。知名知識分子與作家的觀點要是偏離黨主席的看法，就會被公開的猛烈攻擊，有些還被送去勞動改革[37]。

隨著整風運動擴散開來，黃華很快也發現自己身陷政治紛擾，因為有位共產黨同志舉報他未經許可擅用上級的官章（等同是仿造上級簽名）。後來，因為朱德出面擔保，黃華才得以躲避嚴重後果。不過，許多人沒有他這麼幸運[38]。

一九四三年四月過後，整風運動越演越烈，毛澤東的情報部部長康生帶頭獵殺黨階層裡的「潛藏敵人」，許多人被迫假裝承認自己就是敵軍特務[39]。恐懼與不確定感，在延安散播開來，整風運動吞沒整個共產黨，就連來自蘇聯的官員也覺得此時的氣氛很不好。俄羅斯記者彼得．弗拉基米洛夫（Peter Vladimirov），同時也是蘇聯派駐在延安的特務，認為這場肅清行動釀成「壓迫、窒息的環境」[40]。

周恩來跟其他人一樣，預期要加入這場運動，所以也回到了延安。除了加入自我批評的行列，周恩來還撰文五萬字，略述他對黨歷史的「新」認識[41]。有次致詞時，周恩來告訴在場的官員，「反對過毛澤東同志領導或其意見的人」已被「徹頭徹尾的證明其為錯誤」[42]。

共產黨努力了這麼久，好不容易與外界建立起關係後，現在卻把焦點轉移到內部。來到延安的外國賓客大幅減少，使得共產黨基地變得更加孤立，也切斷了外國人帶來情報的途徑[43]。

國內的政治鎮壓與外交政策的挫敗，這兩者之間的關係，在中國一直沒有改變。整風運動為剛萌芽的外交人員提早上了一堂課，了解他們個人與工作上的行為，都會被嚴密監看。與外界建立關係固然重要，但更得謹慎面對外國人。因此，中國外交官想要保持自身安全，必定要有對政治現實的敏感度。

「打從第一天起，共產黨的影響、理念指導、內部權力鬥爭，皆左右著中國外交使團的組成與作為，」前美國中情局探員蘇葆立表示：「**中國外交人員從未忘記他們有敵人得面對——中國內部與外部都有敵人。**」[44]

然而，毛澤東與周圍的人都很清楚，國際關係是共產黨未來能否打敗國民黨的關鍵。幸運的是，有個機會已在華盛頓逐漸冒出頭。

美軍觀察組，共產黨的第一次國際外交

隨著抗日行動的持續發展，美國決策者越來越懷疑蔣介石與國民黨的可靠性。有報告指出國民黨很腐敗，蔣介石甚至可能私自囤積美軍補給，為了日後攻打共產黨。考量到這些報告內容，華盛頓部分人士開始思索：支援延安或許是個好決定。

為此，一九四四年七月，華盛頓派出美軍觀察組（US Army Observer Group），前往評估共產黨的政治與軍事能力[45]。由包瑞德上校（Colonel David D. Barrett）領隊，成員包含軍官、勤務人員和外交官。使團抵達延安的時間點，正好是同盟國登陸諾曼第（Normandy）海灘後的一個月（編按：諾曼第登陸發生於一九四四年六月六日，直到一九四五年五月七日德國投降，隔日簽訂投降書，二戰歐洲戰區才宣告結束），此時美國也開始認真思考戰事結束之後，整個世界局勢會變成什麼模樣。

這趟探訪能成行已是個大突破，美國政府與中國共產黨雙方有了第一次正式接觸。黃華回憶：「派出美軍觀察組到延安，代表美國政府某種程度上已正式承認中國共產黨。」[46]

同時，這也是個很大的挑戰，畢竟華盛頓官員與蔣介石的結盟很緊密，對中國共產黨各層軍階都充滿質疑。

在此之前，共產黨與美國的接洽相當有限。一九三五年，美國共產黨內部設置了中國局（Chinese bureau），協助宣傳中國共產黨，也緊盯美國的政治氣氛。共產黨也曾派數名代表到美國，加深其軍事專業的印象，與此時顯得無能的國民黨呈現對比[47]。

美軍觀察組到訪延安，完全是不同的情況。周恩來相信，為了這趟來訪，有必要建立一個新組織，以及一套更為嚴謹、專業的外交事務操作。外交事務小組就此成立，隸屬於紅軍，負責接待賓客，黃華則負責翻譯。

第一組美方人員於該年七月抵達，降落在特別擴寬過的簡易跑道，地點就位在延安東門外，由周恩來在內的高層領導出面迎接，之後美方一行人也見到毛澤東、朱德等人。

共產黨為賓客籌備歡迎會，端出他們竭盡全力找到的西方食物，像是果醬、牛奶、牛排、雞蛋等。住宿方面，賓客被安排住在延安最好的山洞，裡頭配有

▲美軍觀察組組長包瑞德與毛澤東。（圖片來源：維基共享資源公有領域。）

無線電天線、發電機，還有美國國旗[48]。

共產黨的新任外交官被指示要展現友好態度、正面回答問題，並與美國賓客交換想法，同時也被告知，態度上得採取對等的同盟朋友關係，中國沒有高高在上、也沒有矮一階；而外國賓客則應該尊重中國的「國家尊嚴」[49]。

來訪的美國人，被帶去參觀共產黨部隊的祕密反抗基地，聽取紅軍的現況介紹，卻似乎沒有感受到剛開始推行的殘酷整風運動。美軍觀察組成員謝偉思（John Service）努力爭取讓這趟拜訪成行，他形容毛澤東「很現代」、「很西方」，也確實相信毛澤東對於支持民主發展的主張，他寫道：「沒有感覺到管制與鎮壓。」更令人驚訝的是，謝偉思讚賞的寫下「沒有對黨內領導階層的批評」[50]。

周恩來隨即把共產黨在國際外交上的初試啼聲正式記錄下來，草擬《關於外交工作的指示》，內容高呼任務成功，宣布這是「我們外交工作的開始」。此份指示強調共產黨贏得國際認同的重要性，呼籲應與美軍合作，同時也標注了中國外交不可忘記「自尊與自信」[51]。

一團混亂的國民黨，外交官叛逃

一九四五年八月，原子彈落在日本廣島市與長崎市，終結了太平洋戰事。日本戰敗後，中國受東京控管的地區，此時是真空停擺的狀態。國民黨與共產黨速速趕來爭奪機會，兩黨從一九二〇年代起就時打時停的衝突再度爆發。

先前的戰事期間，共產黨受到民眾熱烈歡迎，也累積不少經驗，更從日本那邊取得重要武器；反觀國民黨，則因腐敗而陷入越來越深的危機。

雙方再度開戰之際，美國與蘇聯的緊張局勢，讓整個世界因理念不同而分裂。縱使史達林一開始有些猶豫，是否要在中國共產黨身後全力支持，但見到美國占領日本之後，便越來越願意提供中國協助。史達林決定退出滿州，此舉有助於共產黨的發展，繼而取得策略關鍵區域的優勢。

其實，**在國、共兩黨重新開戰之前，美國試圖讓雙方建立持久的和平關係，所以曾兩度出面調停，但終告失敗**：一九四四年九月至一九四五年十一月的赫利任務（Hurley Mission），以及一九四五年十二月至一九四七年一月的馬歇爾任務（Marshall Mission），負責的是戰時英雄喬治．馬歇爾（George Marshall）。

馬歇爾抵達重慶後，周恩來對這位美國將軍施展他個人招牌魅力，強調共產黨非常關注和平與民主，甚至還邀請馬歇爾一起為「永久自由」舉杯。數個月後，馬歇爾訪問延安，與毛澤東、朱德等領袖會面，黃華則是出任翻譯。為了招待馬歇爾，共產黨籌備宴會，也準備了兩小時的革命歌曲演出。當馬歇爾要離開延安時，毛澤東告訴他「我們國家全體人民都應該要感激，並大聲呼喊『中國與美國長長久久的合作』」[52]。

然而，事情並未如同規畫般的發展。一九四六年，和平對話破局、內戰正式開打，此時整個世界正淪入冷戰時期，所以這場內戰也成為擴大影響範圍爭奪戰的一部分。蘇聯不斷在東歐擴張，因此美國與歐洲的決策者非常擔憂亞洲接下來也會淪陷。一九四七年三月，美國總統哈利・杜魯門（Harry Truman）發表宣言，誓言「支持自由人民，抵抗試圖來征服的外來壓力或是武裝的少數派」[53]。

一九四八年，杜魯門的顧問已經很清楚，蔣介石是打不過共產黨了。馬歇爾此時回到華盛頓出任國務卿，而曾代表國民政府前往凡爾賽宮開會的顧維鈞，此時是中華民國駐美國大使。所以，馬歇爾便直接把國民黨僅有的選項赤裸裸攤給顧維鈞看，並表示蔣介石「已經為敵方損失了四〇％的補給」，「當數字提高到五〇％時，他就得決定是否把補給留給自己的部隊，才是比較聰明的選擇」[54]。

到了**一九四九年，國民黨一團混亂，而共產黨則是橫掃整個中國**。中華民國在海外的外交官已有六個月沒有支薪，駐巴黎大使館的外交官更已準備好叛逃，還試圖遊說其他國民黨外交官一起換個效忠的對象。到了十月，一群外交官發電報給共產黨，表示他們已斷絕與中華民國外交部的聯繫，正等待北京這邊的指示[55]。這個時刻來得太快！

屋子打掃乾淨了，再請客

周恩來預期共產黨將會戰勝國民黨，因此，他想要確定新誕生的外交使團能確實運作。一九四七年，周恩來為三年前負責接待美國到延安訪問的外交事務小組，訂下新的庶務工作。雖然這段時間，共產黨與外界的聯繫很有限，但周恩來沒有讓該小組閒下來，而是指示他們把毛澤東的文章翻譯成英文、監測發生在海外的事件。此時的外交事務小組不是回報給軍方，而是直接回報給共產黨領導階層[56]。

「周恩來認為這群幹部已具備某些外交事務經驗，也有一些外語能力了，」某位小組成員回憶：「這群人可能會成為中國新外交的骨幹。」[57]

一九四九年一月，共產黨喜迎勝利。周恩來在北京城外的西柏坡基地，聚集外交事務小組、發表演說，解釋該如何對待人在北京的他國外交官，同時也對即將成立之中華人民共和國的新任外交官，表達出他的各種期待。

「**外交幹部是文裝的解放軍**，」周恩來向聚集的人員如此交代，強調絕對的紀律與服從黨的領導之必要性：「外交大權屬於中央，各地不得擅自行事。」[58]

一九四九年四月，毛澤東的軍事部隊控制了國民黨的首都南京。當時毛澤東發表的宣言，至今依舊有效：**要與新中國建立關係，各國必須與集結在臺灣的國民政府斷交**。

黃華被派去指揮共產黨在南京的外交事務運作，首先就是拿下中華民國外交部，把大量的國民黨官方文件運往北京。

此外，黃華在南京還有另一項任務：毛澤東授權他與司徒雷登（John Leighton Stuart）會面，司徒雷登是黃華在燕京大學時期結識的美國大使[59]。黃華剛抵達延安時，還是個滿腔熱血的大學生，十三年後，他已站在新共產政權外交工作的前線，與世界最強國交手。毛澤東很信任黃華，認為他能完成這項任務，因為他已具備共產黨對高階外交官的期盼，也就是卓越的自我控制。

黃華會以不同形象應付各種場合。在延安就已認識黃華的美國共產黨員李敦白表示，他印象中的黃華是「傲慢冷漠、難以親近」[60]。一九五〇年代初期，曾與黃華交手過的多位美國談判代表的記憶中，黃華的談判風格是「粗魯」、「凶惡」，他們形容那是「令人難以忍受的」[61]。但相反的，亨利．季辛吉印象中的黃華，卻是「特別有人性，溫暖又可靠」[62]。

針對黃華與司徒雷登的會面，毛澤東給出的指示是「多聽少說」。如果這位美國大使很友善，黃華就應該要給出回應，但必不可以太過熱情[63]。或許，毛澤東早就預測到這場會面不會有什麼結果，因為共產黨與莫斯科關係緊密，而華盛頓這邊則越來越憂心蘇聯的擴張政策，因此黃華與司徒雷登很難有機會談成什麼事。

共產黨拿下南京後，局勢迅速發展。九月二十一日，毛澤東宣布中國人民「站起來了」，意味著中國因內戰與外來逐步侵略的羞恥經歷已被終結。九月三十日，外交事務小組解散，準備成立新的外交部（事實上，日常運作的掌控權是握在王炳南的手上，他是延安外交事務小組的重要成員，周恩來曾形容王炳南是他的「耳朵和嘴巴」）[64]。

一九四九年十月一日，毛澤東宣布成立中華人民共和國，五十一歲的周恩來成為首任總理與外交部長。中華人民共和國成立之後，中國的新外交官被派出去，騎著單車把這個消息傳給各國外國領事館[65]。

此時，黃華仍留在南京。後來因為有非常多外國人留在上海，所以他就轉移到上海處理外交業務。直到一九五三年，黃華一直都在上海，而他又再度有機會面對美方對話代表，不過這一次是在韓戰結束後的談判桌上。

這個新成立國家所踏入的世界，正瀰漫著不確定性，理念角力的紛擾越演越烈。史達林的蘇聯打了勝仗，勢力從德國柏林延伸到伊朗德黑蘭（Tehran）。日本倒下，亞洲處於權力真空。美國則是突然膨脹起來，逐步扮演起全球性角色，準備在國際間對抗共產主義。歐洲被破壞殆盡，接受了美國馬歇爾計畫（Marshall Plan）的重建資助。

這個時期，就是舊時代的帝國凋零，大量的新興國家爭取獨立之際。

北京新政府因自身決策的緣故，所以沒有任何外交關係。**想要擺脫掉「封建制度的影響」，又見到國民黨與海外勢力的諂媚關係，毛澤東選擇不承認任何一個中華民國建立的外交**

關係。這麼做也算是從系統上開始縮小外國勢力對中國的影響，這股影響擴及傳教士、媒體圈、他國外交官，毛澤東形容此政策為「**打掃乾淨屋子再請客**」[66]。

數百位國民黨的外交人才之中，毛澤東選擇不續聘任何一位到嶄新的中國外交使團。自從黃華抵達延安之後，有一小群人跟在周恩來身邊學習；除了這少數幾位外交人員之外，還有十一月八日周恩來在外交部成立典禮上致詞的一百七十多位人員，他們與外國人打交道的經歷就非常有限。

建立海外大使館網絡是項複雜的工作，執行國際談判看來似乎更是生疏。但是，不管是否準備好，中國新興外交官已是時候與這個世界見面了。

第 3 章

聘用將軍為大使，外交就是戰

起用將軍大使，從武裝鬥爭到外交鬥爭，實現周恩來所謂「文裝解放軍」的稱號。

一九五〇年三月，毛澤東接見羅馬尼亞（Romania）新上任的駐中國大使。這時，有十位前人民解放軍將軍，透過小旅館裝飾華麗的門面窺視著一切[1]。

羅馬尼亞與許多個共產國家，皆與新成立的中華人民共和國建交，因此是時候交換派駐的大使了。如果正式一點的話，就要舉行一個自歐洲發展而來的典禮，這典禮甚難理解，但全世界都這麼做：被委派的大使要遞交一封信給另一國的國家元首，尋求對方接受自己作為自己國家的代表。

這十位將軍仔細觀看典禮，當大使遞交到任國書（credential）時，更是伸長了脖子。這樣的過程，實在是令人困惑。

典禮結束後，耿飈（編按：該年九月就任中國駐瑞典大使，同時兼任駐丹麥、芬蘭公使）問了其他外交官：「怎麼會有人記得那些莫名其妙的話？」姬鵬飛（編按：該年九月任中國駐東德大使）回應：「你只要說你想要說的就好，反正他們也聽不懂你講的話！只要確認翻譯同志有說出正確的內容就夠了。」

這幾位將軍，即將成為中華人民共和國成立之後派駐他國的頭幾位大使，所以他們是來見習的。過去二十年以來，這些將軍多數時間都是活在山洞裡，持續與設備更為精良的敵軍戰鬥。至於搞懂外交禮節的細微差距，向來都不是他們在意的點。

而現在，將軍們身處在紫禁城隔壁的華麗皇城——中南海。這是歷經數年骯髒、艱困的苦日子之後，共產黨決定徵用作為總部的地點（編按：中共歷代黨和國家領導人皆居住於此，因此「中南海」常用來指代中國共產黨及中共政府最高權力）。

中國培育的新外交官，即將去世界舞臺闖蕩，然而這個世界日益分化，一方為資本主義，另一方為共產主義。光是前一年，全球就發生許多大事。

美國參議員約瑟夫．麥卡錫（Joseph McCarthy，一九四七年至一九五七年在任）警告已有數百位蘇聯間諜滲透到國務院裡，煽動大眾對共產主義的情緒。美國因馬歇爾計畫，在歐洲築起聯盟，設計出北大西洋公約組織（North Atlantic Treaty Organization），制定共同防禦協定，目的就是要對抗蘇聯的侵略。蘇聯進行第一次核武測試，促使杜魯門總統於一九五〇年一月反擊表示，美國要致力於發展氫彈。

大使宣誓典禮結束之後，周恩來向毛澤東介紹這幾位將軍，而幾位將軍也逐一講述自己在打仗時的貢獻。接著，周恩來解釋他選擇這幾位將軍的原因，表示中國的外交使團比其他部院都要單純，周恩來表示，他們全都是「前線的無產階級士兵」。

毛澤東看起來對此非常滿意，說道：「將軍當大使，好！你們出去我們放心，因為你們不會跑掉。」

會面結束後，就到了練習的時間。幾位將軍站成一排，把自己的到任國書遞交給假扮成印度總統的同志。不過，沒有人敢冒險扮演毛澤東。

只有軍方可以信賴

將軍大使不只是對自己的新角色感到困惑，另外還有其他也很奇怪的事，這個新政府開始打造的外交部，刻意讓外交人員短缺。毛澤東說過「打掃乾淨屋子再請客」，也說過他們需要「另起爐灶」[2]。

不同於其他部院接收了國民黨官員，也有新成員，中國新的外交部裡頭，完全沒有國民黨官員的位置（不過有例外：有一小群國民黨外交官被授予純粹顧問角色）[3]。周恩來與延安招聘的人員，一起從頭組建外交使團：一支「文裝解放軍」。這項計畫，把周恩來推崇的例行紀律與列寧的建黨手段，結合中國士兵貨真價實的人生歷練與蘇聯傳授的實用提點。當然了，毛澤東的革命願景更是聳立而起、凌駕一切。

對毛澤東與新中國政權領導階層來說，從頭打造一個新的外交部是顯而易見的選擇。因為共產黨要在敵意很深的世界裡尋求正當性，對黨而言，政治純度與忠誠度是首要的一切[4]。過去三十年來，共產黨也學到了保密是生存的必要之道，他們無法冒上外交官叛逃、威脅國內革命計畫的風險。

「外交工作需要高度專業，但也需要很強的政治觀點，」一位軍官向某位新進人員解釋：「國民黨的外交官很懂專業領域，但他們並不具備新中國外交官的品德特質，所以我們要是倚賴他們做外交的話，可能就會失敗。」[5]

但是，即便在共產黨裡待了數十年，仍會被懷疑。毛澤東就曾如此評論過未來的外交部部長喬冠華（編按：任期為一九七四年至一九七六年）：「身為大使，他知道的太多。」[6]而喬冠華可是從延安時期起，就在黨內處理外交事務。

中國新領導人認為，在政治上從零開始是必要的，但這一點也不容易。實質上，中國損失了整個機構從上世紀起，與西方外交累積下來的相關知識。不過，周恩來與這一群延安密友一點也不灰心，開始著手組建外交部。延安成員大多留在北京繼續工作，由於這群人是唯一有過類似外交經歷的人員，所以首都會需要他們的專才。

延安成員還會搭配軍方高層，像是間諜專家李克農，也就是黃華初抵陝西時負責迎接的那一位。李克農後來成為周恩來的副手，出任外交部副部長，但同時仍保有領導祕密情報工作的角色[7]。受過蘇聯培訓的王稼祥和張聞天，兩人都曾在共產黨擔任過領導工作，也扛起重要職務：王稼祥成為中國駐蘇聯首位大使，張聞天則是聯合國的中國代表（由於此時聯合國的中國仍由在臺灣的中華民國代表，所以這職位他始終沒得到）。

而在運作方面，周恩來找來曾在共產基地工作過的地方行政人員，這些人至少有過一些遊走在各個官僚階層的經驗。其他成員還有從北京各個學校剛畢業的新鮮人，大多主修語言相關科系[8]。另外還有少數在海外長大的中國學生，選擇回國為革命效命，例如曾擔任毛澤東翻譯的冀朝鑄（編按：曾任中國駐英國大使）和唐聞生（編按：一九七〇年代，毛澤東身邊的主要翻譯員之一）[9]。

此外，還有將軍大使，被招募來率領中國在海外的新大使館。**一九四九年十月至一九五二年間，計有十七位大使被聘用，其中有十二位是高階軍官**，九位是長征的倖存者，這十七位之中只有三位曾出過國[10]。軍階比較低的人員，則被聘僱為政務參事或是使館祕書，又或者是出任駐外武官（military attaché）[11]。

聘用將軍為大使的理由，就如同從零開始打造外交部的決定，同樣都是政治考量。觀看羅馬尼亞大使遞交到任國書的那一群將軍，毛澤東說他們不會叛逃，這句話開玩笑的成分其實也只占一半。只有軍方可以信賴，因為以前他們是誓言要對共產黨忠誠，而非對國家忠誠（至今也是如此），所以他們有保密的忠誠與能力。

此外，聘用將軍大使也可協助實現周恩來所謂「文裝解放軍」的稱號，正如同某位外交官所言：此目的是要「在中國外交使團內，種下黨與軍方的優良傳統與作風」[12]。

但這不代表從軍方招來的人都很樂意接受新的文裝任務，韓念龍將軍就曾告訴元帥陳毅（後來成為外交部部長），自己並不想出國擔任大使，但陳毅表示：「少說廢話、服從命令、趕緊動身！」（編按：韓念龍曾任中國駐巴基斯坦大使、駐瑞典大使、外交部副部長等職）至於其他人，像是後來成為代理外交部部長的姬鵬飛，則是抱持有朝一日能回到軍隊的盼望[13]。

終究，這一切都不是取決於他們。副部長李克農多次告訴自軍方調來的新人：「身為共產黨黨員，一定要跟上環境變化，投入黨分配的任務。」

以性格上而言，周恩來就比較柔軟，他向大家保證：**「從軍事鬥爭到外交鬥爭，不過是改變我們進行衝突的戰線罷了。」**[14]

曇花一現的自由

剛抵達北京時，許多新進人員都興奮不已。無論是剛畢業的學生，還是經過戰爭洗禮的士兵，多數人都沒有來過首都，有些人甚至從來就沒有到過任何一座城市，還有些人更是生平第一次見到多樓層建築、電燈、電話、沖水馬桶等[15]。有位來自南方的新進人員回憶，小時候曾聽說在北京生活得隨身帶根棍子，當冬天小便結凍時，就可以用來敲斷冰柱，這樣就不會讓尿冰棍黏在私處上[16]。

當然，也有些新來的人，對北京窄小的街道、糟糕的交通、破舊的建築感到失望[17]。中國外交部的建築似乎也凸顯出這些問題：外交部的食堂和地下室淋浴間，遇到斷電是家常便飯[18]。

新進人員的生活條件尤其清苦。從美國返回中國、投入革命的冀朝鑄回憶，睡覺的宿舍是二十多個大男人散亂的躺在一起，木板放在凳子上就是床了，滿地的痰讓地板滑得不得了[19]。

撇開衛生情況不談，後「解放」時代的北京有輕鬆的一面。歷經三十年的奮鬥和努力，共產黨終於獲得榮耀。這下新任外交人員有機會為塑造全新中國社會，扮演好自己的角色。

剛開始，北京的氣氛相對開放，甚至還有些玩樂的機會。中國外交部這個新單位的官員，可以自由在各棟建築物裡穿梭來往，拜訪在其他單位工作的戰時老友。外交部甚至還在週六夜晚舉辦舞會，地點就是外交部成立時周恩來致詞的廳堂，某位新華社記者就記得自己曾在那裡聽著〈心情〉（譯按：In the Mood，一九四〇年代相當膾炙人口的樂曲）爵士歌跳舞[20]。

不過，**自由來去與爵士樂，並非毛澤東心中的革命**，他本人就曾承諾過不會舉辦「晚宴」，這是眾所皆知的。**毛澤東期望見到的是，藉由農民革命重建、淨化中國社會**。因此，擺脫外來影響似乎就是個好的開始。

「我們這個國家，如果把它形容成一個家，它的屋內太髒了，柴草、垃圾、塵土、跳蚤、臭蟲、蝨子什麼都有，」一九四九年時，毛澤東曾向某位蘇聯訪客如此說道：「解放後，我們必須認真清理我們的屋子，把那些髒東西通通打掃一番，好好加以整頓。」[21]

過沒多久，熱切的興奮感就被莊嚴氛圍取代。各部門人員收到許多疊識別證，當他們去找其他單位的同志時會被問有什麼事情，並一再被告知處處有間諜。外交部成立六個月後，隨即身處批判與自我批評的運動之中，這讓人聯想起延安的整風運動，不過這次是聚焦在紀律不足與官方保密過於懈怠。

外交部內部與市政府各機關的氛圍開始顯得陰沉。曾在外交部跳過舞的新華社記者回憶：「我們變得會懷疑陌生人和每一個人，彼此拜訪已不再是輕鬆自在的事情，因為事後等著我們的是一長串的報告，還得清楚說明聊了些什麼內容。」官員變得保守，退回各自的工作崗位。「甚至連週六晚上的聯誼會，也只局限於自己所屬的單位，」這位記者表示：「打仗時期建立起來的友誼，已逐漸淡化、褪去。」[22]

外交官沒有臨場發揮的空間

中國這個新政權，認為有需要重新整頓北京的政治與社會生活，當他們要派遣人員到海外時，也會覺得需要格外留心。中國新外交官即將學到的第一堂課，就是他們在中國政治體制裡的位置，以及紀律的意義。

紀律是確實做你被要求執行的工作，不多做，也不少做。德國社會學家馬克斯・韋伯（Max Weber）把紀律描述為「確實執行收到的指令，而個人批判此時已無條件中止」[23]。法國哲學家米歇爾・傅科（Michel Foucault）的定義更為嚴苛，他認為應該跳過理解的環節，自動給出回應：「指令不需要解釋、也不必規畫，但務必觸發其所需的行為，這樣就夠了。」[24]

周恩來與其他領導人很早就提出這些要點，並且也一再強調。一九四九年，周恩來在外交部成立典禮上的致詞內容被包裝成格言，作為他對外交官期望的總結：「**站穩立場、掌握政策、熟悉業務、嚴守紀律。**」[25]

這項原則從中國政治體制的最高層，往下傳遞到最低層級。周恩來還用另一個說法總結它，並不斷在特使培訓中重複講述：「**外交工作授權有限。**」[26]外交官是使者，要傳遞共產黨在外交事務上的立場，因此外交官幾乎沒有臨場發揮的空間。

這套做法自然也套用在將軍大使上。姬鵬飛是中國首位駐東德大使，後來還當上代理外交部部長。姬鵬飛講述他的期望，那就是自己麾下大使館員工「真正變成著文裝的人民解放軍」。有一回，該使館某位參事在未獲得許可之下決定去滑雪，姬鵬飛立刻把此人往上呈報給外交部領導人，接著這位參事就被送回國了[27]。

在處理外交事務上，共產黨各層級都應堅守紀律，這個理念延續至今。一九八七年，自由派的胡耀邦被移除總書記一職，加諸在他身上的其中一項控訴，就是未經授權擅自下外交決策，特別是指邀請一群日本學童來到中國這一項決定[28]。

現今，中國在培訓外交人員時，還是重複同樣的原則。新進人員被教導周恩來的格言，強調紀律，表明「外交工作授權有限」。二〇〇三年至二〇〇七年，李肇星出任外交部長，其二〇一四年出版的回憶錄裡總結了這套做法：「多年以來，外交部總是一再強調紀律，每位人員都務必研讀『五大主要原則手冊』，內容涵蓋政治、組織、與外界往來、保密及財務事務的各種紀律。」[29]

對中國外交官來說，這套做法有優點、也有缺點。正面來看，中國外交官可堅守中國立場，不懈怠、堅決到底。前美國東亞暨太平洋事務代理助理國務卿董雲裳（Susan Thornton），曾與中國高層官員交手二十年，她如此說道：「中國處理事情的過程很有紀律、也很完整。他們非常擅長透過各種不同層級傳遞訊息，整個人就像是被訊息覆蓋。他們針對某項議題的官方立場，都不會出現錯誤。」[30]

這套做法在談判時，有時能為中國帶來優勢。董雲裳表示：「**他們有個很大的優勢，那就是保守祕密，外界也看不到他們跨部門之間的爭鬥**。面對他國外交人員時，他們有一套非常清楚的指導守則，且不論自身是否認同，他們全部的人都會遵從，不會有洩漏的問題。」

然而，這套做法同時也有嚴重缺失。首先，就算是部長等級以上的中國官員，也鮮少能有主動的空間，在大多數議題上，都讓其他國家的同行掌控主導權。董雲裳指出：「他們抱怨最多的其中一件事情，就是美國總是吵著要他們做事，但他們不會來要求我們。不過，那是因為他們從來沒有任何想法。」

更重要的是，中國外交官總是不斷重複同樣的論點，不管是否能起到說服作用。有時，這甚至會產生反效果。董雲裳解釋，遵從當權者會「讓他們在構思遊說論點時，眼界變得狹窄。**美國談判家總會試著找出不同方式的解釋，但中國只會重複同樣的論點**」[31]。

同時，這套做法也讓培育未來領導人才變得困難。一九八〇年代初期，李肇星被派往賴索托王國（Lesotho，位於南非，全境被南非共和國包圍）出任臨時代辦（chargé d'affaires）時，感到無比緊張，因為他本人完全不知道要如何領導別人。

李肇星如此寫道：「多年來，黨的教育就是教導外交官要服從組織，凡是組織說的，我們就去做。」[32]

專注於服從上級指令，還有一個很大的影響：當中國外交官發現他們自身有限的論點發揮不了作用時，他們就訴諸強烈請求[33]。**中國外交官擔憂身旁同志對自己的評價，遠遠大於他們能對外國人造成多少影響，其紀律與動機也使得他們忽略掉了外交的核心本領：傾聽。**

二〇一〇年，時任國家主席的胡錦濤前往加拿大首都渥太華（Ottawa）訪問時，中國官員為了把主席打造成國際政治家，因此承受很大的壓力。

當加拿大官員告知，攝影機不能跟著胡錦濤進入內閣會議廳時，中國外交官難以置信，向加拿大人員表示：「一定要跟著進去呀！」中方重複同樣的訴求不下六次，但每次都被駁回。最後，中方還是堅持照做，讓攝影組員緊跟在胡錦濤的身後，再由國安人員從外團團圍住。而胡錦濤則當作身後的小騷動沒發生過一樣，繼續開著會[34]。

去你的國家法，我們只信毛澤東的法

中國新任外交人員，一旦上過專業外表形象與生活方式的規範課程後，就得按照規範來思考、行事以及打理自己。

第一步，**中國外交官須了解國際政治相關議題**。由周恩來、李克農等內部講師，教授新進外交人員像是國際法與外交禮節等課程[35]。

比起他國外交官，即將站上世界舞臺的這些中國外交官，他們的專業知識與經驗都比較少，這點授課講師非常清楚。所以，某位講師就傳授一些可以搶回自信卻粗野、沒禮貌的用句，例如：「去你的國家法！我們只信毛澤東的法！」[36]

中國外交部也聘請其他共產國家的大使來上課，像是蘇聯、羅馬尼亞、波蘭、匈牙利等國，培訓內容從政治、經濟到使館日常運作皆有。毛澤東的兒子會講俄語，就負責翻譯工作[37]。

中國向蘇聯政界尋求指引，是再自然不過的事情。一九四五年至一九六九年間，十四位曾於政治局（Poliburo）服務的高階官員，有九位都待過莫斯科，不是去念書就是工作。革命之前，毛澤東的兩個兒子與女兒、一位親兄弟，以及他的其中一位太太（編按：為毛澤東第三任妻子賀子珍，一九三八年赴蘇聯，進入東方大學，畢業後留在蘇聯工作，後來被送進蘇聯精神病院，於一九四七年釋放回國），也全都待過蘇聯[38]。中國駐蘇聯的第二位大使張聞天，赴莫斯科求學時就娶了俄國太太，也生了小孩[39]。

接著，**中國新進外交人員還要學習如何穿著**。既得在國際間贏得尊重，又得符合中國革命的價值觀。因此，中國政府就決定了，正式場合男人穿毛裝（編按：又稱中山裝，由孫逸仙與革命家黃隆生創設，後來由毛澤東等人改型，稱為「毛式中山裝」，簡稱毛裝）、女人穿旗袍，非正式場合可以接受西裝和一件式洋裝[40]。

同樣重要的還有飲食。**由於多數新人都來自貧困的鄉村，所以他們得學習如何拿刀叉吃西方的食物**[41]。這類課程持續了數十年，剛開始上課時學員都不能理解。李肇星回想一九六〇年代上完禮儀訓練課後，其內心的想法：「一開始我很困惑，誰不會吃東西？為何我們還要學吃？上完課之後，我才明白吃的方面還有很多得學習的。」對於吃東西時要保持安靜這點，李肇星感到特別受用，因為來自東北的他總是大聲吸著麵[42]。

另外，必定得上的課程，還有舞蹈課、打領帶示範教學、如何得體出席雞尾酒會等。為此，外交部會舉辦外交模擬招待會，好讓新進外交人員練習剛學會的技能[43]。曾有學員因為把刀子放進嘴裡而被點名，還有些人則是被告知說話時不可以朝對方噴口水[44]。

隨著中國社會越來越融入外在世界，也越來越不需要此類型的訓練。禮儀課程先轉變成簡單的筆試形式，最後完全取消[45]。

然而，外交部會持續提建設性建議給新進人員。某位前特使寫了本手冊（有五位現任或已卸任的資深外交部官員背書推薦），建議外交官不要詢問外國人私人問題，例如：開什麼車、收入多少等，起因是這些問題在中國很稀鬆平常。另外，手冊也告訴外交人員，在吃到飽形式的晚宴上，不可以把食物裝滿一大盤，也提醒他們吃東西時不要發出「奇怪噪音」[46]。

首次踏出國境，中國外交官邊錯邊學

一九四九年末到一九五〇年，中國外交官開始出發到海外，一路上也持續學習。歷經長程火車和航行，當他們陸續抵達崗位後，發現他們生活環境的物質條件很差[47]。中國首位駐波蘭大使彭明治，甚至是在浴缸架上一塊木板當作辦公桌[48]。

更讓人焦慮不安的是，**這群外交官陷入完全不知道自己在做什麼的窘境**。例如中國駐匈牙利的大使和整個團隊，完全不曉得他們在大使館裡應該要做什麼[49]。而駐莫斯科的外交官很快就覺得厭煩，不僅得跟很難學的語言奮鬥，更開玩笑說他們其實只需要四個人——能湊一桌打麻將就夠了[50]。

有些外交官在離開中國前，甚至未受過嚴格的語言訓練。例如緬甸的中國外交官，就請來一些海外華人團體教自己講當地語言[51]；沒有翻譯人員，駐波蘭外交官只好隨身攜帶字典[52]；羅馬尼亞的中國外交官，則是被迫先將文件翻譯成俄文，再翻譯成中文，因為他們完全找不到中文與羅馬尼亞文對照的辭典[53]。

無可避免的，中國外交官就是得從錯誤中學習。有位中國武官破壞常規，人都已經到了印尼，出發前卻沒有通知駐在國的國防部[54]。印度則是發生有位資深外交官的太太，因不小心與某位美國外交官握手而遭受嚴厲譴責，當時的外交人員回想起來表示：「那個時候，如果和不對的對象握手，可能會釀成政治問題，害我們都很緊張！」[55]

至於北京這邊，起初也同樣犯了不少錯誤。有好幾次，當外國賓客正與周恩來邊走邊談話時，清潔人員會推著垃圾車走到他們面前。此外，安排與他國外交官開會，許多政府機關的部長卻會遲到好幾個小時，有時甚至根本就沒有出現[56]。

不過，也有許多單位的領導人採取系統方式，一邊做、一邊學。例如駐莫斯科的中國大使王稼祥，安排蘇聯外交官為其部屬上課，教導外交禮儀與國際法，事後王稼祥會把每一次上課的文字紀錄寄回外交部，如此便可編寫成培訓課程。另外，派往東歐的外交官往往會中途停留莫斯科，以便獲取更多的指導，還有些人員會被送往莫斯科受訓[57]。

另外，新上任外交官也會尋求蘇聯外交官的實用建議。中國首位駐瑞典大使耿飈收到丹麥外交部來信後，不知該如何回覆，因此聯繫了蘇聯、波蘭、羅馬尼亞等大使館，詢問自己該怎麼做。一九五〇年時，中國駐印度外交官的平均年齡僅三十歲，因此有位低階外交官被派任的工作，即是定期尋求蘇聯駐印度大使館的建議[58]。

正當中國外交官轉向蘇聯請求協助之際，國家主席毛澤東也同樣這麼做。毛澤東於一九四九年十二月展開為期九週的蘇聯訪問行，這也是他生平第一次踏出國門。

在蘇聯等待數週之後，毛澤東終於設法取得蘇聯的承諾，一旦中國被攻擊，蘇聯會前來支援，不過他也被迫同意讓蘇聯繼續占領滿洲的幾個港口。同時，史達林拒絕協助中國共產黨攻打臺灣，不過他承諾會提供經濟援助，也會派遣蘇聯專家到中國，協助中國發展工業。

政治純度與可靠性，是外交官首要條件

建立外交網絡，靠的不只有技能，外交是得格外小心處理的政治任務。中國需要外交官作為其銜接外界的橋梁：中國領導人就跟許多鼓吹革命的獨裁者一樣，渴望獲得外交承認，好幫他們的政權背書。

這份想要與外界有所聯繫的渴求，與確保外交官會對革命保持忠誠，兩者之間必須取得平衡。基於這個原因，**挑選首批前往海外的外交官時，第一要件就是人員的政治「純度」與「可靠性」**[59]。

要求外交官忠誠的某個面向，其實就是要逐步灌輸他們對外界的恐懼。某位派駐在荷蘭的外交官這樣說明：「要前往資本國家工作的外交官，一踏出國門，隨即就會感到非常緊張與不

安。感覺隨時會有人來煽動你叛逃，或是把你綁架。」[60]

而中國外交部也盡其所能凸顯此類恐懼感。一九五〇年準備前往印度的使團，就是如此被告知：「有些來自資本國家的記者非常恐怖，他們會惡意散播謠言，你們務必要小心！」[61]

忠誠，有部分倒是源自外交官對其自身政治體制的懼怕。舉例來說，即便只是與外國人開個小小的會議，若沒有獲得許可，又或是偏離官方政治立場，外交官便知道自己會受到譴責[62]。某位一九五〇年抵達印尼的大使，在一年之內便被調回國內，原因是他被記者拍到裸著上身喝東西，而中央領導階層的判定這不是中國想要展現出來的形象。某位外交官回憶：「就算內心很不認同，也不能表達與上級相左的意見。」[63]

至於接受懲罰的下場，可能會徹底改變一生。曾有位年輕外交官即將首次被派往羅馬尼亞，拿著共產黨提供的經費添購衣服，結果她選了件有花朵圖案的洋裝。外交部因此指責她有「資本階級思想」，所以把她改派往被戰火摧殘的越南，去「經受鍛鍊」[64]。

以現今而言，中國外交部挑選新進人員時，政治忠誠依舊是最重要的單一要素。二〇一八年，有位在甄選後期被刷下來的申請人接受採訪時表示：「**外交部想找的特質，首先就是忠誠，政治上的忠誠。**」某位中國外交官也證實：「政治忠誠與嚴守紀律是最重要的考量。」[65]

共產黨內的組織也會監視外交官的行為舉動，因此在黨分支機構舉行的例會裡，外交官都得在共事的同志面前，進行懺悔式的自我批評，猶如延安時期的肅清行動[66]。

不過，如果驅動中國外交官的動力僅是恐懼的話，工作成效將會不佳。他們得協助中國與外界溝通，這意味著必須與他國外交官開啟對話。要做到這一點，周恩來鼓勵外交官採取一種做法：「節制性開放」，這恰到好處的說明出自以前的某位幹部[67]。

這套周氏做法最為與眾不同的地方，在於規定**外交官得成對行動，即「兩人同行」**。打從一開始，周恩來與外交部的高層就堅持這條規矩，對出發在即的外交官，告誡他們出門探險一定要兩兩同行[68]。

中國首位派駐海外的大使王稼祥，前往的地點是莫斯科，他為後進設下了好榜樣：儘管他學生時期就待過這座城市，對該地非常熟悉，但他每場會議都會帶上其他同志，甚至連出門散個步也要找人陪[69]。

縱使幾乎所有國家都會針對外交官與他國交流來往設下些許限制，但是中國的體制看來怎樣都很極端。加拿大作家瑪格麗特・愛特伍（Margaret Atwood）的反烏托邦小說《使女的故事》（*A Handmaid's Tale*）裡，主角奧芙佛瑞德（Offred）談到與中國雷同的兩人同行之規定時表示：「原本是為了保護我們，但這觀念也太荒謬了！」接著又說：「事實就是，她要監視我，而我也要監視她。」[70]

這套夥伴制度很快就成為日常生活的一部分，有時執行起來還很可笑。一九六一年，越南當地有位女性邀請使館實習生去約會，實習生向上級報告這項約會邀請，使館隨即「認真研究」此位女性提出的請求，最後判定實習生可以赴約，但要帶上其他四位學生陪他一起去，所以後來也就沒有第二次約會了[71]。

多年以來，這條規矩的執行方式或許有些轉變，不過規定還在。二〇〇九年，前外交官張國斌在講述外交禮儀的書籍裡，第一章就告訴讀者，外交官訪問海外時，與當地接待的主人不可有「任何形式」的私下往來[72]。

中國在習近平帶領之下，這套夥伴系統再次重新點燃、加強落實。二〇一七年，一群剛成為外交官的新人，準備出發留學攻讀碩士課程的前夕，有位資深官員行前特別交代：「嚴格執行兩人同行這項規矩。」[73]

在外界的人眼中，很容易發現這條規矩會帶來多少難為情與不便性（某位卸任的美國官員表示：「我有一點可憐他們。」）[74]。然而，對身在其中的人來說，實際情況更為複雜。某位前中國外交官說：「這有點算是種保護，讓其他人難以指控你洩露資訊。」[75]

如同他國各個政治體制下的外交官一樣，中國外交官也會刻意保持資訊孤立。**外交官收到的細節資訊，只會與自身工作領域有關，同時他們也被勸導避免彼此討論任務內容**（一九八〇年代，某位實習大使曾被告知：「不要說你不應說的，不要聽你不應聽的，不要看你不應看的。」[76]）。這麼一來，潛在的叛逃者和違法者帶來的傷害便會很有限，不過這也使得低階外交官總是被蒙在鼓裡，搞不清楚更廣大的工作目標。

中國施加在外交官身上的夥伴制度與一般政治約束，其實也限制了他們的工作成效。曾是中國駐法國大使的吳建民於二〇一五年寫道：「**中國外交官大致上態度都很保留、過度謹慎、不夠開放。但最棒的外交官往往都比較有自主權。**」[77]

一個在外交上如此重視「友誼」的國家，卻在與外籍人士建立有意義的私人情誼這件事情上，設下如此多重障礙，顯然不只是件諷刺的小事而已。

外交，演給國內民眾看的

正當中國外交官往世界各地四散出去之際，中國也面臨重大外交與軍事難題：朝鮮半島上的戰爭。一九五〇年，北韓領導人金日成入侵南韓，正面迎擊決心強大的美國，那決心甚至大過金日成自己和史達林、毛澤東所願意協商妥協的程度。

美方軍隊獲得聯合國的正式批准，這也是這個成立沒幾年的組織，頭一回的授權行動。該年十月，美軍越過北緯三十八度線，繼續往鴨綠江前進，這時北京決定履行先前所允諾過的，支援陷入苦戰的北韓。

毛澤東對中國軍隊下的命令是「擊退美國帝國主義人士和他們的走狗」，派出三百萬「志願參戰的」兵力，指揮官正是退休的游擊戰將軍彭德懷。

中國領導階層很擔心國家安全，但同時也很在意中國的國際地位。數日後，周恩來在黨會議中解釋道：「若考量到朝鮮在亞洲的位置，我們就得提供援助；若考量我們的關係親如脣與齒，我們就得提供援助。」[78]

一九五〇年十一月，韓戰持續升溫，中國外交官有了前往聯合國表達訴求的機會——這是後來二十多年再未能等到的機會。曾為將軍、此時是外交官的伍修權，被選中出任中華人民共和國的代表。伍修權當時四十二歲，是周恩來舊識，曾於蘇聯求學，臉上有內戰時期與國民黨打仗時留下來的子彈傷疤。伍修權率領九人訪問團抵達紐約，成為共產中國首批踏上美國領土的官方代表[79]。

此時，聯合國並沒有承認北京政府，而伍修權的團隊對聯合國也一無所知。周恩來對該代表團下達指示，要他們「非常有自信的」發言[80]。對這項挑戰任務，伍修權內心充滿憧憬。伍修權後來如此寫道：**美國反共人士「總把中國共產人士描述成可怕的土匪，現在，我們要讓世界上的人自己親眼看看我們」**[81]。

伍修權抵達紐約後寫道：「我們很清楚，這裡的地理環境和政治環境，全是個完全不同的世界。」他們入住曼哈頓區的華爾道夫旅館（Waldorf-Astoria），九間房間連在一起，伍修權描述房價「實在嚇人」。

團員大多都在客房內用餐，只有需要談話時才會冒險出門，原因是他們認為房內到處都被偷放監聽器。紐約市政府也為一行人提供了保鑣，伍修權回憶：「我們知道他們有兩項任務，保護和監視我們。」[82]

十一月二十八日下午，伍修權在聯合國安全理事會（United Nations Security Council）上發表首場演說，地點在長島（Long Island）上的成功湖（Lake Success，當時曼哈頓的聯合國總部還在興建中）[83]。

一身黑色西裝的伍修權從馬蹄型會議桌邊站起來，發表美國「侵略」臺灣的演說。一開場，伍修權就說道：「我奉中華人民共和國中央人民政府之命，代表全中國四萬萬七千五百萬人民，來這裡控訴美國政府武裝侵略中國領土臺灣非法的和犯罪的行為。」

演說時，伍修權上下搖晃他的頭、用力擺動指頭，講了整整一百零五分鐘。要求美國從韓國撤兵之前，伍修權說道：「美國帝國主義者對於中國從來就是狡猾的侵略者。」結尾時，伍修權要求美國必須因其行徑接受制裁，《時代週刊》（*Time*）描述該場演說是「可怕的兩小時刺耳謾罵」[84]。

▲ 1950 年 11 月，中國特派代表伍修權（前排左一）在聯合國安全理事會。（圖片來源：維基共享資源公有領域。）

這是中國外交常出現的情況：**伍修權演給國內群眾看的成分，大過於給現場的聽眾**。

到了一九五一年中旬，雙方部隊相互廝殺、陷入僵局，地點就在北緯三十八度線附近，此處也是衝突的起始點。隨著戰局拖延，士兵們也開始談論著停戰協議。是時候讓中國外交官來到前線了。

當時剛從哈佛學成歸國的冀朝鑄，已起身前往開城（譯按：近北緯三十八度線的城市），準備在談判時協助翻譯。這一路上，冀朝鑄聽著機關槍的聲響、穿越炸彈坑，一度為了躲避美國戰鬥機，與同行的人一起閃躲進壕溝裡。中途抵達位在平壤市的大使館時，冀朝鑄發現這裡也不過就是個砌了磚牆的地堡，地板是由泥土砌成，沉重的木柱撐起屋頂，多數的房間都是點著蠟燭[85]。

在這種清苦的環境條件之下，國界邊的談判斷斷續續進行了兩年，雙方對話因一些議題卡關，尤其釋放戰犯這條最為難解。而對於中國外交使團所承受的肉體艱苦，外交部特別自豪。某位在談判現場的外交官回憶：「他們雖是文弱的學者，讀書人不會開槍、不會扔手榴彈，但有著鋼鐵般的決心。周恩來稱呼外交部的幹部為『文裝人民解放軍』。」[86]

一九五三年三月五日，中方收到一則足以改變談判進展的消息：史達林過世了。一開始他們的反應是既驚嚇又懊悔，畢竟這位蘇聯獨裁者一直是中國許多位革命家的北極星，指引他們邁向權力之路。一接到消息，巴基斯坦首都伊斯蘭馬巴德（Islamabad）的中國大使館人員，抑制不住大哭[87]。接連三天，中國各地都降半旗悼念[88]。

史達林逝世，表示中國有機會了。莫斯科的談判態度幾乎可說是立即軟化，促使中國和北韓的態度也不再強硬[89]。歷經三年的慘烈衝突，終於在一九五三年七月簽下停火協議。

此時的中國非常疲憊，因為接連二十多年都在打仗，南北韓爆發衝突也拖累了中國內戰結束後的國內經濟重建[90]。為了壓制軍閥與其他共產黨視為不忠誠的組織，毛澤東施行了殘暴的土地改革運動，以及一連串的政治肅清，此時鄉村地區都還在從這些政策中逐步恢復正常生活。而到了一九五三年夏天，中國又遭逢嚴重穀糧短缺[91]。

北京期盼重建國內環境，遂與莫斯科緊密合作，展開五年計畫，促進經濟發展。周恩來還親自飛往蘇聯取得計畫，而駐莫斯科大使館也不斷回傳從蘇聯經驗中蒐集到的資訊[92]。計畫啟動後，數千位蘇聯的顧問、老師、工人來到中國，移轉新技術、設立工廠、興建基礎建設[93]。

史達林的過世，也讓新類型的中國外交成為可能，因為蘇聯於一九五三年推行了「和平攻勢」（peace offensive）。此項倡議中，蘇聯解決了一些最為迫切的領土爭議，對開發中國家則是採取較不頑強的態度[94]。

唯一容得下中國外交的空間，乃是往上走。由於中國在朝鮮半島把美國打到停滯不前，因而贏得國際上勉強應予的某種尊重，西方國家也不再輕視中國。到了一九五四年，毛澤東認為**「屋子打掃乾淨了，現在我們可以邀請客人來了」**[95]。

第 4 章

周恩來的魅力攻勢與萬隆精神

周恩來提出「和平共處五項原則」，獲得與發展中國家建交的機會——這時，臺灣外交官只能沮喪觀望。

一九五四年春末，周恩來與一群中國外交官，身著毛裝，來到瑞士日內瓦（Geneva）城外的蒙弗里別墅（Montfleury Villa）。這棟白色典雅建築，聳立在瑞士郊區，有著大片落地窗和兩根煙囪，不像是共產國家特使會現身的場景。

不過，接下來有兩個月的時間，這群中國特使就要住在蒙弗里別墅裡，準備出席**共產中國至此的短暫歷史中，最為重要的一場國際會議：日內瓦會議**（Geneva Conference）。

這場會議的發起國是蘇聯，參與者為第二次世界大戰的戰勝國，這「五大巨頭」包含美國、英國、法國、蘇聯和中國，時間點是一九五四年的四月到七月，目的是要處理戰後的朝鮮與法屬印度支那（Indochina）議題。戰爭期間，中國一直在幫助越南共產黨攻打法國，讓美國越來越擔心共產黨勝出的可能性[1]。

此場會議的利害關係非常大，因為朝鮮與越南都與中國接壤，任何決議都會立即影響到中國

▲ 1954 年 4 月，周恩來在日內瓦。（圖片來源：維基共享資源公有領域。）

的安全環境。除了朝鮮問題的談判之外，北京當局也期盼在日益緊張的法屬印度支那衝突裡排除美國，以確保共產越南能繼續發揮緩衝國的作用。**眼光放更遠一點來說，中國更希望能夠說服美國，不再插手臺灣的議題**[2]。

日內瓦會議對中國的重要性，已遠遠超越上述的各種利益，因為**該場會議可是中國在外交上，初次與西方資本社會的重大交手**。為了能成功提升中國的形象，維護中國在亞洲的各種利害關係，周恩來與他的外交官期盼，與美國、英國、法國往來時姿態都是對等的。這是中國的新賽事，而其外交官不管是外表、思想或行為，全都得做到位。

比起協議，中國更在乎形象與曝光

然而，這不是件簡單的事。此時中國與英國、法國、美國，仍欠缺完善的邦交關係，因此一開始這些國家的領導人，可是強烈反對中國出席日內瓦會議。**時任美國總統德懷特·艾森豪**（Dwight Eisenhower）**告訴時任英國首相溫斯頓·邱吉爾**（Winston Churchill），表示自己反對讓**「血腥侵略的中國進入和平國家的委員會」**[3]。

時任美國國務卿約翰·福斯特·杜勒斯（John Foster Dulles）**也說，自己不願意在日內瓦會晤周恩來，「除非我們的車撞在一起」**[4]。

儘管如此，周恩來非常清楚日內瓦這場會議對中國外交的象徵意義。從解密文件中，可見到周恩來草擬的計畫。中國打算從美國、英國、法國在法屬印度支那議題上的「矛盾」地位這一點切入，從中謀取利益，同時也會試圖在會議中達成協議，即便是暫時性的也無妨，最重要的就是找機會，幫中國爭得更多的國際宣傳曝光[5]。

此外，周恩來也把這場會議視為使團的重要機會。某位出席該場會議的外交官表示，周恩來與外交部高層視之為訓練中國外交官的機會，也是展示中國「強大外交實力」的時機點。於是，周恩來把代表團擴增到近兩百人，好讓更多人參與[6]。

中國外交部可說是費盡了心思準備。從北京出發前，周恩來對代表團發表激勵談話：「儘管我們過去在國內談判有經驗，跟美國吵架有經驗，但那是野臺子戲……到日內瓦是參加一個正式的國際會議了，我們是登國際舞臺了……我們要有節奏和秩序，也要保持團結。」[7]代表團的每位成員都量身訂製一套簡易西裝，這也是大多數成員人生的第一套西裝[8]。他們還上了外交禮儀課程，學習瑞士政治與傳統，以及研習最佳保密手段[9]。成員也被提醒，會見其他外交官時必須穿著得體、進到室內要記得脫帽，以及打噴嚏要摀嘴等[10]。

儘管已有詳盡的行前說明，但代表團抵達日內瓦後，想要融入當地卻一點都不容易。為了展現慎重，抵達日內瓦當天，周恩來與代表團成員決定穿著毛裝。可是，毛裝看來既樸素又陌生，所以當地人誤認為他們是來傳教的[11]。

中國政府對陌生的新環境顯露出極度不信任感，而這更加重了他們的格格不入。代表團被特別交代，在室內講話要輕聲細語。而周恩來明明有中國情報人員特別準備的房間，可以安全的與人溝通和開會，但他多數時間卻還是選擇戶外，就是為了預防有電子監聽裝置[12]。中國外交官也特別架設了毒物測試房，因為他們擔心當地採買的食物、飲料、香菸等，可能被偷偷摻了毒藥[13]。

中國之所以決定租下蒙弗里別墅，闡明中國想要在國際舞臺上證明自己，卻又想與西方資本社會保持安全距離。中國外交部是聽聞美國和蘇聯都會租用別墅，才決定也比照辦理。外交人員自北京紫禁城借來書法畫、陶器、雕刻品，擺設於別墅，為的就是要展露中國悠久的文化底蘊[14]。蒙弗里別墅有偌大的花園，方便召開戶外會議，如此一來就能避開中國外交官認定到處都有的竊聽器了[15]。

縱然西方國家帶有敵意，中國一開始也感到焦慮不安，但日內瓦會議還是大有成果。在重大議題上，周恩來願意就北越與南越之間的管制線，與法國妥協，因而促成了法屬印度支那停戰協議。不過，朝鮮問題還未能達成共識[16]。會議過程中，周恩來與蘇聯外交部長維亞切斯拉夫·莫洛托夫（Vyacheslav Molotov）謹慎商討，兩人在別墅會面時，為了預防竊聽器，助手都會在一旁製造古怪的噪音[17]。

對中國而言，比起達成協議，更重要的是投射出他們想要的形象。周恩來成功與各國展開對話，其中有英國、法國，以及最重要的美國，這些對話增強了中國政權的國際正當性，也協助其發展新關係，有助於日後脫離蘇聯勢力範圍後，中國仍有出路。在日內瓦期間召開的會議，最終也讓中美兩國的外交官，日後得以在波蘭開啟更為正式的對談。

日內瓦這一趟，對中國的公共外交也是一大勝利。黃華和龔澎都在日內瓦舉辦記者會，周恩來則是與英國喜劇電影明星查理・卓別林（Charlie Chaplin）在別墅裡吃飯、喝酒[18]。卓別林因美國聯邦調查局鎮壓共產主義分子而被追捕，進而搬到瑞士。兩人看了中國電影《梁山伯與祝英台》（編按：一九五三年版，為中國第一部彩色越劇〔流行於江蘇、浙江及上海的戲曲劇種〕電影）、吃了北京烤鴨，還以出了名辛辣的中國茅臺酒敬酒。卓別林告訴周恩來，通常他是不吃鴨肉的，原因是他喜歡模仿鴨子走路的樣子[19]。

國際間看到中國在日內瓦會議表現後的反應，證明周恩來成功拿下一局。英國中左派（譯按：center-left，即政治立場中間但偏左）雜誌《新政治家》（*New Statesman*）的編輯金斯利・馬丁（Kingsley Martin）寫道：中國以「世界大國」之姿興起[20]。至於中國國內，《人民日報》大肆吹捧，指出中國的「國際聲望大幅提升」[21]。

▲周恩來與卓別林的合影。

這趟日內瓦之行，中國也學習到未來可運用的經驗。長年從事情報工作的李克農，此時出任外交部副部長，他相信中國外交官在會議期間遇到的外國記者與外國顯要人士，可成為有用的情報來源。返回北京之後，李克農宣稱這段期間會面交流蒐集到的資訊，「對今後研究敵人的對外政策仍有較高的參考價值」[22]。

而周恩來下令在外交部成立「新聞司」，專門處理與外國記者相關的業務，等於是擴大了他一九四九年在外交部成立之「情報司」的責任工作[23]。

日內瓦會議只是個開端，後續的魅力攻勢範圍更廣，一路從韓戰結束進行至一九六六年文化大革命開始。推動魅力攻勢的核心，乃是要贏得發展中國家支持的策略，手段包括傳統的外交方式，以及一堆從蘇聯習得之共產主義特色的戰術，這些戰術中國在革命時期持續精進、鍛鍊。此外，中國外交官與工業化程度較高國家的交流也有所進展，在此時期之後，中國使團更具備知識與經驗。

魅力攻勢揭示了共產中國在外交關係上持久不變的宗旨：贏得國際社會尊重[24]。雖然中國國內發生多次政治鬥爭，導致這項目標被延宕多次，但最終還是發展到了高峰，也就是北京當局在一九九〇年代自詡為「負責任大國」，以及公開擁護聯合國、世界貿易組織（World Trade Organization）等既有組織之時。

中國外交官在一九五〇年代施用的手段，有許多工具重新在今日外交政策上贏得顯著地位。就許多面向來說，中國贏取發展中國家支持的過程，其實就預示了中國在二〇一三年轉往歐亞大陸，所提出的一帶一路倡議。中國使用富有共產主義特色的手法，在海外建立影響力，此舉近年來在美國、歐洲、澳洲等地接連引發爭議。

一九五〇年代，中國的魅力攻勢並不是很順利，其成果受限於中國偏執的政治體制，也就是視外在世界為思想不純正的根源，另外也受制於越來越激進的國內政治。即便中國力圖贏得世界的評價，但北京當局還是涉足了幾段外交與軍事侵略。

日內瓦會議結束後才過兩個月，中國加劇與臺灣的緊張關係，目的是要提醒華府其對臺灣的主權主張，因此在一九五四年末和一九五五年初，轟炸了兩座國民黨控管的島嶼，也就是距離中國南方福建省海岸不遠的金門與馬祖。此舉是為了展現軍事實力，卻適得其反，大大損害了周恩來與外交幹部努力營造的友善形象[25]。

就算如此，中國的魅力攻勢依舊存在，時至今日仍在使用。

一九五四年秋天，周恩來在首屆全國人民代表大會上解說外交政策時，強調**中國發展經濟需要「和平的國際環境」**[26]。為了實現中國潛能，得大幅改善與鄰國的關係，並與蘇聯集團（Soviet bloc）以外的國家發展合作關係。

隔年，機會降臨了，就在印尼萬隆市（Bandung）舉行的亞非會議（Afro-Asian Conference，又稱「萬隆會議」）。

萬隆會議，周恩來脫稿演出卻大獲全勝

今日，看過大多數外交會議那些重複的老套形式，反而很難想像萬隆會議被興奮氛圍籠罩的盛況。對當時的發起國及參與國來說，這場會議在世界史上可是意義非凡的嶄新時刻。自從英國、法國等殖民大國退出亞洲和非洲後，突然增加許多新誕生的獨立國家，這些國家沒有堅決擁戴西方國家，也不推崇蘇聯集團。萬隆會議的時間點落在一九五五年四月，計有二十九個亞洲與非洲的新興獨立國家出席（其中包括六個後來加入二十大工業國〔G 20〕的國家）。印尼總統蘇卡諾（Sukarno）宣告這場會議是「人類史上首場有色人種的洲際會議」[27]。

對中國來說，這場會議是個絕佳機會。至少從一九四六年起，毛澤東就開始想方設法、構想理論，試圖想找出「遼闊的中間地帶」，也就是介於資本與共產陣營之間的國家，與中國合作的可能性，因為這些國家的政治同情（譯按：political sympathies，係指對政治議

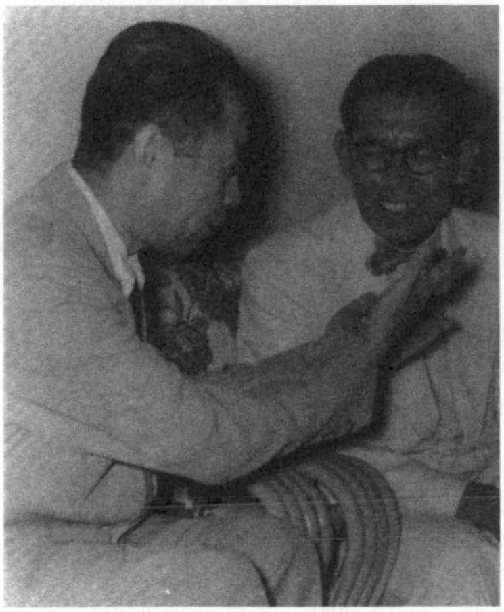

▲ 1955 年萬隆會議上，周恩來與時任印尼西爪哇省省長薩努西・哈賈迪納塔（Sanusi Hardjadinata）談話。萬隆位於西爪哇省境內，身為省長的哈賈迪納塔負責主持該次會議，以及確保周邊地區安全。（圖片來源：維基共享資源公有領域。）

題的意見與想法）都還在醞釀之中[28]。

在萬隆會議裡，沒有莫斯科下指導棋、沒有美國拋來的敵意，中國終於有機會自己代表自己，與這些國家會面。

而中國外交部相當敏銳且精準，知道該如何從這場會議中獲取最大利益。周恩來的計畫就是「孤立美國，贏取『和平、立場中立』國家的支持，並嘗試分裂跟隨美國、對中國有敵意的諸國」[29]。

這個時候，美國其實已有警覺。英國駐東京大使館回報指出，美國擔心萬隆會議會「給共產中國帶來絕佳的政治宣傳機會，因為此時參與國的代表，都尚未正式決定要加入自由世界（譯按：Free World，主要使用於冷戰時期的政治宣傳用詞，指主張民主政治的西方陣營），還是共產陣營」[30]。

此時的蔣介石更加緊張了，所以他決定出手做點事情。在臺灣紮營五年，等待的就是有個機會報復從中國大陸撤退的羞愧經歷。**蔣介石的安全情報單位，密謀暗殺蔣介石在黃埔軍校的前同事周恩來**。

一九五五年三月底，來自臺灣的五號聯繫小組，聯繫上香港啟德機場的一名員工。提出六十萬港元的報酬（編按：當時香港人日薪最多僅十數元港元）及臺灣的庇護所，要該名員工在四月十一日印度航空洛克希德星座型飛機（編按：Lockheed L-749A Constellation，該架飛機名稱為「喀什米爾公主號」（Kashmir Princess），此事件也稱「喀什米爾公主號事件」）裡安置炸彈，周恩來就是準備搭乘這架飛機前往印尼。

這位員工同意交易，炸彈也按照計畫爆炸了，十一名乘客全數身亡（編按：全機僅三名機組人員生還，共十六人死亡）。中國很幸運，因為這些乘客裡沒有周恩來。周恩來收到密報，在最後一刻變更行程，改搭乘另一架航班。而至於搭上死亡航班的那一群低階中國外交官與媒體記者，則葬身於太平洋某處[31]。

一九五五年四月中，周恩來抵達萬隆市。雖然才剛解決一道迫切的人身安全威脅，但仍舊得面對參與國沉重的質疑，特別是跟美國緊密結盟的泰國，以及英屬錫蘭（Ceylon，一九七二年更名為斯里蘭卡〔Sri Lanka〕）的首相，這位首相不只考慮跟臺灣更進一步聯繫，且還針對共產主義的「顛覆毀壞」提出警告。

清楚這次任務挑戰的規模之後，周恩來在會議的第二天，冒了個異於平時的風險：把精心擬好的稿子擱在一旁，起身發表與預先規畫截然不同的致詞內容。

「中國代表團是來求同，而不是來立異的，」周恩來告訴在場的聽眾：「我們之間有無共同的基礎呢？有的。亞非絕大多數國家與人民自近代以來都曾受過、並且現在仍受著殖民主義所造成的災難和痛苦。」[32]

對於鮮明的爭議議題，參與國自然期盼周恩來會強調說明，但都被他迴避了。周恩來沒有過多解釋臺灣的情形，也未多加說明中國在聯合國欠缺代表。

倒是為了引導中國與發展中國家建立關係，周恩來的演說推廣了一套想法：和平共處五項原則（Five Principles of Peaceful Coexistence）。一九五三年至一九五四年間，中國與印度針對西藏現況展開談判，此時就已首次闡述這五項原則，**中國訴求的是尊重主權與領土完整、互不侵犯、互不干預內政、平等互利、和平共處**[33]。

五項原則的內容聽起來可能有些索然無味，卻在中國境外引發共鳴，尤其賈瓦哈拉爾・尼赫魯（Jawaharlal Nehru，第一任印度總理）所領導的印度特別有感。此時，**後殖民時期各國正竭力在戰後新世界裡走出自己的道路，這五項原則的闡述，剛好給非歐洲人一個全新的賦權**（empowerment）。依據中國共產黨被迫害但後來成功的經驗，周恩來勾勒出一個未來，屆時各個國家都能夠享有尊嚴。

周恩來的宣傳奏效了。某位出席該會議的中國人士回憶：「我感覺到會議室裡的氛圍確實變了，掌聲越來越頻繁，而且當周部長結束發言、坐下來後，全體起立鼓掌歡呼！這就是華麗修辭與外交上的勝利時刻。」[34]

過了一段時間，其他共產政府也承襲周恩來在萬隆演說提出的原則。一九五五年三月，匈牙利改革派共產黨領導人納吉・伊姆雷（Nagy Imre）被蘇聯罷免之後，提筆寫了《論共產主義》（*On Communism*，中文書名暫譯）一書，呼籲包含誓言互不干預在內的五項原則[35]。

迄今，這幾項原則仍是中國外交論述的標準規範。二〇一四年，中國外交部為了表彰這些原則，甚至還舉辦了週年典禮，習近平把這幾項原則形容為「中國外交政策的基石」[36]。

會議期間，周恩來藉由在一旁觀看會議，默默與各個參與國交流，應付他國出席者提出的顧慮，幫助共產中國變得人性化、更具吸引力。直率的英屬錫蘭首相約翰・科特拉瓦拉（John Kotelawala）曾公開提出臺灣自治的可能性，還譴責共產黨的「帝國主義」，原本打算用「難題」考倒周恩來，然而周恩來找他會面、傾聽他的不滿與抱怨，最後成功說服這位首相，軟化其態度[37]。

這次，外國外交官都留下深刻的印象。菲律賓外交官卡洛斯・佩納・羅慕洛（Carlos Peña Romulo），同時也是位反共產主義的知識分子，他不情願的寫道：周恩來「成功讓自己符合某類人的條件，而這類人效仿戴爾・卡內基（編按：Dale Carmegie，美國作家，出版多本與社交技巧、人際關係有關的書籍）巨著《人性的弱點》（*How to Win Friends and Influence People*）裡寫的內容」[38]。

英國駐印尼大使奧斯卡・莫蘭（Sir Oscar Morland）回報倫敦，表示周恩來「展現的合理性令人滿意」，成功說服大家，連最堅決反對共產主義的政府也相信「共產中國可能真的沒有侵略的意圖」[39]。

周恩來施展的外交影響，早已穿越會議室的牆面。中國成功占據了媒體關注：周恩來名字出現在西方媒體的頻率，超出印度總理尼赫魯的四倍[40]。《時代週刊》表示周恩來的表現「大為成功」，而他的演說可謂是「純熟外交的傑作」[41]。印尼《明星週刊》（*Star Weekly*）則表示「大家不停談論周恩來的眉毛，又粗又黑」[42]。

一連串突破性成果排山倒海而來。一九五五年，中國與尼泊爾建立邦交。一九五八年，中國和柬埔寨建交，因為周恩來與柬埔寨領導人諾羅敦・施亞努（Norodom Sihanouk）在日內瓦和萬隆的會面互動都很正向。

另外，中國也改善了與印尼、巴基斯坦的關係，開啟合作之路，最終還與巴基斯坦密切結盟，一起對抗印度。

在萬隆的成功經驗，也讓中國與策略上很重要的中東地區，發展出更密切的關係。此時，埃及是阿拉伯最大的強國，其總統賈邁・阿布杜—納瑟・胡笙（Gamal Abdel Nasser Hussein）和周恩來在萬隆會面後，兩國就簽訂了貿易協定，隔年就建立完整外交關係。也因為如此，中國得以與敘利亞（Syria）和葉門（Yemen）建交[43]。

這段時間裡，臺灣外交官只能在一旁沮喪觀望。何鳳山在埃及代表中華民國在臺灣的大使，已有一段很長的時間，但就在周恩來成功討好納瑟後，何鳳山就被踹走了。他後來被改派到墨西哥後，又親眼看著中華人民共和國邀請導演、女演員、作家前往北京，同時也加速貿易代表團的工作。最終，國民黨也被趕出墨西哥。

「雖然大環境很糟糕，但我還是贏得了一些小勝利，」何鳳山後來反思：「不過，最後還是輸給了周恩來。」[44]

至今，**「萬隆精神」還是中國外交官的活力泉源**。中國仍自我認定為發展中國家，顯現中國領導階層把自己看待成可與發展中國家結盟的想法。有時，這樣的想法還會引發中國與美國、歐盟的爭端，例如**美國就相當質疑中國在世界貿易組織裡的定位，仍屬於發展中國家**[45]。**中國致力於把自己打造成最為發展中國家著想的捍衛者形象**，還體現在中國想要透過像是二〇一四年設立之亞洲基礎建設投資銀行（Asian Infrastructure Investment Bank）這類機構，影響全世界發展。

培育新一代外交官，軍事紀律仍是不變教條

在日內瓦、萬隆等地的成功經驗，使得中國外交部必得擴大、調整組織，人員配置從一九四九年的一百七十人，擴增到一九六〇年的近兩千人。有許多國家從前殖民霸主手上獨立，這些新興國家便成為北京魅力攻勢的新目標，因此中國外交部於一九五六年成立了新的亞西及非洲司（先前是西歐與非洲司）[46]。

在周恩來的嚴密指導之下，外交部逐步完成各種的標準作業流程，成為官僚體制嚴格遵循

的依據，內容涵蓋各部門的正式職責到培訓指南[47]。禮賓司負責找來各議題的書籍，領域擴及國民黨統治的中國、蘇聯、西方慣例等，目的是要製作與外國人應對的指導手冊[48]。

同時，周恩來也希望規範範圍更大的決策流程，制定出中國外交的決策方法。一九五八年三月，周恩來集結政府、軍方、共產黨各機關的外交決策者，成立中央外事小組，組長為陳毅，委員會直接向政治局報告[49]。

為了訓練未來幾個世代的外交官，中國政府於一九四九年設立了北京外國語大學（前身為河北省石家莊市外的外事學校），並於一九五五年成立外交學院[50]。**萬隆的成功經驗，促使周恩來把這些學校裡的課程重心，從語言訓練轉移至亞洲與非洲國家的需求**。

此外，為求提升中國的外交專業度，周恩來於一九五六年設立了外交部負責監管的智庫「中國科學院國際關係研究所」（編按：一九五八年更名為「國際關係研究所」，二〇一四年更名為「中國國際問題研究院」），又於隔年創立聚焦外交事務議題的世界知識出版社。時至今日，以上機構仍在營運[51]。

萬隆會議結束後，中國外交部有一波招聘熱潮，從更多不同領域、背景中找尋外交人才。此時，**中國使團已不再那麼倚賴軍方招募人員**。一九五四年至一九六六年間任命的七十七位新大使之中，越來越多人是從其他政府部門、省級政府、大專院校和外交部內部招募而來[52]。

即便如此，周恩來並沒有放棄外交部軍國主義般的紀律，仍持續提醒幹部得獲取許可

才能採取行動，也時常使用軍方譬喻來解釋紀律與專注的重要性[53]。新進人員被教導周恩來一九四九年致詞內容所衍伸出來的格言：「站穩立場、掌握政策、熟悉業務、嚴守紀律。」[54]清楚說明中國外交部的基礎原則。

一九五八年初，周恩來把外交部日常治理工作移交給陳毅。陳毅不只是著名的退役將領，同時也是上海市長。就許多面向而言，這位有著雙下巴的前游擊隊員，與周恩來的差距實在是太大了。

照片中的陳毅時常戴著墨鏡，喜歡發表強烈的意見，認為自己太過率真，不適合擔任外交官[55]。陳毅實在也很難管得住自己，美國共產黨人士李敦白曾回憶：「他是我認識的人當中，唯一一、兩位會對毛澤東回嘴的人。」[56]

然而，成為外交部部長後，陳毅承接了周氏風格與路線。周恩來移交管理權後，陳毅也再三強調「外交工作授權有限」這項核心理念，下令時不斷對外交官們重述[57]。

陳毅也跟周恩來一樣，在外交政策議題上相當尊重毛澤東的想法。一九六五年，陳毅介紹一位新任大使時，解釋大使的權限相當有限之外，還補充道：「**不要說大使，我身為外交部部長的權利也非常有限**……我國外交政策與發展，毛主席都親自過問。」[58]

外交官，日常生活得是共產中國那一套

正當中國外交官逐漸習慣龐雜的國際外交世界之際，外交部的文化與其他中國社會開始出現隔閡。

其實，因外交官與其代表的國家之間出現隔閡而苦惱，許多國家都有這種狀況。但這個議題對毛澤東領導的中國來說，可是引發了某些特定問題。

一九四九年，毛澤東的農民兵抵達北京後不久，毛澤東便開始懇求農民兵要永遠保持簡樸、努力奮鬥的生活方式，因為這是共產黨邁向權力的路徑[59]。無論工作牽涉到什麼樣的內容，中國外交官收到的也是相同期待與盼望。

「對一般人來說，我們國家外交部的大門，似乎是神聖而又神祕的，」某位中國外交官寫道：「裡頭的外交人員看起來有些自傲：拿著外交護照、進出國門，還四處出席宴會交際。」[60]

中國外交官與家人也被迫分離，許多被外派的年輕官員甚至很難找到另一半。他們只能在回國時，快速戀愛、辦婚禮、生小孩。依據規定，小孩出生後得留在中國，因此很多孩子會上北京外交部的幼稚園[61]。

外交官有時得經由外交信差，才能得知家人生離死別、畢業、結婚的消息[62]。某位外交官在其職涯結束後反思：「**我沒有做到身為父親的責任，也沒有做到身為丈夫的責任。**」[63]

外交官若未能保持共產中國規範的日常生活，可謂危險。許多人就在不知不覺中，因工作積累各種政治的「犯罪行為」。

龔澎，周恩來的舊識，擅長討好媒體，後來就因為樂於接受知識分子和海外歸來的人到她的部門工作，因而備受批評[64]。

伍修權也遇到類似情況，他在一九五五年至一九五八年間任駐南斯拉夫（Yugoslavia）大使，因而與該國獨裁者約瑟普・布羅茲・狄托（Josip Broz Tito）元帥建立起深厚的私人情誼。兩人會一起去狩獵，甚至還一起到元帥的私人小島出遊、品嚐他的私藏葡萄酒，這些事情後來都變成伍修權「與外國建立叛國關係」的證據[65]。

沒有邦交，就靠統戰外交

雖然魅力攻勢為中國贏來初期勝利，但對世界多數國家而言，中國仍是個會被蔑視的國家，因其欠缺與日本、美國、多數西歐國家、拉丁美洲國家的外交關係。

不過，周恩來堅信，就算這些國家的政府拒絕與中國正式建交，但這些國家裡頭，一定仍有部分團體可被說服與中國建立沒那麼正式的關係往來[66]。為了遊說這些族群，**周恩來採取深具共產主義特色的作為，這個手法可一路追溯到列寧：「統一戰線」**（united front，也稱為統戰）**外交**。

在全球共產主義運動之中，統戰行動有著相當深厚的歷史。長久以來，蘇聯即運用海外前線組織和受黨操控的「聯誼社」祕密行動，左右發生在海外的多起事件[67]。

先前，中國共產黨就曾透過愛德加・史諾等外國人，與西方世界交流。一九四二年，共產黨設立統一戰線工作部，直到一九四九年打勝戰之前的這段短暫時期，皆由周恩來指揮[68]。統戰工作部與國內友善的團體合作，強化共產黨在中國的支持基礎，同時在海外，則是與移居海外的中國人及外國公民社會組織，建立擁護共產黨的人脈關係。

革命結束後，共產的統戰機器大幅擴編，工作人員不是現任就是退休的外交官，其中就包含一九四九年成立的中國人民外交學會，以及一九五四年設立的中國人民對外友好協會。這兩個組織與統一戰線工作部，至今仍在運作，為共產黨網絡經營的一部分，並與中國政府各部門機構一起組合成為中國的「外事系統」。

統戰行動的目標群體，從海外中國人到左翼政治組織皆有，也包括外國藝術家、電影明星、學者等，他們會被邀請到北京，或是中國代表團前去拜訪。**這些行動的目的，就是排擠反對中國的聲浪，為正式邦交之路排除各種障礙。**

縱使中國政府把這種行為歸類為「人民之於人民」的交流，但無疑就是出自中國共產黨的命令。中華全國總工會（編按：簡稱全國總工會、全總，中國境內唯一全國性工會聯合會）在國際關係聯絡工作的官方說明上，也是相當直接了當：因為中國是社會主義國家，「各工會的利益關注，與政府機關的利益關注，乃是一致的」。此外，全總描述其海外工作的用詞，也緊扣住周恩來鞏固外交部定位的說法，強調嚴格的「紀律」以及「外交工作授權有限」[69]。

而**統戰外交的佼佼者，絕非溥儀莫屬**。身為中國的末代皇帝，其生平在義大利導演柏納多·貝托魯奇（Bernardo Bertolucci）一九八七年的電影《末代皇帝》（*The Last Emperor*）中展露無遺。

溥儀出生於一九〇六年，一出生就準備接手的朝代，在他六歲時垮臺了。一開始，溥儀還是繼續住在皇宮裡，接受學者、前大英帝國官員莊士敦（Reginald Johnston）的教導。此時他已是位青少年，學習領域廣泛，從運用坦克打仗，到貴族茶宴禮儀皆有。在莊士敦指導之下，曾為皇帝的溥儀也有了個英文名字，叫做亨利（Henry）[70]。

一九二四年，由於軍閥之間的戰鬥衝突越演越烈，溥儀被迫搬離皇宮所在的城市，落腳天津日本租界。一九三二年，成為滿洲國名義上的魁儡領導人，這是日本在溥儀祖先家鄉滿洲所成立的國家。二次大戰結束後，蘇聯把日本軍隊趕出滿洲國，並拘禁溥儀。一九五〇年，共產黨於內戰取得勝利後，蘇聯又把溥儀交給中國。

這時溥儀心中有個很大的疑問。他準備回到他曾統治過的土地，所以想知道自己還可以活多久？越過中蘇邊境後，當地外交事務官員前來會合，幫他買了張三等艙火車票，車廂窗戶還是紙糊的。整趟旅程，幾位官員都跟溥儀坐在一起、閒話家常，卻拒絕回答末代皇帝的提問：何時會被處死？如何被處死？

其實，**中國領導人相信溥儀活著比死去還要有用多了！**因此，溥儀在中國東北接受為期五年的政治「再教育」，學習馬克思主義，前往農地與工廠研習社會主義經濟[71]。

到了一九五〇年代末期，溥儀已準備好迎接黃金時期。他成為吸引海外團體來到中國參訪的人物，這就屬於統戰工作的一部分。前外交部西語翻譯回想表示，當時他帶著來自玻利維亞（Bolivia）、阿根廷、秘魯等拉丁美洲國家的顯要人物，與這位末代皇帝見面。穿著毛裝的溥儀會告訴訪客，中國過往的恥辱有多深，以及在共產黨帶領下的轉變，同時也是在黨的教導之下，現在他已能照顧自己，不再當「寄生蟲」[72]。

共產中國成立十年，統戰活動擴散到全世

▲ 1945 年，被蘇聯俘虜的溥儀。（圖片來源：維基共享資源公有領域。）

界。中國拉丁美洲和加勒比友好協會，為拉美經濟學家、文藝界重要人物、記者安排參訪行程[73]；中國人民保衛世界和平大會，負責接待非裔美國人的激進分子，例如：威廉・杜波依斯（William Du Bois，美國全國有色人種協進會創建者之一）、羅伯特・威廉士（Robert Williams，美國民權運動領袖）、伊蓮・布朗（Elaine Brown，美國黑豹黨〔Black Panther Party，存在於一九六六年至一九八二年，由非裔美國人組成的黑人民族主義和共產主義政黨〕前主席）等[74]；英中友好協會邀請工會人士、記者、激進分子[75]來到中國。還有人負責討好退休的法國政治家和日本議員[76]。

中國共產黨把這些活動形容是文化交流，但其實都是深受中國政府管控的活動，最重要的目的也總與政治脫離不了關係。一九六三年，**周恩來告訴中國的桌球國家代表隊，他們的目標「不單單是桌球技術的比賽，實際是人民外交」**[77]。此話一出，不到十年光景，這支代表隊就協助中國與尼克森帶領的美國建立關係。

循著延安時期運用在愛德加・史諾身上的遊戲規則，共產黨把賓客當作電影明星對待，即便是退休人士，乃至於不光彩的政治人物，都被當成崇高的特使來接待。他們除了成為北京宴會上的貴賓之外，更有機會到訪多數外國人都到不了的地區，同時也能接觸到其他國家只能靠想像的政治人物——一九五九年至一九六六年期間，毛澤東至少接見了七次拉丁美洲代表團[78]。

對退休的政治人物來說，接觸到高階政治人物，有助於他們回到自己國家再度創造影響力。接受北京操作同一套做法的多位人士之中，最成功的例子應該就是亨利．季辛吉了。打從一九七六年傑拉德．福特（編按：Gerald Ford，美國第三十八位總統，一九七四年尼克森辭職後繼任）輸掉總統大選之後，季辛吉就未再出任重要的官職，但他見過毛澤東之後的每一位中國領導人。二〇一六年，唐納．川普贏得選舉，季辛吉先是到北京分享自己對美國政治現況的見解，回到美國又與川普分享自己對中國的看法。

中國學生和新華社記者，也都是協助北京發揮影響力的幫手，尤其在中國還未有正式邦交的國家裡，相關助力更是大。舉例來說，迦納（Ghana）、幾內亞（Guinea）、馬利（Mali）還沒有獨立以前，周恩來就派出新華社記者去判定這幾個國家看待中國的態度，準備與其建交[79]。

此外，在追蹤當地政治發展方面，這些人也非常好用。新華社記者和中國學生，在共產國家匈牙利一起合力工作，追蹤該國異議人士的政治運動[80]。

一直以來，**中國國有媒體記者被賦予類外交的工作任務**。當香港還是英國殖民地時，新華社成為共產中國的實質大使館（譯按：de facto embassy，無邦交關係而無法正式設立大使館，而改以民間機構名義設立的準官方代表機構，實質上辦理大使館業務），報導中國大陸的發展近況，作為北京當局的傳聲筒。時至今日，新華社記者仍會從中國使館的密室，向共產黨領導階層進行密報[81]。

中國在一九五〇年代的影響力運作，也是有較邪惡的一面。作為北京外交手段的補強措施，中華人民共和國會威脅支持叛亂運動，甚至派出中國常規軍隊。

舉行日內瓦會議之前，中國為越南共產黨密集提供軍援與訓練，其中包括一九五四年越南獨立同盟會（Viet Minh，簡稱「越盟」）使用的火箭發射器，幫助越南成功在奠邊府（位於越南西北部）擊敗法國人[82]。中國提供給法國殖民地阿爾及利亞（Algeria，位於北非）的民族解放陣線（Front de Libération Nationale）的武器，數量超過十五萬[83]。另外，中國還在北京培訓泰國共產黨[84]。

就此階段而言，北京為全球革命運動提供的援助還很有限。文化大革命之前，北京傾向資助那些現有政府不友善的叛亂運動，而放過那些看起來支持中國的政府或國家。到了一九六五年，北京至少私底下提供軍火給二十三個國家以對抗現有政府，挑明直接資助的國家則有十二個。此政策的優勢，就是可以讓沒有被列為資助目標的國家持續保持警惕[85]。

二〇一二年，習近平取得政權之後，隨即恢復統戰單位。二〇一四年，習近平附和毛澤東的話，形容統戰工作是「法寶」[86]。**以前是發展中國家的武裝團體會獲得北京青睞，但現在不同了，中國共產黨的多數捐助都去了富裕國家的政黨與組織。**

中國政府在海外成立的「友好」協會，試圖在各個國家取得更大的政治影響，例如澳洲、紐西蘭等[87]。二〇一八年，美國有個專家委員會提出一份報告，指出中國外交官對大專院校施壓，要求取消看起來會冒犯中國的活動，他們也會對美國智庫的研究產出施加壓力[88]。

得抓出五%右翼分子批鬥

周恩來成功魅惑了全世界，但其他共產國家發生的變化，則越來越困擾毛澤東。一九五三年，史達林過世之後，中國外交官表示，蘇聯內部對這位已故獨裁者的態度開始出現不好的變化。在中國駐莫斯科大使張聞天一連串的回報提及，**蘇聯內部已開始遠離個人崇拜**。為此，毛澤東展露出莫大的擔憂與關注[89]。

同時間，其他中國外交官也注意到，某些社會主義國家比起其他同為社會主義國家者，還更為平等。駐南斯拉夫大使伍修權回報北京，指出比起毛澤東和史達林分別在中國與蘇聯裡的形象，狄托元帥在南斯拉夫國內的存在感似乎低落非常多，還常直接被稱呼為「狄托同志」、「狄托主席」，沒有像毛澤東必被尊稱為「偉大的領袖」或是「偉大的舵手」[90]。這是一位好外交官會做的事：把差異處都呈報給北京。

當毛澤東還在沉思，想著這些轉變之於中國的可能涵義時，蘇聯領袖尼基塔・赫魯雪夫於一九五六年二月，在

▲赫魯雪夫（左）與史達林（右），攝於1936年。（圖片來源：維基共享資源公有領域。）

蘇聯共產黨第二十次代表大會上，發表了爆炸性的「祕密演講」（編按：指〈關於個人崇拜及其後果〉〔*On the Cult of Personality and Its Consequences*〕，也稱作「赫魯雪夫在蘇共二十大上的祕密報告」〔Khrushchev's Secret Speech〕），攻擊史達林、譴責對史達林的個人崇拜，還批評史達林設立了古拉格（譯按：Gulag，隸屬蘇聯國家安全部，負責勞改營的運作）。

對長期以來一直都很敬重史達林的國家來說，這場演說可說是相當震撼，更是帶有不敬的意味。中國是在事發後，某位蘇聯領導人在莫斯科親口向鄧小平等領導階層說明時，才第一次聽聞這起事件，並等到該年七月《紐約時報》（*New York Times*）刊登演講稿全文之後，才閱讀到全部內容[91]。

毛澤東並未全盤否認演說內容，但他擔心這可能會破壞共產集團的凝聚力。更甚者，可能會損害他在中國國內興起的個人崇拜。毛澤東向其他同志表示，史達林所做的一切，有七〇%是正確的，但三〇%是錯誤的。

同時，毛澤東也質疑赫魯雪夫提出與西方國家「和平共處」的政策。只要合乎自身利益，當時的中國願意放鬆與西方國家的緊張關係，但仍堅信更進一步的妥協就會背叛理念[92]。

還有一點，他們不知為何就是**覺得赫魯雪夫比史達林還要煩人**。這位蘇聯新領袖看來很有誠意改善與中國的關係，甚至還加碼軍援中國，但是毛澤東與其他人全都覺得赫魯雪夫的個性讓人感到煩躁（一九六一年，美國中情局的人格速寫裡寫道：「赫魯雪夫沒什麼察覺細微處與差異處的能力。」）[93]

毛澤東與其他同志一起討論蘇聯的作為，長期以來的不滿與埋怨逐漸浮出檯面。共產中國首位駐蘇聯大使王稼祥表示，蘇聯有「偉大沙文主義」的歷史，同時有許多中國外交官感覺到蘇聯比較在意歐洲、貶低亞洲[94]。

此外，毛澤東等領導階層也擔憂波蘭和匈牙利的動盪不安，可能會對全球共產主義運動帶來重大影響，而此時中國各地的工業騷亂也更加惡化這股恐懼感[95]。

在這些擾人的事務之上，還有毛澤東內心深處對國內革命方向的不安感。毛澤東認為，在日內瓦和萬隆市的外交成功，可快速推動國內工業化，但韓戰結束後，中國經濟復甦的進度似乎謹慎小心又吃力，他甚至還指責某些同志「如同裹了小腳的女人，老是喊走太快」[96]。

與此同時，他在**國內也面臨反抗毛澤東權威的跡象**。一九五六年九月的某場會議裡，中國共產黨強調集體領導，甚至還移除憲法中提到「毛澤東思想」的部分。國有媒體開始批評「個人崇拜」和「偶像操作」[97]。這一切看來，宛如是赫魯雪夫決定了中國內部的政策。

毛澤東的反擊手段是「百花齊放，百家爭鳴」（又稱「雙百方針」），鼓勵中國公民與官員，針對中國共產黨和中華人民共和國表達自己的想法，目的就是要改進政府的作為。隨著外交官逐一加入，手寫的大型海報「大字報」（編按：張貼於牆壁，以大字書寫的壁報，政治功能的大字報則起源於一九五七年反右運動前夕），開始出現在外交部的牆壁上[98]。

但是，這項運動的發展並不如毛澤東所預期。顯然毛澤東是真心被某些參與者嚇到，內心刺痛不已，因為有些人竟表示對毛政權感到強烈不滿。所以一九五七年夏天，毛澤東趕緊轉換戰場[99]。「雙百方針」改為「反右」運動，目的為恢復正統理念，處罰那些開口發言的人。

反右運動嚴重衝擊外交部。跟全國各地的工作場域一樣，**外交部也設定了要找出「右翼分子」嚴懲的配額，這個數字是五％。換句話說，周恩來在短短八年內延攬來的外交官中，每二十人中就有一位會被鎖定為目標**[100]。

疑神疑鬼的恐懼氛圍四起，某位外交官回憶：「從那時候開始，黨內生活越來越不正常。」[101]而當時中國最高經濟領導人薄一波描述，這股興起的「不正常政治氣氛」，在整個政府機關裡蔓延，隨著毛澤東越加講求激進的論點，也深深影響官員與毛澤東互動的方式，「不論是黨員，還是一般人，沒有人可以講出不同的意見」[102]。

這時，中國外交部內部有一群重要官員被鎖定為目標。外交部副部長章漢夫、延安時期就在的龔澎，以及龔澎的丈夫喬冠華，三人皆被批判。某位官員寫道：「沒有人敢跟他們講話。」[103]不過，在被短暫排擠後，三人最終都倖免於難。

外交部有位在哈佛念過書的官員，名叫浦山，一九五〇年時曾在聯合國為伍修權翻譯，他與妻子兩人的遭遇就沒那麼幸運了。兩人被貼上「資產階級右派分子」的標籤之後，被趕出外交部，浦山後來被指派到研究機構任職[104]。

就如同延安時期的整風運動，某些人就算不喜歡，還是得加入批鬥的行列[105]。但是其餘的人看來卻是充滿熱忱。有位外交官曾被同事告知：「我們就是要削弱像你這種知識分子的銳氣。」[106]到最後，大家只能低調行事，避免惹麻煩上身。

「在這種有毒的環境裡，我們數百萬人都把疑惑放在心底，就算是家人、朋友也都不敢開口講，」從海外歸來的翻譯員冀朝鑄回憶：「**抱怨沒有什麼好處，也沒有對象可以抱怨。**」[107]

毛澤東一席話，讓赫魯雪夫害怕

一九五七年十一月，毛澤東讓中國內部政治變得更為激進的同時，他還第二度隻身前往蘇聯拜訪。

上一回，毛澤東被迫等了好幾週才正式拜會史達林。這一回，赫魯雪夫可是親自帶毛澤東前往克里姆林宮（Kremlin Palace），這地方是以前沙皇居住的處所，而毛澤東將下榻於此。

這位中國領導人顯然已察覺到兩國之間的權

▲1957 年整風運動期間，原建築工程部水機設計院技術經濟科的工作人員寫大字報，牛畏予《中國攝影藝術選集》中收錄此照片。（圖片來源：維基共享資源公有領域。）

力轉移。他告訴隨從：「此一時也，彼一時也。看起來，不論中外，不論資本主義社會主義，什麼人都是勢利眼。這裡還是共產黨當權的國家哪。」[108]

透過這次參訪，毛澤東展現自己對全球政治逐步發展的見解，以及中國革命迅速發展的野心。受到一個月前蘇聯發射衛星史普尼克號（Sputnik）的激勵，毛澤東宣告「東風已壓倒西風」。此外，**為回應蘇聯誓言要在一九七〇年以前超過美國的絕對產量與人均產能，毛澤東則宣布中國要在十五年內超越英國**。

不過，聽了毛澤東的話後，蘇聯感到害怕了，尤其是他面對衝突麻木不仁的態度。因為談到核武戰爭時，毛澤東說：「極而言之，死掉一半人，還有一半人，帝國主義打平了……。」[109]

毛澤東這一席話，讓接待的主人感到不安，因為**赫魯雪夫剛簽署了祕密協議，要在一九五九年之前供應一顆蘇聯原子彈給中國**。不過，這一顆原子彈終究沒有完成交易，且**不出一年，蘇聯就開始質疑毛澤東的精神狀態是否穩定**。

第 5 章

「心底話只能說 30%」，給戰狼的警告

中國外交官被困在兩個世界之間：公開誇耀大躍進帶來高產量糧食，自己卻餓著肚子。

一九六一年秋天，李家忠出發去訂製人生的第一套西裝。這位二十四歲年輕男子拿到黨提供的經費後，前往北京王府井大街上的裁縫店，明確指定了自己想要購買哪一種西裝[1]。

前段日子，李家忠還是法語系學生，但因外交部的決策，他被指派改學越南語，因為外交部認為需要更多亞洲專才。學會越南語之後，李家忠可能就會被外派中國在越南新成立的大使館。面對如此突然的轉變，李家忠一開始沒有很高興，但他找到某部蘇聯小說裡的一句話來安慰自己：「**你要站立在黨安置你的地方。**」

對於即將出國這件事情，李家忠很興奮，卻也不知自己該抱持何種期望。然而，訂製西裝時，裁縫師倒是給了點暗示：你首次外派，能碰到的食物很有可能會比在家鄉多。

這位幫李家忠訂製西裝的老裁縫，建議他把西裝做鬆一點，因為很多年輕人到了國外，體重都會增加。這聽起似乎有點奇怪，因為李家忠準備要前往的地方，可是位在中國南方的貧窮鄰國。然而，裁縫師的話的確點出了現實，**兩人都懂但不能開口說些什麼的現實：中國正陷入嚴重饑荒**。

老裁縫和李家忠不是唯二覺得不能說出此一真相的人：李家忠啟程前往越南之前，與其他學生一起聆聽北京官員一席勉勵的話，表示中國的情況「十分良好」，毛澤東推動的大躍進運動，正以極快的速度加速中國工業化，整體進展良好。面對中國四處可見到的標語與隨處飄散的謊言，李家忠和裁縫師勉強以沉默不語的交流方式帶過。

大躍進運動帶來莫大的折磨與艱辛，但中國政府仍試圖藉由魅力攻勢大力推展外交，這是從韓戰結束後就展開的策略。為求使命必達，中國外交官得向他國外交官撒謊，也選擇對自己、對彼此不說實話。

到了一九六二年，中國國內計有四千五百萬人死亡，被活活餓死，或因為處決或鞭打致死，這實在是難以想像[2]。

大躍進運動導致全國饑荒

大躍進運動的開端是一九五七年冬天的儲水計畫：為了提升農產量，動員上千萬名農民，投入興建水壩和水庫的工程[3]。接著，很快就演變成以中國農民與勞工的革命熱忱為動力，快速推動中國工業化。

隨著大躍進運動的力道增加，毛澤東開始攻擊周恩來等官員，質疑這些人提出的新政策。一九五八年夏天，毛澤東持續變更大躍進運動的內容，縮短中國超越英國、蘇聯鋼鐵產量所需的時間。與此同時，中國也開始跟蘇聯等友好國家，借款購入工業、農業、軍事設備。

一九五八年六月到八月，出現了農業公社、人民公社大食堂，以及為了提升鋼鐵產量，民眾在自家後院熔解鍋碗瓢盆的「土法煉鋼運動」。中國新成立的北京外國語大學裡，外交培訓員被要求暫停學業，改去蒐集廢棄金屬[4]。

毛澤東堅信，成功的關鍵在於全力動員整個中國。為達成目標，毛澤東還製造了重大的外交政策危局，於一九五八年八月到九月，再次下令轟炸臺灣離島金門與馬祖（編按：指八二三炮戰，也稱第二次臺灣海峽危機，戰況最激烈為一九五八年八月二十三日至十月五日，後續則以「單打雙不打」砲擊金門二十一年，至一九七九年中美建交才停止）。這危急時刻為大規模動員提供藉口，即反擊來自「美國帝國主義」的威脅。不過，毛澤東這次的行動並沒有事先知會赫魯雪夫[5]。

周恩來此時人在北京，向蘇聯訪問團團長解釋了毛澤東的意圖。他表示，蔣介石在那些島嶼上的存在，以及美國的介入，皆有助於「教育每個國家的人民，特別是我們自己的中國人民」[6]。侵略行為，乃是設計來推動國內的革命運動。

這場危機持續了兩個月，中國也同時發動大規模政治宣傳，呼籲要解放臺灣人民、對抗美國帝國

▲大躍進運動中，大量群眾被動員，以缺乏工業技術的土高爐煉鋼。（圖片來源：維基共享資源公有領域。）

主義。而美國也為突發事件做好了準備，其中包括朝中國沿海城市發動戰略核武攻擊。

而在中國國內，該場危機已發揮毛澤東所期望的功效。全國各地政府以公社計畫之名，協助全國戰事動員，至一九五八年冬天為止，計有三億多人登記成為民兵[7]。然而，國際上中國倒是付出不少代價。這場危機讓美國的大眾與菁英觀點更加疏遠，也損害中國努力想要在聯合國獲得承認所付出的努力。

誇耀大躍進，自己卻吃不飽——外交官的兩個世界

到了一九五八年冬天，饑荒開始在全國擴散開來。家畜染疫死亡，許多人只能吞食植物的根和莖求生，有些人甚至開始吃起人肉。

此時，四川有位年輕人，正在大學求學時遇上這場饑荒，由於營養不良，肌膚轉黃、看起來病懨懨，髮色變得灰白，返家時，身型瘦到連親兄弟都很難認出他來；此外，他的視力也受到損傷，嚴重到完全無法復原。他就是未來的中國外交官戴秉國，後來還成為與國務卿希拉蕊．柯林頓（Hillary Clinton）對談的大人物[8]。

一九五八年十一月到一九五九年六月，毛澤東減緩大躍進運動的步伐，不過基本政策還是維持不變。中國外交官自始至終都很有紀律，公開聲援大躍進運動。

「工人當中的確有傷亡，但不足以讓我們離開軌道，這是我們得付出的代價，」一九五八年十一月，外交部部長陳毅如此說道：「我們有幾個生病、死亡的案例：沒什麼大不了的！」

隨著危機被揭開，周恩來不願見到自己在國際間辛苦掙來的勝利被抹滅，因此就算農業與工業產量遠低於預期，仍拒絕放緩中國歸還外債的速度。一九五八年十一月，周恩來說道：「只要我們能夠履行和外國人簽下的合約，我寧可我們不吃，或是少吃一點、少消費一點！」[10]

一九五九年上半年，飢餓問題肆虐各地。北京居民和官員受到保護，避開了最嚴重的饑荒問題，但肚子還是會感到飢餓。

北京外交官被下令停止打球以節省力氣，還有些人被派去釣魚，幫外交部多找點食物[11]。另一組人馬則是去內蒙古獵羚羊，他們帶上來福槍和輕型機關槍，搭乘吉普車出發[12]。外交部領導階層告誡外交官，要隨時保持紀律、不可抱怨[13]。

遇到有外國貴賓來訪，就表示有額外的卡路里可以攝取了。外交官接待來到中國的海外代表團，就可以拿到額外的食物，每當他們跑完接待行程、回到外交部，其他同志就會發現他們變胖了一圈[14]。某位外交官曾在外交場合上，用餐巾包了一些洋芋片帶回家餵小孩[15]。

許多外交人員都變得消瘦，瘦到肉眼就可以看見骨頭。某位官員表示，他夜裡躺在床上都會感到疼痛[16]。有些人變賣衣服，這樣才有錢給家人採買食物，也有些人為了止飢，打破外交部的嚴格紀律，從食堂偷食物（一旦被抓到就會立即被開除）[17]。甚至，有次外交部的廚房發現油用完了，想跟其他部門借，卻發現大家的油也都用完了[18]。

縱使毛澤東本人已經收到關於饑荒的回報，他還是繼續強逼強壓。一九五九年三月，毛澤東在上海的會議上，要求再提高農產目標[19]。

派駐海外的中國外交官持續收到消息更新，得知「『大躍進運動』的發展非常好」。此外，外交部還會精心設計旅程，把一群群大使帶回國內，展示大量的收成與嶄新的煉鋼產能。**中國使節再度發現自己被困在兩個世界之間——反正，也不是第一次了**。中國駐東德大使王國權，曾向當地的官員講述中國的進展有多麼卓越。

某次，王國權返回東柏林之前，參與了外交部籌辦的旅程。他陷入沉默，妻子卻開口表示這結果聽起來非常沒道理。這時，王國權才恍然大悟，覺得妻子可能是對的。接著，他暗自決定，一旦踏出使館，他就要避談大躍進運動的成就。

後來，王國權反思自己為何一開始就輕易採信。他在編寫關於毛澤東的近期政治運動時說道：「這國家剛經歷了反右鬥爭，若有人表達不同的看法，就會立刻遭到攻擊。」[20]

心底話，只能說出三〇%

到了一九五九年七月，部分中國領導階層人士決定就毛澤東的政策，向他本人拋出直球對決。領導階層來到江西北部山林茂密、非常涼爽的廬山，蔣介石和毛澤東都非常喜愛此地。這裡有處別墅，原本是十九世紀末歐洲傳教士舉辦退休會的場所，後來毛澤東特意從蔣介石手中搶下。

在如此寧靜的環境下，中國知名的韓戰英雄彭德懷，率先挑戰毛主席的政策。至於後續的劇情發展，等於是給大家一個殘酷的警告，看清在毛澤東治理的中國吐露真言的危險性。

小組討論時，毛澤東從遠端監看。彭德懷的性格實在太率真：「我們全部的人，包含毛澤東在內，都有一部分責任。一千零七十萬噸的鋼產量目標是毛主席設定的，他怎能規避責任呢？」[21]

七月十日，毛澤東在演講中為自己的政策辯護，指稱其政策帶來國際格局與經濟上的成長，民生困頓與之相比，不過是「九根手指頭與一根手指頭」的關係。而為了安撫毛澤東，周恩來則告訴與會者，跟蘇聯領導階層相比，中國共產黨發現、解決問題的速度已經快了很多[22]！

不過，彭德懷並不認同。因為他某次返鄉、回到

▲彭德懷（左）與毛澤東（右），攝於1953年。（圖片來源：維基共享資源公有領域。）

湖南省時，親眼看見人民在饑荒下悲苦的生活。彭德懷也與其他人討論過當時的情況，像是外交部副部長張聞天也同意現況相當嚴重、危急[23]。

彭德懷出訪波蘭時，曾與某位低階外交官有過一段對話。這位外交官問：「彭元帥，我們還會再見到你嗎？」而彭德懷給出的答案是：「不會，你不會再見到我。」他的這句回覆在當下難以解讀，後來竟成了預言[24]。

之後，彭德懷決定寫信給毛澤東。七月十四日，毛澤東已就寢，彭德懷在他下榻處留下一封信。他們兩人的相識早於長征時期，彭德懷也承認自己從未像毛澤東所期望的那樣有認同感。彭德懷在信中寫道：「我這個人簡單類似張飛，確有其粗，而無其細。因此，是否有參價值請斟酌。」彭德懷一開場先讚揚毛澤東，接著才數落浪費與吹噓產量數字的不是，還有評價大躍進運動是「左的錯誤」[25]。

結果，毛澤東非常生氣！他認為從延安時期開始，彭德懷就一直很自傲，他早就對其忠誠度心存懷疑[26]。毛澤東把這封信轉傳給其他有來參加會議的人，並從北京叫來包含陳毅在內的其他幹部一起參加會議。領導階層一位接著一位站出來發言反駁彭德懷的言論、讚揚毛澤東的政策，僅寥寥數人例外。

七月二十一日，輪到張聞天接受數小時的再教育了。這位外交部副部長大喊出真相：**目標太高、產量數字造假、後院熔爐是引發重大損失的失策、生產品質低下、農民一個個倒下！**

「九比一，缺點大過成就！」

張聞天跟彭德懷一樣，都不是應聲蟲。一九二〇年代在莫斯科留學，也曾出任中國共產黨的總書記，張聞天是共產黨內聲量最強大的知識分子[28]。一九五一年，出任駐蘇聯大使時，張聞天也是政治局成員。人在莫斯科的張聞天陸續發回電報，指出一九五三年至一九五五年間，史達林個人崇拜衰弱的相關細節，引起毛澤東的興趣。

其實，盧山會議舉行之前的幾個月，張聞天心裡早已對大躍進運動存疑[29]。

而毛澤東對張聞天的不滿，也有很深的根源。毛澤東覺得他在一九三〇年初期受到冷落，而張聞天就是冷落他的成員之一。一九三八年，毛澤東與江青結婚時，張聞天也沒在賓客名單上，因為張聞天曾謹慎提醒毛澤東，江青並非合適人選[30]。而且，延安時期的整風運動中，張聞天是毛澤東的肅清目標，而他竟還膽敢告訴毛澤東，這做法並不公平。[31]

就在國內出現反對聲浪之時，毛澤東也開始嗅到海外有陰謀浮現。七月十九日，毛澤東收到外交部呈上來的報告，詳述有許多蘇聯官員因大躍進運動而感到疑慮。毛澤東沒有下任何評論，而是直接把這份報告轉交給其他領導階層成員閱讀[32]。

過了幾天，毛澤東聽說赫魯雪夫在演說中，大肆批評波蘭設立公社。有鑑於公社對大躍進運動的重要性，毛澤東把該場演說內容解讀成是在攻擊自己的政策。這次，毛澤東再次把相關資料交給其他領導階層成員傳閱[33]。

七月二十三日，毛澤東搖搖晃晃現身，語無倫次的演說了三個小時，先是駁斥彭德懷，接著又大肆威脅黨的領導階層：「（假如辦十件事，九件是壞的，都登在報刊上）一定滅亡，應當滅亡，那我就走，到農村去，率領農民推翻政府，你解放軍不跟我走，我就找紅軍去。我看解放軍會跟我走的。」毛澤東接著又說，在場的人必得在毛澤東與彭德懷之間選邊站[34]。

接續數週裡，資深領導階層召開小組會議，譴責彭德懷和張聞天[35]。有些人表示，這兩個人是聯合起來挑戰毛澤東[36]。領導階層中其實有許多人，非常同情一起共事過的同志，像是最近剛從駐南斯拉夫大使退下的首席外交官伍修權，但他也不敢出言反駁[37]。當然了，周恩來自然是跟隨毛澤東行動。

幾天下來，一場又一場力道強勁的「批判」大會。彭德懷被擊垮了，他寫了一封信，承認自己犯下「右傾機會主義分子本質的錯誤，客觀上起了反對『三面紅旗』的作用」[38]。

廬山會議閉會時通過一項決議，認定反毛澤東者因密謀反黨、反國家、反人民，因此有罪。後來，彭德懷被順從許多的林彪取代，雖然林彪公開奉承、討好毛澤東，但他也曾私下在日記裡斥責大躍進運動[39]。

接著，毛澤東又在黨內發動追捕右翼分子行動，導致張聞天被解除外交部的職位，另有上千人被指控有「右傾機會主義」。而與張聞天在外交部長期合作的夥伴，不是被降職，就是訓誡或解僱[40]。

整體事件可說是殘酷的警告，說明**中國外交官若說出心底話，可能會面臨到極大危險**。「顯然，大躍進運動是個錯誤，但我們不敢多說什麼，」某位中國大使回憶：「遇到人，你心裡的話只能說出三〇％。」[41]

該年九月，中國駐北韓大使告訴同在北韓的蘇聯大使，中國遇到的「困難」乃是「天災」的結果[42]。

「老朋友」史諾，只看見中國想給他看的

毛澤東在國內斥責右翼分子之際，中國與共產世界的關係也急轉直下。一九五九年六月，赫魯雪夫沒有兌現交付原子彈給中國的承諾，同時又持續與美國保持友好關係。同時，毛澤東開始洞悉赫魯雪夫版的社會主義思想，與美國藉由「和平演變」（peaceful revolution）削弱共產黨意識形態基礎理念，兩者之間的相似處[43]。

一九五九年，赫魯雪夫來到北京，出席中華人民共和國十週年國慶。為了這場國慶，即便國內鬧饑荒，北京當局還是蓋了「釣魚臺國賓館」供海外賓客入住[44]。由於中印國界的衝突糾紛越演越烈，蘇聯試圖介入調停，導致中蘇起了衝突，使得此趟訪問行的局面更顯緊張。

到了一九六〇年夏天，中蘇公開一決勝負。六月時，鄧小平以毛澤東的護衛犬之姿，在北

京工會大會開始前，當著一位蘇聯代表的面，就「蘇聯修正主義」（Soviet revisionism）展開長達一個半小時的攻擊。幾週後，羅馬尼亞共產黨代表大會於首都布加勒斯特（Bucharest）舉行，赫魯雪夫在會議上親自回應，表示「若你們想要史達林，他就在棺材裡」，還對著北京代表彭真大聲咆哮：「我們可以用火車運給你們！」[45]

「見到毛澤東，我就覺得看到史達林，」回到莫斯科後，這位蘇聯領袖與同伴思忖著：「他簡直就是個一模一樣的複製品。」[46]

該年七月，赫魯雪夫決定召回蘇聯顧問團，這群顧問可是中國推動現代化的核心人物。同時間，毛澤東決心要支付費用給蘇聯的援助計畫，此舉更加劇中國的饑荒問題。

同月，周恩來與其他領導階層開始著手進行新的貿易政策，目的是要降低中國對蘇聯的依賴。最終，他們成功**說服毛澤東從資本主義國家進口更多糧食，其中包括加拿大和澳洲，而這耗盡了中國的外匯**

▲ 1959 年完工的釣魚臺國賓館。金章宗完顏璟（1190-1208 年）曾在此築臺垂釣，因而得名「釣魚臺」；清乾隆皇帝在此興建行宮，收為皇家園林。現今釣魚臺國賓館園區是在古釣魚臺風景區基礎上擴大修建，全區共有 17 棟接待樓。（圖片來源：維基共享資源公有領域。）

存底。

此外，領導階層也默默調整中國的經濟政策。一九六〇年十月，經濟規畫師李富春提交報告給毛澤東，指明河南省信陽縣出現大規模飢餓致死的情況，日後的研究調查發現，**每八位居民當中就有一位被活活餓死**[47]。

到了該年十一月，公社勢微，村民開始可以擁有小塊的私有地，也可以從事副業。儘管周恩來與其他領導階層仍堅持要實現對阿爾巴尼亞（Albania）、北韓、北越、古巴、蒙古等共產政府的義務，以利「促進外交發展」，但為了消停飢餓問題，中國也開始縮減糧食出口[48]。

大躍進運動悄悄退場，但不代表是時候可以開誠布公對談。**由於擔心饑荒可能會損害國際名聲，所以中國政府回頭找上老朋友愛德加．史諾**。此時，史諾跟其他的美國社會主義人士一起住在瑞士，因為他們待在美國會被麥卡錫主義（譯按：McCarthyism，一九五〇年代，以參議

▲ 1960 年再度拜訪中國的愛德加．史諾（右），與時任國家主席劉少奇（左）、毛澤東（中）談話。（圖片來源：維基共享資源公有領域。）

員約瑟夫・麥卡錫為首，利用反共之名大規模宣傳與不加區分、無足夠證據的指控，造成他人人格與名譽的毀謗，而為自己造勢的作為）追捕。

為破除中國在海外廣被流傳有發生大規模飢餓致死的情況，中國政府帶著史諾來到全國各地的公社、工廠、學校參訪。寫起這趟訪問之旅，史諾的文字滿足了共產黨的期望。史諾寫道：「我認真尋找飢餓的人民或是乞丐來拍照，但是都沒有找到。有一件事情可以確定，中國以前在其他政權治理之下，幾乎每年都會發生大規模饑荒，但現在已經不會了，這算是少數幾件我可以確認的事情。」[49]

然而，史諾私底下還是有感到幾分疑惑。

「我發現這些會議都有些不對勁的地方，」他在日記裡寫道：「他們接待我熱誠又有禮貌，每項合作嚴格來說也都沒有出現瑕疵，卻沒有建立起親密感，人與人之間的溫度也不見火花出現。彷彿知道再也不會再見到這個人，所以無從發展出友誼。」[50]

史諾的疑心，一點也沒有錯。歷史學家茱莉亞・樂維爾（Julia Levell）分析了中國外交部的規畫書，對史諾的職涯困境做了詳細的臨床評估。文件中寫道：「近幾年來，史諾在工作上一再遭遇挫折與困難」，所以他很有可能會想要透過「撰寫一本有關中國的書，以獲取財富與名聲」。

中國外交部也很清楚，史諾抵達之後該用什麼樣的方法面對他。其中一份文件如此寫道：

「表面上，我們看起來很放鬆，但心裡一定要非常戒慎。**我們要讓他看一些我們要讓他看到的東西，帶他去了解一些我們準備要讓他領會的事情。**」[51]

夏堃堡，北京外國語大學的學生，後來成為了環境領域的中國外交官，此時他負責帶史諾參觀學校的食堂。夏堃堡與同學每天僅有少量的糧食配給，他們的肚子和四肢都因為飢餓而腫脹，學校甚至下令體育課時不可以跑步或打籃球，為的就是要節省體力。

然而，史諾到訪的這天，看不到配給糧食，反倒是看到肉丸子和一大碗米飯。夏堃堡後來回憶：「當時，史諾看起來十分滿意中國大學生的快樂生活。」[52]

相較於中國政府的再三保證，一九六一年的真實情況是：中國各地有上千萬、上億人在餓肚子。在此兩年前，年輕外交人員蔣本良的母親就是被活活餓死的。一九六一年，蔣本良被送往河北鄉村參與勞動工作，他發現這裡的農民拚了命在找下一頓的熱量，很快的他自己也得開始尋找食物。蔣本良的身體腫脹，原因是液體從血管滲透到四肢。為了果腹，他只好吃起野草和樹皮[53]。

「舊戰術」難改。二〇一〇年，西藏出現連環自焚事件，中國政府邀請媒體在導遊的陪同下到西藏參訪，展現當地有多麼和諧（當時，外國媒體被禁止獨自前往西藏）[54]。

二〇一九年，包括聯合國在內的許多國際輿論，直指中國囚禁了近一百萬名少數民族維吾爾族的人民，他們被關在新疆的「再教育營」。因此，中國政府邀請外國記者來到此地參訪，行程全都經過精心規畫，並撤除檢查哨和營區裡的哨塔[55]。就連中國外交部的官員，也被新疆政府帶去參加類似的參訪團[56]。

中蘇交惡，社會主義國家得選邊站

王稼祥的新職位是帶領共產黨的對外聯絡部，而他親眼目睹了一場災難的揭幕。一九五一年，王稼祥結束駐莫斯科大使的職位後返國，隨即成為創辦對外聯絡部的負責人。此單位負責與世界各地的共產黨建立關係，初期幹部全來自統一戰線工作部。到了一九五六年，該單位已與六十多個共產政黨建立起關係，且幾乎都沒有被中國媒體干擾[57]。時至今日，該單位還是扮演著重要的角色，負責聯繫北韓和越南等國家的執政黨，同時也要聯繫其他越來越多元發展的各地政黨，從社會民主主義分子到右翼民粹主義分子都有[58]。

從王稼祥的觀點來看，中國政治被帶往錯誤的方向。除了與蘇聯的關係越來越緊張之外，中印邊境的情勢也越發緊繃。此外，中國在越南以代理人戰爭（譯按：proxy war，指敵對國透過第三國代替自己打仗）方式對抗美國的局勢，也越來越危險。

面對日常工作，王稼祥感到很困擾，因為毛澤東也畏懼的情報部部長康生，正逐步侵害聯絡部的工作，還在部內散播王氏夫妻的謠言，為的就是要拖垮他。由於毛澤東的心思已被與蘇聯越來越緊張的關係所占據，黨對黨的關係影響力就成了富有價值的政治禮物[59]。

王稼祥覺得是時候把話講出來了，但這並不是一個容易的決定。就連毛澤東自己後來追憶也表示，他取得獨裁權力的過程中，王稼祥一直扮演很重要的角色。延安時期的毛澤東思想發展，王稼祥也是核心人物，更協助建立起毛澤東個人崇拜的基礎[60]。

不過，王稼祥還是覺得局勢太緊急了。一九六二年春天，對外聯絡部研究完成中國外交政策方向之後，王稼祥踏出史無前例的一步，他提筆寫信給周恩來、鄧小平、陳毅，提出另一套外交政策。信中指出，政府應該發表聲明表示中國的政策一直以來都是為了和平，還有中國應當尋求方法，避免讓赫魯雪夫與美國達成協議，這樣中國才不會被孤立[61]。

王稼祥良知之舉即將招來的後果，乃是可以預期的。對毛澤東來說，王稼祥的論點聽起來像極了赫魯雪夫形式的修正主義，也就是毛澤東在海內外致力擊倒的修正主義。一九六二年九月，某場共產黨的會議上，毛澤東指控王稼祥和統一戰線工作部的領導李維漢，表示兩人都有修正主義思想。不久後，王氏一家人被告知得搬出中南海官邸[62]。

相對於王稼祥的期盼，**毛澤東持續把中國外交政策推往引發衝突的方向，其中又以與蘇聯的衝突為甚**。一九六二年十月，在中印邊境戰爭一事上，赫魯雪夫延緩了中國火速擊退印度軍隊慶功的時程，例如：當衝突節節升高時，赫魯雪夫就力勸雙方要克制。在毛澤東耳裡聽來，赫魯雪夫就像是站在印度德里那一邊[63]。

這場衝突發生時，美蘇已逼近打起核武之戰的程度，但赫魯雪夫此時剛好決定和美國總統約翰・甘迺迪（John F. Kennedy）達成協議，從古巴撤出蘇聯的飛彈。北京當局利用這個機會，對蘇聯數落一番[64]。共產黨的報刊，取蘇聯與「美國帝國主義」的交易，與一九三八年慕尼黑會議（Munich Conference）裡英國對希特勒採取的姑息態度互相比較[65]。某日，蘇聯在北京舉辦茶會，陳毅建議舉行茶會的主人在外交政策上不要那麼「優柔寡斷」[66]。

毛澤東對莫斯科的不滿，完全無法平息，所以他決定以等同打臉的共產主義做法回擊：思想辯論。一九六二年初，《人民日報》刊登一系列文章，全是由毛澤東等領導階層編輯過的內容，詳述他們對蘇聯「修正主義」提出的反對論點[67]。

黨對黨的系列會議已越來越少見，但北京當局還是在會議上當面攻擊莫斯科。一九六三年七月，最後一輪黨對黨系列會議於莫斯科舉行，在此之前蘇聯剛驅逐三位中國外交官，原因是他們散播反蘇聯的文宣。中方這邊由鄧小平帶領，雙方在十五天內召開了十一場會議，會中雙方長篇大論抨擊，全是充滿思想的辱罵。

七月十九日這天，長期擔任毛政權情報部部長的康生，朗讀一篇北京當局核准過的演說，內容稱讚史達林是「好」戰友，批評赫魯雪夫指稱史達林這位已故獨裁者是土匪、是賭徒、是跟恐怖伊凡（編按：Ivan the Terrible，指俄國歷史上第一位沙皇伊凡四世，其政治手腕冷酷殘忍，西歐史學家稱之為「恐怖伊凡」）一樣的暴君、是傻瓜、是一坨屎、是個笨蛋！當時在場的證人表示，這場「怪謬」的對話內容實在「很難說是在談判」[68]。**北京與世界上最強大的共產國家分裂，也惡化了自己與其他社會主義國家的關係。**只有阿爾巴尼亞給北京誠摯的鼓勵，而阿國早在一九六〇年就與莫斯科決裂[69]。

就算有些國家想保持中立立場，例如：古巴共產黨，也都被逼著選邊站，最後就只得跟著譴責中國有「分裂主義」。某位外交官回想表示，當時中國在東方集團（譯按：Eastern Bloc，冷戰時期對社會主義陣營的稱呼，因其地理位置多位在歐洲東邊而得名）的使館，看起來就像是「孤島」[70]。

意識形態戰爭，意味著得持續保持高度警戒的狀態。直到中蘇決裂之前，在古巴的中國外交官還很樂於接待時任總理斐代爾·卡斯楚（Fidel Castro）臨時來使館享用中國食物，現在卻接到嚴格的命令，凡遇到中國被批評的會場就得立刻離席[71]。**有一回，中國代表非常生氣的衝出會場，原因是一聽到「中國」（China）這個詞，就誤以為要被批評了**[72]。

為取代臺灣在聯合國的位置拉票

中國與蘇聯決裂後，變得比以往更需要海外友邦的關係。一九六二年之後，毛澤東退出中國政治前線的同時，饑荒逐漸遠離，中國政府重返技術官僚制（譯按：technocracy，又稱「專家統治」）。跟以往一樣，為了達成發展目標，政府當局需要有效的外交。

從一九六三年底至一九六四年春季，**周恩來展開十三國訪問之旅，遍及非洲和亞洲各國**。此趟旅程促成日後中國同意協助興建坦贊鐵路（譯按：Tanzania-Zambia railway，連接非洲東南部內陸國尚比亞與坦尚尼亞海港的鐵路），起因是世界銀行（World Bank）拒絕提供資金，協助尚比亞串接海港。雖然時任尚比亞總統肯尼思．卡翁達（Kenneth Kaunda）一開始對中國抱持懷疑態度，但後來改口形容中國為「風雨無阻的可信賴朋友」。**在這塊非洲大陸上的每段新關係，全是幫中國在聯合國上取代臺灣一事多拉到一票**[73]。

此階段最大的突破，莫過於**中國與法國在一九六四年一月建立起外交關係**。一開始兩國只有經濟與文化上的交流，但後來中國成功抓到機會，起因是夏爾．戴高樂（Charles de Gaulle，一九五九年至一九六九年任法國總統）想要展現法國在外交政策上獨立自主的一面。

此外，中法兩國同樣對《部分禁止核試驗條約》（*Partial Test Ban Treaty*）不甚滿意，此條約是美國、英國、蘇聯於一九六三年簽署，但中國和法國認為這項條約會削弱他們在世界上所扮演的角色[74]。

這可是個大勝利，中國自己也很清楚，因為這表示中國將首次與主要資本國家建立正式邦交，也開啟在西歐及非洲法語區國家進一步突破的可能性。一九六四年，中國外交部的備忘錄裡寫道：「不再被孤立，（我們）現在處於一個往前邁進的狀態。」[75]

好消息接踵而來。一九六四年十月，兩起朝正向發展的事件在同一天發生了：赫魯雪夫被罷免，以及中國成功測試核武。中國外交部當時的氣氛可說是歡欣鼓舞，某位大使回憶：「我們感覺到有一股隱形的力量在幫助我們、鼓勵我們。」[76]

赫魯雪夫被剷除，不只是拔掉毛澤東眼中釘，同時也重啟中國對其他共產國家——甚至是莫斯科——展開魅力攻勢的可能性。畢竟，包含北越和北韓在內的多個社會主義國家，早已捨棄莫斯科下決策的模式，改採信中國所強調的主權與國家發展[77]。

過沒多久，中國派駐其他社會主義國家的外交官，開始察覺到不同於以往的感覺了。布拉格中國大使館發現「大家願意跟我們講話，願意聽我們的意見」[78]。

其他國家也開始與北京當局商談對抗蘇聯侵略的可能保障。舉例來說，一九六六年初，羅馬尼亞極力邀請周恩來參訪，原因是他們與蘇聯的關係惡化，領導階層逐漸認為中蘇分裂其實是個機會[79]。

一九六六年，一場地震損壞了外交部既有的建築物，便搬遷到紫禁城東邊的東交民巷[80]。後續四年，中國外交部一直都在此地辦公，看管中國與四十九個國家的關係，而未來前景相當看好。

隨著饑荒減緩，中國政治環境恢復到近乎正常的狀態，外交部持續錄用新進人員。即便革命運動讓同胞承受許多困苦，但新進人員的熱情，也足以證明個人內心深處的動機推動著政治運動，包含各種平庸老套的動機。

主修俄語的學生戴秉國，在饑荒期間肌膚變成黃色，就像生病似的。加入外交部，對戴秉國而言可說是改變一生的機會。出生在貴州省山中小村莊，家庭條件極度貧困，戴秉國眼睜睜看著五個兄弟姊妹之中，有四人在成年前就過世了。當年他上大學的學費，還是自己的兄弟姊妹徒步走過好幾個村莊，向親戚朋友和政府官員籌借而來。

成為外交官的戴秉國，有了他原本無法想像的機會。到北京外交部工作之後，他發現自己的頭髮變黑了，這可是他這輩子第一次看到自己的黑髮，在此之前都因為缺乏營養而呈現枯黃的顏色。戴秉國後來寫到有關一起進入外交部的同梯人員，表示「沒有高階幹部的小孩，大部分都是來自一般家庭」[81]。

像戴秉國這樣來到北京的學生，就是共產黨實現社會平等與機會的承諾。

對其他人來說，成為外交官就是踏上國際舞臺探險的路徑，就連黨內生活的保密與限制，看來都是誘惑的一部分。一九六二年，有位大學畢業生加入外交部，隨即被派往西藏進行祕密任務，在中印邊境戰爭擔任翻譯，但被告知不要問自己要去哪裡，也被下令要保守「黨與國家的機密」，且還是在出發前兩小時才收到通知。為此，她還驕傲的寫了張紙條給丈夫：「這是第一次，領導階層以文裝人民解放軍來看待我。」[82]

更有許多人把當上外交官，看作是為國際共產主義服務的機會。中國水利電力部某位官員記得，一九六五年自己被授予大使的任務，當他得知自己「即將成為『文裝人民解放軍』的一員時，內心湧上『一股興奮感』」[83]。

外交部強烈的文化，與海外使館同志情誼相戶呼應。中國駐阿爾及利亞大使曾濤回想起那段日子，記憶中自己的大使館就像是個「大家庭」。「上至大使、下到使館人員，每個人都在同一間食堂吃一樣的食物，我們從清晨到傍晚都在一起，」曾濤如此寫道：「使館人員尊敬自己的上級，上級也會看顧自己的部屬。」他們甚至還會一起去海灘遠足[84]。

但是，美好的時光並沒有持續太久。因為人在北京的毛澤東，開始感覺像他們這樣的官僚制度太過愜意。**若說大躍進運動拉緊了外交部的嚴格紀律，文化大革命則是直接折斷它。**

第 6 章

文化大革命，革了中國外交的命

打擊走資派，外交人員首先被開刀。大使被紅衛兵囚禁、送進勞動營，他們以為餘生得在鄉下度過了。

一九六六年六月，中國外交部部長陳毅接待了一群年輕的外交官，來到中南海內部的一間房間。這群年輕人剛接受完培訓，成員包括日後與美國國務卿希拉蕊．柯林頓對談的戴秉國，這年他二十五歲，是出身中國南方鄉村極度貧困環境的年輕人，一路努力打拚來到外交部，成為蘇聯專家。

陳毅心裡清楚，這群年輕人因為首都越發緊張的氣氛而感到不安，因此想要安慰他們。這陣子，毛澤東剛宣布展開文化革命，外交部也已能感受到這場風暴的到來。不過，陳毅表示他以前也看過此類的麻煩事，所以很確信這狀況終會過去：「大風大浪我見過千千萬，何懼小風小浪把船翻。」[1]

雖然有陳毅這番安定人心的話語，但整體情勢才正要進入更糟的情況。中國瀕臨十年政治混亂的邊緣，起因是毛澤東想要拯救他的革命，因為在他看來技術官僚制是種墮落，同時他也想要鞏固自己在中國政治裡的核心角色。

這個開端，正是中華人民共和國外交史上破壞最為慘烈的時期。**文化大革命摧毀了外交部達成的多數成就，又給後繼幾個世代的外交官留下抹不去的疤痕——就跟文革為整個中國留下的傷疤是一樣的情況**。一九六六年中，中國與外在世界建立邦交的進度戛然而止，直到一九六九年中才得以恢復[2]。一九六九年底時，甚至連毛澤東都開口抱怨「現在我們是孤立的，沒有人要聽我們講話」[3]。

文革的一切結束之前，陳毅已經喪命，此外還有不計其數的人被囚禁、鞭打、公開羞辱，戴秉國與他的多數同志則是被送進勞動營。某位毛澤東的翻譯員形容這段時期是「我們的《蒼蠅王》（譯按：*Lord of the Flies*，英國小說家威廉・高汀〔William Golding〕發表於一九五四年的長篇小說，高汀也因此獲得諾貝爾文學獎。此處暗指人性黑暗面的野蠻與暴力）」[4]。「那個時候，許多外國人說中國發瘋了，」另一位外交官回憶：「確實如此，當時中國真的瘋了。」[5]

誰可能是下個目標？

文化大革命始於一九六六年的五月中旬，毛澤東頒布了指示性警告，認為**共產黨內有「反革命的修正主義分子」，意圖製造「資產階級專政」**。不出幾週時間，「中央文革小組」隨即掌管了中國的文化政策，強力逼迫推翻現狀。該小組後來又被稱為「四人幫」，由毛澤東妻子江青領導，其他成員還有勞工激進分子王洪文、文化批判家姚文元，以及上海黨書記張春橋。

此時，多數中國外交官還不曉得此一情勢發展所帶來的後果，對他們來說有多麼重大。一開始，外交部人員並未認真看待文革，只是舉行幾場草率的「學習活動」，假裝有符合要求。不過，外交部內部負責「政治工作」的外交官，感覺到有更大的事情正在醞釀，因此力勸外交部領導階層要多留心[6]。

漸漸的，其他人員也感受到了變化。新聞司司長龔澎與其丈夫、外交部副部長喬冠華，開始丟棄舊的書籍、報刊雜誌、文件檔案，甚至是龔澎的尖皮鞋，以及其他所有可能會被看成是封建制度、資產階級思想，或是「修正主義分子」的東西[7]。

縱使內心有疑惑，陳毅也開始鼓勵幹部，要在這場興起的政治運動當中採取較積極的角色。到了該年六月底，光是在外交部裡就出現超過一萬八千張大字報，這些手寫告示乃是公眾抗議的支柱[8]。

至於派駐在海外的人員，就較難解讀此場運動的意涵了。中國駐南斯拉夫外交官，只能試圖從官方文件和海外媒體的報導當中拼湊資訊[9]。而外交部則試著阻止海外外交官過度分心，並下達命令，阻止外交官張貼大字報，並建議他們要專注於學習「正面的事情」[10]。

然而，到了該年八月，文化大革命已癱瘓正常生活。學生「紅衛兵」在全國各地攻擊各級學校和大專院校，以及他們認為是「封建」的東西。八月中旬，**共產黨中央委員會正式呼籲要鬥垮「黨內走資本主義道路的當權派」**。

後來，毛澤東收到一封來自奧地利的信件，這封信決定了外交部的命運。中國共產黨內有位黨員寫信給毛澤東，表示維也納的中國外交官有多位男性穿西裝、女性腳踩高跟鞋，開著賓士車（Mercedes）到處走動。而另一封來自坦尚尼亞的信件，也提出類似的批評[11]。

九月九日，毛澤東發布一道簡單的書面命令給陳毅：「進行改革，不然會有危險。」陳毅立即下達命令，要大使館革新他們在會議和禮節上的行為。波蘭中國大使館一接到這道命令，隨即命令外交官要變更穿著，這位大使回憶：「沒有人敢違抗九月九號發布的這項命令。」[12]大使館收到通知，要推廣「毛澤東思想」和文化大革命[13]。此時，所有外交官都被要求要穿上毛裝，同時別上毛主席像章[14]。政治的「學習活動」也加速進行[15]。北越使館規定要用素面布料製作毛裝，藉此象徵他們與越南共同承受對抗美國的苦難[16]。蒙古的中國大使館在當地僱用工程行，架設紅色巨大看板蓋住外牆，上頭用金色大字體寫上毛主席的語錄，同時他們也在外交場合發送毛澤東的「小紅書」[17]。

幾乎就是一瞬間，這股思想熱忱把中國外交官推離他國外交官。新規定表明了，從半正式晚宴（black tie gala）到舞會、狩獵等，與他國使館交流的許多正式場合，以及私下的社交活動，全都變成想也不敢想的事情。對於花了很長一段時間，努力打進國際外交領域的外交官來說，這樣的轉變可說是十足難堪。某位外交官談到他認識的他國外交官時表示：「在他們眼裡，我們好像不講究穿著，不修邊幅，是不文明的表現，這真是太有損我們的人格、國格了[18]。」

而中國大使館裡，凡看起來思想不正確的物品都會被破壞，就跟中國各地的學校、家庭、政府機關一樣。巴基斯坦有位武官帶著使館內支持自己的人，破壞使館內的「封建」物品，還大肆批判該使館大使[19]。在尼泊爾，造反派外交官把找得到的舊東西全都破壞殆盡，像是毛筆字畫和古董等[20]。古巴的中國大使館內有尊雕像被造反派摧毀，原因是這雕像象徵的是共產黨之前的社會[21]。

這股近乎宗教狂熱般的「毛澤東思想」橫掃外交部，同時也傳遍中國各地。各媒體報導的內容盡是神蹟般的事，像是毛澤東思想讓盲人重新可以看見、人斷掉的手重新被接上、停止的心臟重新跳動[22]！外交部翻譯司有位負責俄語翻譯的年輕外交官，向同志吹噓表示，自己就算沒有醫療專業背景，只要有毛澤東思想就可以幫病患開刀，他甚至還說：「這件事如此簡單、容易！」[23]

隨著這場災難的揭幕，外在世界的反應混雜了警戒與困惑。**面對這場運動造成的影響，許多中國首席外交官都尋求以低調方式帶過**。一九六六年十一月，陳毅再三向法國大使保證，這些事件都只是歷史上一時風行的事件，就像法國、俄羅斯、中國以前發生過的數起革命運動一樣，甚至還拿來跟一八七一年的巴黎公社（編按：人類歷史上出現的第一個無產階級政權，僅維持七十二天）相比較。陳毅表示，事實與過往經驗可以協助安撫對紅衛兵產生懷疑的人[24]。

事實上，**就連跟中國同為共產國家的友邦，也搞不懂中國到底發生了什麼事**。

「到底發生什麼事，我們這邊知道的也非常少，」某位蘇聯高層這樣告訴波蘭高層：「我們的大使館是在極度艱困的環境條件之下運行。」[25]

一九六六年十一月，北韓國父與最高領導人金日成如此告訴蘇聯大使：「無產階級文化大革命讓我們感到擔憂。」同時他也警告朝鮮勞動黨（Korean Workers Party）黨員：「經驗不足，所以無法正確理解每一件事。」[26]

北京外交部官員內心也很擔憂，但承認這件事其實很危險。某位官員回憶：「我在工作上的朋友，以及我自己，都非常害怕當時發生的事情，甚至感到很煩躁，因為外交部裡有些激進分子竟支持紅衛兵。**每個人都知道誰曾經是目標，以及誰可能會變成目標。**」[27]

到了一九六六年冬季，外交部內部的造反派自稱是「外交部革命造反聯絡站」（Foreign Ministry Revolutionary Rebel Station），沒過多久就宣布他們的目的是要推翻外交部內的黨委員會，也開始監督每個人的工作[28]。

隨著事態發展，陳毅在外交部內成為眾矢之的：由於江青一直把陳毅當作主要目標，且陳毅一直設法壓抑外交部造反派的影響。比起周恩來，陳毅更願意談心裡話，直率性格讓他自己成為絕佳的處罰目標[29]。同時，陳毅也成為間接攻擊周恩來的最方便目標。一九六七年一月，周恩來建議陳毅，除非必要，盡可能不外出[30]。

大使回憶：「我不敢開口說任何事」

一九六七年初，外交部把大使召回北京，參與文化大革命。大使陸續抵達首都，中國外交使團的紀律要求也在此時撐到了極限。

中國派駐南斯拉夫大使、退役軍人康矛召，也是被召回的一員。一九六七年初，康矛召與使館的半數成員搭火車啟程返鄉，沿途大家相處融洽，資淺官員也很尊敬他。

當康矛召的火車抵達北京，他發現市區內滿是政治海報。非常不尋常的是，外交部並沒有派人到車站接他，家裡也是空蕩蕩的，因為孩子們都出去參加文化大革命了。他抵達北京沒多久，一起工作的同志就背叛他，譴責他跟陳毅走太近，是個「走資派」[31]（譯按：即走資本主義道路的當權派）。

康矛召的遭遇非常典型。大使與資深外交官被關起來，房子被洗劫，存款被竊取。他們被自己使館內的學生和工作人員強迫洗刷廁所，在同僚面前被踢打、被公開批評、被脅迫承認自己的「罪行」[32]。

龔澎，這位曾在日內瓦接待外國記者的傑出外交官，有次歷經數小時針對自己的批鬥大會後倒下，年輕外交官卻對她吐口水，大聲喊道：「她是在裝死！」[33]

一九六七年夏天，派駐在埃及的黃華是此時中國唯一一位還待在海外的大使，原因是埃及正和以色列打仗，所以周恩來堅持要黃華待在工作崗位上。開羅的中國學生砸碎使館內的雕像，造反派外交官高喊陳毅下臺，還告訴黃華他們要來監督他的工作。黃華一直都是很勤勉的共產黨員，曾向造反派開口講出「小紅書」中的語錄，藉以爭取自己的權威性[34]。

現在，世界各地的中國大使館都沒了領導人，基層人員只能揣測著該怎麼做事。被留在寮國大使館內的人不確定到底該如何回應，索性在使館貼起大字報、佐證他們的革命資格，並舉行會議討論自己是否陷入「修正主義」外交，還一度自己種植蔬菜，為的就是要證明他們有「實踐生產」。

留在寮國（中國稱老撾）的外交官收到的訊息，既矛盾又混亂。有次，北京發來電報告訴他們津貼會停止，但也有人說情勢會回歸正常。還有一次，寮國使館收到北京來電，譴責他們決定出席外交活動，但其實他們事前已提報給外交部了。這時，外交官開始搜查使館，找出不少竊聽器，有些裝在宿舍屋頂梁柱，有些藏在使館牆壁裡，還有些藏在辦公室的檯燈裡頭（雖然是北京當局來電批評他們未向上稟報，他們卻將竊聽設備歸咎給美國中情局）[35]。

接著再談回中國首都，這裡的情況持續惡化到失控的地步。一九六七年八月，造反派外交官在外交部內部出席一系列會議，目的是要批判陳毅。八月十一日，聳立在天安門廣場上的人民大會堂裡，有成千上萬名學生聚集於此譴責陳毅。他曾經看起來又圓又胖，如今卻是蒼白又憔悴[36]。

八月中，造反團體企圖奪取外交部的掌控權，有超過兩週的時間，政治性質單位完全癱瘓。造反派抓到陳毅的首席副手，強迫姬鵬飛和喬冠華寫下告白書，還讓他們上街賣報[37]。喬冠華甚至曾被打到咳出血[38]。

另一回合的鬥爭發生在八月二十六日，造反派讓陳毅座車的輪胎洩了氣，打算藉此阻止他離開外交部，結果陳毅躲進淋浴間，接著就從後門逃走了。

隔天，造反派打算抓捕陳毅，並將他拖到大街上，不過周恩來親自出面交涉。周恩來告訴大家：「誰要攔截陳毅同志的車子，我馬上挺身而出。你們要揪鬥陳毅同志，我就站在人民大會堂門口，讓你們從我身上踏過去。」[39]

美國中情局當時的備忘錄裡，提出了一個簡單卻值得深思的問題：「中國的外交政策，到底是誰在做主？」[40]

一九六八年春天，輪到了副部長章漢夫。打從一九四九年起，章漢夫就在外交部工作，扮演著近似於執行長的角色。此時，章漢夫大病初癒，就被紅衛兵和造反派外交官從家裡拖出來，連跟家人道別的機會都沒有。四年過後，他身著破爛衣物，死在監獄裡[41]。

外交部裡，大家為求自保，門徒出賣導師、朋友彼此背叛。此時，**周恩來盡其所能，不讓外交部被打倒**，但總是會害怕隔天可能會發生什麼事情，所以他跟一起共事的人事司副司長符浩一樣，晚上不吃安眠藥睡不著。此外，符浩有位朋友在外交部裡自殺，周恩來擔心符浩也會走上同樣的路，所以不斷鼓勵他要保持積極[42]。

這段期間裡，周恩來自己則是每天工作十八個小時[43]。**為了保護自己的部屬，周恩來建議大家，跟其他人講話時要模仿黨官方文件的用字遣詞，以免惹麻煩上身**[44]。

當周圍的世界坍塌，中國外交官發現自己堅信的信念深陷考驗。周恩來在延安時期延攬的外交政策人員回憶：「許多幹部發現自己很難相信毛主席會犯錯。」他們難以相信偉大的領導人居然發起這麼一場災難性運動[45]。

「那時我覺得很低落，」某位大使回憶：「但我不能說什麼，我也不敢開口說任何事。」[46]

囚房裡，沒有名字

針對外交部領導階層而來的行動，比起暴力與羞辱，對其家人的殘忍行徑更讓人痛苦。王稼祥，這位前大使曾勇於開口質問毛澤東的外交政策，如今卻親眼看著兒子被鎖定為目標，在「批鬥大會」上被公開批判、眼鏡被砸碎、臉被塗黑，還被迫以「坐飛機」（編按：一人抓著被批鬥者的雙臂往後壓，另一人則抓著他的頭髮往下按，使被批鬥者呈現飛機起飛的樣子）的痛苦姿勢站立數小時，雙臂還得伸展到背後，痛到腰都挺不起來，最終王稼祥的兒子自戕了。而王稼祥自己則是被關了十九個月，在群眾面前被推擠不下千次，住家還被貼上條列各種罪行的海報。此外，他的三個孫子成為紅衛兵後，選擇疏遠他[47]。

伍修權，這位前將軍成功與南斯拉夫的狄托元帥結為好友，也親眼看著親生骨肉因父親的「罪行」受罰。他懷有身孕的女兒被迫接受「勞動再教育」，而九十歲老母親的房子被貼滿政治海報，還得天天被喊著政治口號的擴音機轟炸。伍修權自己則被鞭打、被迫清理公共廁所，在寒冷的北京冬日劈柴。

一開始，伍修權被關在共產黨對外聯絡部自己的辦公室裡，後來被帶到不知名的地方，關了整整七年，不准與家人有任何聯繫。囚禁房的窗戶以木板釘死，一天二十四小時都有強光照著他。後來，伍修權感到非常孤單，所以試著用咳嗽的方式與其他被關押的人交流，但有天就被囚禁他的人禁止了。在這裡，伍修權沒有名字，直接被稱呼為「四十二號」[48]。

另外，還有在波蘭與聯合國展開外交對談的負責人王炳南。在文化大革命爆發之前，王炳南已被指控與國外間諜串謀，所以當他被關在牢裡時，外交部的造反派改把目標鎖定在其妻張裕雲身上。日復一日，張裕雲被批判、鞭打、羞辱，但她很堅強，成功逃走兩次，但最後還是撐不下去，用自己的皮帶上吊自殺身亡。

王炳南被短暫釋放，查看妻子的屍體時，他發現妻子身上滿是傷口和瘀青，頭髮還被剃掉一半。但為了避免招來政治危險，他只能克制自己不去擁抱妻子的遺體，直到回到囚房，強忍的淚水才落了下來。造反派給王炳南十分鐘的時間，讓他通知孩子他們母親的遭遇，但全程由造反派嚴格監控[49]（王炳南有個兒子王波明，後來協助創辦中國股票交易所，還資助了開創性商業新聞調查媒體《財經》[50]）。

不只是資深外交官深陷危機，凡是被懷疑與外國有過多接觸的人都有危險。北京外國語大學是多數外交部人員的母校，有位老師被指控與外國有可疑的接觸。被關押了三個月後，這位老師被迫寫下自白，後來卻情緒突然爆發、跳進運河，懷裡還抱著一本毛澤東的「小紅書」。隔日，造反派找來該名老師的丈夫到事發現場，強迫他參與最後一輪對著遺體進行的批鬥[51]。

文革災情，也蔓延到其他國家

紅衛兵踐踏了中國辛苦掙來的外交成果，不只是在北京，在世界各地的首都皆是如此，激進的學生和官員，會與當地主管機關發生衝突。

最戲劇化的，應該就是在中國首都的英國外交使團，其辦公室被紅衛兵強行闖入並放火。中國駐倫敦大使館外頭爆發示威活動，年輕的中國外交官忽略了資深外交官的指示，直接與抗議人士搏鬥。英國電視臺捕捉到的畫面裡，中國外交官手拿斧頭揮舞著[52]。隔月，官媒《北京週報》以〈以毛澤東思想作為武器的紅色外交官無畏無懼！〉為題，大肆吹噓自捧[53]。

這波挑釁行為也延伸到其他共產國家，以及中國新結交的開發中國家。蘇聯駐北京大使館被紅衛兵圍攻，德國外交官在街上被毆打[54]。此外，造反派還破壞波蘭大使的座車[55]。捷克斯洛伐克（譯按：Czechoslovakia，一九九二年分為捷克與斯洛伐克兩個共和國）的大使則是在機場被拘留，車門被迫開啟，國旗也被扯下來[56]。在西非迦納和印尼的中國代表，則是因為挑釁行為而被驅逐出境[57]。

上述事件不斷上演，但**中國資深外交官遇到他國外交官時，還是得假裝一切都很好**。一九六七年夏天，中國派駐匈牙利的大使被該國外交部部長擋在會議室門外，述說駐北京匈牙利大使的座車被攻擊的事件——這名匈牙利大使被拖出車外，徒步走到警察局——這情況顯然公然違反國際間保留給大使的合法保護。

這位中國大使全然不知這起事件的實際經過，但依據他得知的北京情況，內容聽來很可信。不過，這位大使也不能如實跟匈牙利外交部部長說些什麼。這位中國大使**困在需要與共產國家建議良好關係，以及想要維護人身安全的迫切性之間**，此時只能簡單回覆：「**我國的紅衛兵受過訓練與教育，很清楚什麼該做、什麼不該做！**」[58]

隨著暴力事件升級，周恩來仍試圖保持中國外交正常運作。周恩來沒有出國參訪，改在北京市內四處拜訪外國大使館。

一九六八年，蘇聯入侵捷克斯洛伐克後，歐洲共產國家很緊張，周恩來認為這是中國取得勝利的潛在機會，因此後來出席羅馬尼亞在北京舉行的國慶日慶祝活動時，便致詞批評蘇聯的這種侵略行為是「蘇聯修正主義派系」[59]。

再教育營與回歸正常之路

到了一九六八年底，毛澤東判定情勢已經失控了，便派出軍隊進入各大城市重振秩序，數百萬名都會區年輕人被關進鄉下的「再教育營」。

中國的外交政策，因為文化大革命而變得過於激進，也需要重新啟動。文革重創中國最基本、最長久的政策目標，也成為國家安全的最主要威脅。中國此時面對的是充滿敵意的美國和印度，一邊是因為北京當局軍援北越而惹怒了美國，另一邊是因為一九六二年在中國西南方的中印邊境戰爭所致。

到了一九六九年三月，中國與蘇聯軍隊在邊境互相射擊，蘇聯領導人甚至考慮先發制人，打算對北京發動核武攻擊[60]。

周恩來開始規畫如何回歸正常，他期望能重建中國的外交關係、啟動國內的基礎建設，因此於一九六九年推出「北京外交計畫」，包含成立國際俱樂部和「友誼商店」，後者專門銷售一般中國人無法取得的外國商品，另外也在距離天安門東邊約三公里的建國門外大街上，設立外交公寓。同時，為了保持中國政治的氛圍，這些建築物的設計不再帶有蘇聯色彩，改轉向國際現代主義風格[61]。

此外，還有更大的改變默默在發生。一九六七年底，毛澤東在定期閱讀的外國媒體報導摘要中，發現一則文章，寫文章的是終其一生反對共產黨的美國前副總統理查・尼克森。該文刊在《外交》（*Foreign Affairs*）雜誌，指出「在這顆小星球上，沒有餘地讓十億可能是最有能力的人，活在憤怒與孤立之中」。毛澤東被這篇文章深深吸引，所以推薦給周恩來閱讀[62]。

一九六九年一月，尼克森在就職演說上又留下另一道暗示，表示：「要讓全部的國家都知道，在本政府的管理之下，我們的溝通管道都將維持開放。」[63]中國領導階層接收到這則訊息。因此，當中國國有媒體嚴厲批評這場演說，痛斥尼克森是「緊張不安的美國帝國主義首領」，同時又在毛澤東的指示之下刊登整篇演說內容，這可是前所未見的行為[64]。默默的，**毛澤東已經開始了解到，與美國建立好一點的關係，可保護中國對抗蘇聯的威脅**。

依據毛澤東的指示，周恩來聚集「四帥」設立委員會，成員有陳毅、葉劍英、徐向前、聶榮臻，一起評估國際情勢[65]。此時陳毅為了自身安全，躲藏在北京城外一處工廠，周恩來還去把他找了回來[66]。周恩來告訴陳毅等諸位元帥，每週都要開會，要大家盡情發想。開了數週的會議、外加一些哄勸，他們提出報告，認為相對於中國的政治宣傳，無論是美國或蘇聯都不大可能會攻打中國，所以建議中國要擴張海外的外交活動。

一九六九年底，周恩來開始把一些外交官再度送出國。某日，周恩來對即將前往古巴的外交使團講話，批評了「左翼分子」，也承認中國外交經歷了挫折與失敗[67]。這當然是好的、有希望的跡象，但多數外交官並不清楚毛澤東重新思索外交政策時，其實有更為廣泛的考量。即將出發海外的外交官只知道多數還待在海外的外交官都極為左翼，對於得回去面對他們感到很緊張[68]。的確，當年夏天，派駐剛果（Congo）的中國大使抵達工作崗位時，手下的外交官甚至拒絕與當地菁英會面[69]。

然而，**出國仍舊是一個很好的選擇，不然就得被送去再教育營了**。

外交官張兵的再教育營回憶

一九六八年，中國共產黨開始在全國各地設立再教育營，目的就是要為整個國家重新置入官僚體制思想。依據毛澤東下達指令的日期落在五月七日，所以就取名為「五七幹部學校」，**中央政府有七〇%到九〇%的員工——其中也包含外交官——被送進這間「學校」，但其實就是勞動營**[70]。當他們抵達營區，完全不知道往後會發生什麼事情的情況之下，許多外交官都以為餘生得在鄉下度過了[71]。

一九六九年春季，三十歲的外交官張兵被送到其中一個營區[72]。張兵出生在中國北方，家住租借來的農村小屋，從小她就夢想著有天可以看到大海，甚至看遍整個世界。大學畢業後，張兵在中學任教，不過一九六五年丈夫加入外交部後，她也開始利用空暇時間學習，甚至還帶著三個月大的孩子一起去上課，經過僅僅一年的準備，隔年便被外交部錄取了。

當年懷裡抱著孩子、搭上火車前往北京時，張兵想像著未來在北京的生活，甚至還有到世界各地首都生活的日子。不過，她只在外交部待了幾年時間，就被送到「外交部三二一幹部學校」，地點就位在中國與西伯利亞交界的黑龍江省太平村。約有五百多位外交部幹部被送到太平村與鄰近村莊，包括外交部的團隊、釣魚臺國賓館、外交部之下的智庫和出版社人員。

張兵居住的宿舍內塞進了二十人，大家共用兩個大炕——在中國北方，這個加熱平臺能抵擋冷到刺骨的寒冬氣候。張兵與其他同志在炕上鋪了稻草，希望可以讓表面柔軟一點，接著掛上一條窗簾以區分男女使用的空間。

夜晚非常難熬，因為有人會打呼、放屁、拍打蚊子、說夢話等，而且大家都很害怕會有野狼出現。

日子非常難過，他們得到農地裡做苦力，還要為當地居民造橋、造路、造屋。**工作非常辛苦，但沒有人知道自己到底在做什麼。沒有工作時，張兵與同志們就得去上再教育課程、參與自我批評活動**，內容不外乎就是學習毛澤東的工作、剖析「修正主義」思想的缺點。

對年紀較大的外交官而言，這種勞動尤其困苦，過程中還很容易受傷。著名的前革命鬥士、社會學家陳翰笙，被迫送報紙和打掃學校廁所。由於他近視非常嚴重，為了完成清潔工作，得把整張臉幾乎貼在布滿糞便的地方。

這裡的伙食也很糟糕。由於欠缺新鮮的農產品，所以外交官們能吃的就只有醬菜，偶爾在特別的日子裡能吃到豆芽，因此，許多人都有拉肚子的毛病。但也有些人是嚴重便祕——不過，為了避免花太多時間在滿是蛆的糞坑，多數人都會避免吃瀉藥來解決這個問題。

儘管身處如此艱難的環境裡，依舊有快樂的時刻。例如未來將會成為大使的石午山（編按：一九八七年至一九九〇年任中國駐幾內亞比索（Guinea-Bissau）大使），有次想盡辦法弄來肉罐，和朋友狼吞虎嚥後，在罐頭裡塞滿石頭、丟入河中湮滅證據。

此外，只要能展現出對毛澤東忠誠的人，就能獲得一些獎賞：與張兵共事的同志弄來一臺手風琴，彈奏音樂讚頌主席，這位同志因而獲准可以離開營區到隔壁村莊演出。然而，這臺手風琴其實是紅衛兵從副部長姬鵬飛家中拿來的。

一九六九年十一月，一方面由於中國與蘇聯的緊張關係，另一方面是幹部無法在中國北方種出什麼東西，張兵所屬的整個營區被搬遷到毛澤東的家鄉湖南省。

張兵的故事不算是特例。有一位在湖北省勞動營的外交官回憶，跟他共事過的同志因為每餐都吃紅蘿蔔，而出現營養不良的情形；而他們喝的水是取自公廁旁的一個洞，但每次下雨時，糞坑就會滿出來、隨處亂流。他們也曾為了吃肉而殺狗[73]。此外，**在某些勞動營裡，外交官還取代了牛隻，得負責犁田**[74]。

一九六六年至一九七〇年任外交部副部長的陳家康，就在五七幹部學校過世[75]。

偶爾外交部需要人手時，張兵與其他同志會被叫回去。儘管只是短暫的一小段時間，還是有可能會出醜。有回，**張兵被叫回北京，在款待巴基斯坦顯要的宴會上幫忙，結果她端來豬肉給貴賓，因為以前從來沒有人告訴過她穆斯林不吃豬肉**。張兵後來回憶這件事時寫道：「起碼的外交常識都沒有，給外交部丟臉，給中國人丟臉！」

一九七一年，勞動營開始解散了[76]。張兵一直都待在勞動營裡，直到一九七二年病倒，才被送回北京。幾個月後，張兵被派去為新職位受訓，但當時她覺得自己沒有什麼可以貢獻給外交部了。她這樣問自己：「將來即使調回外交部，我又能幹什麼呢？一個只會喊口號、只會寫大批判稿、只會在農村幹體力活的人，就能搞好外事工作嗎？」

此時，張兵三十四歲，還懷有六個月的身孕，她寫道：「一晃眼六年就過去了，我人生的黃金歲月就這樣白白流走了。」**對張兵與數百萬計的中國年輕人來說，他們被告知自己正在打造一個新社會，但文化大革命卻為這個新社會帶來痛苦又難堪的疑問**。

後來，張兵到瑞典、加拿大、紐西蘭等地出任外交職位，也去過許多地方，完成了她想看看這個世界的夢想。但是，在勞動營裡的經歷卻給她留下焦慮與不安。張兵在退休後如此寫道：「我想了數百回，歷史是真的嗎？還是只是一段故事？身為一個平凡黨員，我該如何看待黨的歷史呢？」

張兵要離開五七幹部學校時，回頭看了看口號。她回憶：「『五七戰士是光榮的！』、『五七道路是英勇的！』這些都是騙人的謊言！」

但想當然耳，毛澤東的感受完全不同。毛澤東後來回憶：「外交部鬧得一塌糊塗……權掌握在反革命手裡。多數還是好的，也有少數人是壞人。」[77]

再者，當時毛澤東的心思聚焦在其他事情上：當張兵與同志們在鄉下煎熬時，中國外交沒了他們，仍繼續往前邁進。

調整外交策略，重啟與美國的溝通管道

一九七一年七月十六日，毛澤東的表侄孫女、時年三十二歲的王海容，與美國出生的口譯員唐聞生，臉上帶著愉快的笑容，一起走進外交部食堂。消息早已傳遍整個外交部，美國國務卿亨利・季辛吉剛祕密訪問完中國，正好就是這兩位年輕女外交官一路從巴基斯坦陪著季辛吉來到中國。此時中國的獨裁者年事已高，這兩人就是毛澤東在外交部的眼與耳，看起來兩人都知曉內幕。沒過多久，兩人就被一堆人包圍了[78]。

大家當然會想要知道細節，因為對於中國外交政策前線的人員來說，季辛吉來訪算是一顆巨大的震撼彈。美國是中國的死敵，雙方的重大戰役才剛結束不到二十年，期間又持續隔著越南不斷爭吵。**無論在世界上哪個地方，中國外交官只要遇到美國外交官，就會立刻轉身離開**[79]。除此之外，**北京各處也貼滿了海報，疾呼「美國帝國主義」垮臺**。

尼克森當選美國總統後，中美雙方公開互表善意，接著便開始尋求有效的往來管道。畢竟雙方彼此的敵意歷經了數十年，這件事情就是個敏感的政治議題，如果沒有有效的合作管道，技術上也會很棘手。

一九六九年十二月，南斯拉夫在華沙有場時裝秀，竟成了不可能的突破點。一群來自波蘭大使館的中國外交官，由使館專員景志成帶領出席該場時裝秀。這一行人看到會場另一頭有兩個美國人指向他們——由於他們不清楚北京當局已重新構思策略，也不想看起來跟尼克森帶領的美國過於親近，所以他們決定起身離開現場。

但出乎意料的是，這兩個美國人居然追上他們，用波蘭文說尼克森想與中國重啟對談。景志成一行人開始快跑，不過美國駐波蘭大使華特．斯托賽爾（Walter Stoessel）追上他們，告知他有個重大訊息要傳達給大使館[80]。

兩週後，中國駐華沙代理大使雷陽與斯托賽爾會面，建議重啟日內瓦會議後雙方曾有過的大使會談。一九七〇年二月，雙方再次進行討論，但都沒有獲取想要的突破進展。隨後，當美國延伸越戰，對柬埔寨發動軍事侵略時，毛澤東便索性取消整個對談[81]。

尼克森跟毛澤東一樣，對官僚體制存疑，因此改循祕密外交（backchannel diplomacy）。一九七〇年七月，尼克森利用一次海外訪問的機會，告知巴基斯坦總統葉海亞．汗（Yahya Khan）和羅馬尼亞領導人尼古拉．西奧塞古（Nicolae Ceaușescu），表示他尋求機會與中國高層交流。同時，季辛吉商請某位前法國官員，傳達同樣的訊息給中國駐巴黎大使黃鎮。

此外，北京當局也試圖傳遞訊息，給美國駐挪威首都奧斯陸（Oslo）和阿富汗首都喀布爾（Kabul）的大使館。不過，沒有任何一方上鉤[82]。

該年八月，毛澤東嘗試了比較正式的做法：邀請愛德加．史諾回到北京。已六十五歲的史諾，剛開完刀恢復健康，而前來接待他的是黃華，正是三十多年前在冷清蕭瑟的陝西省接待他的那一位年輕人。此時，黃華與同志剛從五七幹部學校「再教育」回來，他告訴史諾中國社會已經重生了，這群回歸的人員表示：「我們鄙視金錢和財物，我們渴求創造一個社會主義社會，與一位更崇高的新人。」[83]

十月一日，中國國慶日，天安門廣場舉辦遊行，此時史諾就站在毛澤東身旁。毛澤東也同意接受史諾的訪問，只不過訪問內容三個月後才能刊出，更表示這段期間他很樂意與願意前來中國的資深官員會面。毛澤東以為這樣史諾就會把訊息傳給美國政府，但史諾始終都沒有把訊息傳遞出去，而華府則是忽略掉史諾與毛澤東一起公開亮相這一點，認為他是「北京政治宣傳的打手」[84]。

到了十二月，毛澤東認為只給訊號和祕密外交的時間點已經過去了。周恩來索性提筆寫短箋給季辛吉，並透過巴基斯坦把信件交給美方，表明邀請特使來北京討論臺灣事宜。隔月，類似的短箋又透過羅馬尼亞交給美方。季辛吉則回應表示樂見此項提議[85]。

接下來有好幾個月的時間，各個溝通管道都悄然無聲。時間來到一九七一年四月，北京當局邀請美國桌球隊來到中國。周恩來在人民大會堂接見，表示這支隊伍的到來是「為中國與美國人民之間的關係與歷史，展開新的里程碑」。接著，周恩來再次透過巴基斯坦寫短信邀請季辛吉來北京。五月，美國點頭同意赴約。

季辛吉抵達中國之前，周恩來讓自己沉浸在尼克森與季辛吉的生活裡。他閱讀了尼克森的著作《六次危機》（*Six Crises*），書中描寫尼克森在大眾生活裡扮演的角色，講述了尼克森在眾議院非美活動委員會（House Un-American Activities Committee）的職位，一直到與蘇聯領導人赫魯雪夫的「廚房辯論」（編按：kitchen debate，指一九五九年七月在莫斯科舉行的美國國家展覽會開幕式上，時任美國副總統的尼克森和赫魯雪夫之間，關於社會主義與資本主義的即興辯論）。

此外，周恩來也觀看了這位美國總統最喜愛的電影《巴頓將軍》（*Patton*），這可是當時才剛上映的作品[86]。

▲ 1959 年 7 月，時任蘇聯共產黨中央第一書記的赫魯雪夫（左二）和時任美國副總統的尼克森（右），在莫斯科的美國國家展覽會上展開一場關於社會主義和資本主義的辯論。（圖片來源：維基共享資源公有領域。）

一九七一年七月，季辛吉參訪巴基斯坦時，以生病為由偷偷離開，並飛往北京。在未公開的情況下，包括王海容和唐聞生在內的五位中國外交官，在機場接待季辛吉[87]。此時，北京各處依舊貼滿海報，高呼「美國帝國主義」垮臺，而工人民兵操練時，甚至還用美國人的照片作為標靶[88]。

季辛吉於七月九日和十日這兩天來訪，周恩來應對極佳，與季辛吉談論許多外交歷史與準則。通常，他國外交官會被中國外交官這種以理論分析的離題方式惹惱，因為他們覺得這就是在分散注意力，但這回季辛吉的自尊和智慧倒是被周恩來吸引了。

事後，季辛吉回憶，周恩來「是我見過的人當中，印象最深刻的前兩、三位」。季辛吉心醉表示：「他舉止優雅且莊重。不同於（毛澤東或戴高樂的）有形主導權，**周恩來宛如是個線圈彈簧，讓整個空間充滿控制得宜的張力、堅毅的紀律與自制力。**」[89]

結合謹慎調查與針對性奉承，對中國外交而言，至今仍舊是強大的武器。二〇一七年一月川普就職之前，中國官員使用虛擬私人網路（Virtual Private Network，縮寫為VPN），翻越中國用來審查網路和細查推特的強力防火牆，打算找出川普策略相關的線索[90]。後來，中國頗有影響力的副總理王岐山，告訴人在北京的美國官員與商人，為了要熟悉把票投給川普的人群，他看了電影《意外》（*Three Billboards outside Ebbing Missouri*）[91]。

儘管周恩來已竭力安撫，但季辛吉這一趟訪問行，感覺仍像是在打臉中國所剩無幾的朋友。北越形容是「給快溺斃的尼克森丟了個救生圈」，而阿爾巴尼亞則說這是「背叛」全球的無產階級革命[92]。

強化與美國的關係，與中國更大範圍調整外交政策的行為相吻合。一九六九年秋天，在北越的安排之下，周恩來與蘇聯代表在北京會面，雙方互稱彼此為「同志、戰友」——至少勉強算是有種尊敬的示意。一九七〇年一月，中國派遣特使團前往尼泊爾出席皇家婚禮，六月時則是發電報給印尼，對該國前總統蘇卡諾離世表達哀悼之意[93]。這些安排看來不是大動作，但就文化大革命的時空背景來說，可說是非常重大的示意。

然而，要恢復正常可不是件簡單的事，當時中國內部的政治氛圍依舊相當緊張和焦慮。一九七一年秋天，某位海外歸來的外交官決定採取自保策略：「**不論其他外交官怎麼說，不管說的是正確還是不正確，只要說中國有做錯的地方，或是需要改變做法，我都一定要反駁回去。回頭向中央尋求指示之後，再決定要怎麼做。**」[94]直到今日，中國外交官還是普遍採取同樣的策略。

一九七一年九月，**毛澤東指定的接班人林彪企圖逃離中國，明示著中國政治的混亂情勢**。

一九五九年，林彪取代彭德懷接任國防部部長，這是他長期對毛澤東獻殷勤、阿諛奉承的獎賞。毛澤東先前指定的接班人是劉少奇，但他在文革期間被殘忍捨棄，之後有段短暫的時間由林彪成為接班人。

直到今日，林彪當時的所作所為依舊是一道謎團。官方說法是林彪與兒子一直計畫政變、反抗毛澤東，但至少林彪當時是斷定了毛澤東要來捉捕他，因此他在一九七一年九月十三日帶著妻小搭上軍機，下令一路往北飛行。

沒人清楚林彪想要去哪裡，而周恩來這邊也只是交代北京外交官要緊密監聽所有海外廣播，卻沒有解釋要他們聽取些什麼內容。毛澤東與周恩來徹夜未眠，一直在等待消息。

隔日，九月十四日，中國駐烏蘭巴托的外交官，剛吃完早餐就收到當地蒙古外交人員捎來不尋常的訊息，因為有架飛機墜毀在離中國邊境約三百五十公里的地方，接近一處小小的礦產城鎮。

等到取得北京與蒙古的許可後，中國派出外交官團隊來到墜機地點。他們發現綠油油的蒙古大草原上，出現一大塊的黑色區域，是飛機殘骸四散造成的，裡頭還有九具焦黑變形的屍體。經過一番調查，北京斷定編號五的屍體就是林彪[95]。

林彪試圖逃脫的舉動，為毛澤東帶來相當重大的政治問題。此時此刻，毛澤東需要點什麼以轉移他的注意力，遠離這位被他指定為接班人的人選背叛自己的事實。這位年紀越來越大的獨裁者非常幸運，好消息已經在路上了。

中華人民共和國獲准加入聯合國

一九七一年十月二十六日，季辛吉剛結束第二趟中國行。客人才剛登機沒多久，中國外交部就接到來自紐約的電報：**中華人民共和國獲准加入聯合國**[96]。

其實，外交部領導人事先已多少感覺到即將有重大進展。長期以來，有支外交團隊專門負責依據各個使館呈上來的報告和新聞剪輯，估算中國會籍年度投票的情勢。一九七一年，該團隊謹慎向上提報，表示很有可能勝出[97]。

中國外交官都清楚這將是很大的突破，因為**肯定中國政權、給予新國際正當性，也就正式確認中國成為主要強權的地位**。此外，**這也證明了中國在萬隆會議後，爭取第三世界的企圖心是正確的做法**。

然而，依舊有個很大的難題擋在前頭——毛澤東一直認為中國不需要急著加入聯合國。事實上，季辛吉祕密到訪期間，中方就堅持不主動提起這檔事[98]。此時，中國資深外交官已相當不知所措、不知該如何行事了，但文化大革命後的政治複雜度，讓每個選項顯得更加混亂[99]。

這個僵局，只需說服毛澤東一個人就可打破。力勸毛澤東讓中國加入聯合國的任務，得讓周恩來全力使出其傑出的外交才能，更需要他那讓人難以招架的奉承能力。周恩來心裡清楚，林彪事件發生後，毛澤東需要扳回一局，也完全明白打下這場勝仗的光榮全都得歸給毛澤東。

當這些事都想清楚後，周恩來就出發前往主席官邸了[100]。

最保險的做法，當然就是直接套用毛澤東說過的話。因此，周恩來與一群助理抵達官邸後，他便隨即開口：「現在就參加，不符合主席『不打無準備之仗』的教導。」或許，比較安全的做法是派出先遣團隊，前往紐約先了解狀況，之後再正式派出代表團。

「為什麼不去？聯合國祕書長已經發來電報，」毛澤東回應：「我們應該派代表團去。」

周恩來的溝通手段顯然奏效了。

查驗過投票同意中國加入聯合國的會員國清單後，毛澤東看來很驚喜：「英國、法國、荷蘭、比利時、加拿大、義大利，都當了『紅衛兵』，造美國的反，在聯合國投我們的票。」

毛澤東心情絕佳，與助理團隊談了將近三個小時，除了引用中國古典文學《三國演義》之外，更多次重複自己講過的話。他如此說道：「我講過，不打無準備之仗。我也講過，『從戰爭中學習戰爭』。現在請總理掛帥，加緊準備。」[101]

代表團出發前兩週的期間，周恩來就只做了這件要事。他成立小組帶領行前準備工作，這趟訪美之旅將是自一九五〇年以來，中國大陸的官員首度踏上美國領土，代表團人數多達五十二人，領頭的是喬冠華，而黃華則要在紐約出任常駐聯合國代表。代表團在聯合國內會穿著毛裝，到紐約街頭才會換上西裝。

由於準備時間有限，一行人得帶上一大堆參考資料，因此外交官個人的行李就得縮減，不然飛機負荷會過重。他們打包的東西有字典、政府聲明的錄音帶，以及近十年的《北京週報》，以防需要查找資料時使用。此外，周恩來還親自修改喬冠華的第一場演講稿詞，在其中仔細納入毛澤東的指示[102]。

代表團預計在十一月九日早上出發，不過毛澤東想要在他們啟程前，與帶頭的幾位成員會面，這對參與其中的人來說可是件大事！有位二等祕書因為職位不夠高，不能出席這場會面，但他在就寢前還是全身穿戴整齊，就是想著領導階層可能會改變主意也說不定[103]。

十一月八日晚間八點，一群人進到毛澤東位在中南海的書房，他們發現毛澤東身上穿著白色法蘭絨浴袍——凡是跟主席工作過的人，都經常看到他這身穿扮。與大家打過招呼後，毛澤東在扶手椅坐下來，拿起放在點燃雪茄旁的茶，開始講起歷史。

這場會面的尾聲，約莫落在十點左右。為了隔天早上就要出發的一行人，毛澤東激情的下了一堆指示：整個政治局、黨內各部門主管、政府單位、軍事單位，以及「數千名」群眾，全都應該來為代表團送行。

接著，周恩來把這群人帶到人民大會堂，為每個人端上一碗湯麵，以及一段激勵演說，直到見到天安門廣場上太陽升起才收尾。代表團外交官飛離機場，展開前往紐約為期兩天的旅途，而在場聚集的群眾喊著：「毛主席的革命外交路線勝利萬歲！」、「毛主席萬歲！」[104]

代表團離開中國領土前，領頭的喬冠華頒布最後幾道命令：**大家得維持「嚴格紀律」與「保密」**[105]**。因為喬冠華心裡很清楚，這一行人即將被震撼。**

第 7 章

鄧小平用四個現代化，重回國際

經歷十年文革，國家被撕裂，過去贏得的友邦也漸漸疏離。此時鄧小平的務實路線，讓外交與經濟重回正軌。

一九七一年，中國外交官抵達紐約，他們可能覺得自己來到了另一個星球。一行人遇到的首個震撼，乃是色彩這件事。共產主義下的北京，單調且一致，但他們在紐約所見到的世界，服裝、商店陳列、霓虹燈等似乎不只是帶來感官刺激，對道德觀感更是大衝擊。代表團主要成員是中年男性，這是他們這輩子第一次見到成人劇院、妓女、脫衣舞孃俱樂部，以及香豔的情趣用品店，販售「讓你覺得噁心的商品」——某位成員如此回憶[1]。

這座城市，與毛澤東掌權下的中國相差甚遠。這裡是一九七一年剛上映犯罪電影《黑街神探》（*Shaft*）的紐約市，搖滾音樂劇《萬世巨星》（*Jesus Christ Superstar*）也是在這一年開始在紐約百老匯（Broadway）演出，同年二月全球首個股票電子交易所那斯達克（NASDAQ）正式啟用。此外，新建好的世貿中心（World Trade Center）雙塔聳立而起，主宰著紐約市的天際線。

不過，紐約街頭犯罪猖狂、謀殺率再次創下新高，且就在代表團抵達的前幾週，幫派老大約瑟夫．哥倫布（Joseph Colombo）在市中心哥倫布圓環（Columbus Circle）被槍擊、成為植物人。

中國外交官知道他們很格格不入。某位成員後來如此寫道：「對美國人來說，中國代表團的到來，猶如外星人的突然出現。」[2]

對初次來到美國的中國代表團而言，這一切都是全新體驗。中國進入聯合國，開啟一段新旅程，最後讓中國與世界上幾乎每個國家建立邦交，也讓北京簽署多項協定、加入數個多邊組織，強化中國國際政治的現況。

每跟一個國家建立關係，就表示又贏了臺灣

中國的整合腳步出奇快速。一九七一年，中華人民共和國只加入一個跨政府組織，到了一九八九年已是三十七個組織的會員，簽署的國際協定也超過一百二十五份；相較而言，中華人民共和國建國的前二十年，也才簽訂六項協定而已[3]。到了二〇〇一年，與國際整合的過程促使中國政治經濟徹底轉變，身為共產國家也順利加入了世界貿易組織。二〇〇八年，中國國防白皮書大肆誇耀中國在多邊事務上的角色，表示中國「國際地位和國際影響力顯著提高」[4]。

中國投入聯合國的進度也一樣飛快。二〇一九年，中國超越了日本，成為聯合國經費第二大貢獻國家[5]。與其他四個安全理事會常任理事國相比，中國投入更多人力於維持和平事務，但是仍與蘇聯一起遊說表示要刪減維持和平任務中的人權職位[6]。另外，中國外交官也持續推動在聯合國決議案中，納入習近平的名言[7]。

許多西方菁英看到中國與全球經濟和國際組織的整合情況，認為這是有希望的跡象，**認為中國有天可能變成跟西方世界相似，除了擁抱市場經濟之外，最終也會接受自由與民主。**

然而，北京多數的共產黨菁英可從沒這般想過。中國的領導人，從毛澤東、周恩來到習近平，一直都把參與國際組織與團體看成對中國政權的認證，而非加速奪取共產黨政權的過程。中國與西方菁英兩方的期望並不合拍，從中國發生天安門事件，一直到二〇〇八年北京奧運後鎮壓人權激進分子的事件，雙方之間產生許多困惑、受傷、不滿與失望的感受。

上述事件都是數十年後才發生的，這裡先回到一九七一年。中國第一批踏上紐約街道的外交官，其政治忠誠度一直被嚴密監視，甚至還會被自己的政府刻意疏遠。不過，首要任務還是要先了解自己的身處之地：一個奇怪的城市。

由於中國在紐約沒有領事館建築，代表團在近聯合國總部附近的羅斯福飯店（Roosevelt Hotel），包下十四樓將近一整層的房間，他們就在這裡生活和工作。這個小小的區域變成了共產中國的小型聚落，盡其所能與外在世界隔絕、不相往來。除了最高層級的幾位領導人之外，每個房間都是住兩個人。正式會議之外，任何人都不可以離開旅館，甚至也禁止出門散步。一開始，代表團覺得在紐約連基本生活都很困難。晚上，窗外吵雜的都會生活，讓人無法入眠。雖然有三位隨團司機，卻沒有當地有效駕照，代表團成員外出時只能仰賴紐約的黃色計程車[8]。

雖然這群中國外交官會看電視新聞，也會讀《紐約時報》，但是兩地之間的文化隔閡還是相當難克服[9]。某位隨團翻譯回憶：西方國家的外交官會談論「新近的電影、音樂、娛樂、流行時尚之類，當然也會談到女人。不過，中國代表團的紀律比較嚴明，即使我們在國外，也看不到什麼電影和娛樂節目，對西方的流行時尚更是比較有隔膜，因此別人談論這些話題時，我們總接不上話茬兒（譯注：為話題之意）」[10]。

從一九四九年首個外交使團海外出訪算起，這次中國外交官在聯合國，可說是學習曲線最陡峭的一回。其中有位成員把在聯合國的工作，比擬成中國外交官學校，他們在這裡首次學習到世界各國的國家利益如何相互搭配[11]。

同一時間，位於北京的外交部與各政府單位官員，競相閱讀代表團發送回來的報告，裡頭盡是外在世界的新資訊[12]。

儘管代表團要學習的東西很多，但能獲准加入全球組織，乃是中國在國際立場上的重大進展。某位成員回憶，當喬冠華在聯合國發表完首場演說之後，「我們可以感覺到中國的地位正在攀升」[13]。

事實果真如此，因為接續而來的正是一波外交承認，**每跟一個國家建立新關係，就表示中國贏過了臺灣**。中東地區，一九七一年與伊朗、科威特、黎巴嫩建立外交關係；一九七七年約旦改承認中國，接著一九七八年時利比亞、阿曼也改承認中國[14]。而在歐洲方面，中國的外交關係擴展到義大利、奧地利、比利時、希臘、西德、西班牙、葡萄牙、冰島。

在一九七〇年代結束以前，中華人民共和國總計與一百二十個國家保持著正常關係，包含了加拿大、澳洲、紐西蘭、日本，以及數十個亞洲、非洲、拉丁美洲國家[15]。最重要的是，**一九七九年美國正式承認中國**。

重新看見世界、學習基本外交

發現還有很多東西得學習的，不是只有在紐約的中國外交官而已。其實，回到世界各地工作崗位的中國大使，身上全都有項任務，就是重建被混亂動盪文革損害的外交關係，同時還要離間臺灣的外交官。然而，這一切卻相當困難。此外，中國外交官還常常會被提醒中國已落後太多，以及革命言論讓他們成為不被信任的對象。

一九七〇年中國與加拿大建立邦交，這時**中國外交官發現自己難以擺脫中國政治宣傳、接受真相**。中國駐渥太華外交官立即面臨一項感覺不太像是挑戰的挑戰：那是一間位在大使館旁邊、看起來像是老人院的建築。

中國外交官從外部觀察這棟建築物已經好幾週了，最後有一群使館人員決定入內探險、調查一番。屋內狀況看起來很不錯，又乾淨、又溫暖，每間房間地板都鋪有地毯、備有沙發，還有呼叫鈕；此外，屋內的電梯早晚皆有運作，通往住客樓層的空間還設有小酒吧、休息室、圖書室。

一行人得到很清楚的結論：這間屋子是設計來誘騙中國的詭計，展現西方資本主義世界的環境條件。只不過，中國外交官後來在加拿大各地都有看到類似的機構，才意識到真相：這就是加拿大人的生活方式。

「一開始我們以為這間養老院是加拿大的宣傳櫥窗，」某位武官回憶：「後來才了解，在加拿大各個大、小城市，都有類似的養老院，其數量能滿足當地的需要。」[16]

這群外交官的行為，其實也跟他國政府與北京當局打交道的方式很相似：將自己國家政治體制如何運作的假設，投射在中國。外交政策術語稱之為「鏡像」（mirror imaging），這是美國中情局分析師受訓時被告誡得留心的陷阱，更是西方世界與中國建立的關係中，近乎持久不變的特徵[17]。

一九八〇年代，當美國議員提出與中國有關的棘手議題時，中國外交官會直接衝進美國國務院的中國辦公室，指示辦公室裡的官員：「請管好你們的國會！」[18]籌備二〇〇八年夏季奧林匹克賽事期間，中國當時的最高外交官戴秉國，還質疑法國外交官為何沒有更努力阻止法國媒體毀謗中國在西藏的作為[19]。好似美國和法國外交官真有這樣的權力。

至於在發展中國家的情況，也沒有太大差別。抵達委內瑞拉（Venezuela）的中國外交官，被各地的高樓建築數量驚呆了。而派往肯亞的外交官，則是他這輩子第一次見到空調、計程車、商業停車場[20]。

更讓中國外交官感到慚愧的是，**許多人開始覺得自己連基本外交都不甚理解**。多數資深外交官都是不諳外語的老革命家，而年輕外交人員的外語技能，則是在文革期間退步不少。外交官被派出來代表中國，但他們被派往的社會往往讓他們感受到具攻擊性的威脅，也就是他們在文革期間見識過的那一種。

中國未來外交部部長李肇星的經歷，正好可以說明這方面的問題。一九七〇年，三十歲的李肇星剛抵達肯亞，該國限制中國位在其首都奈洛比（Nairobi）的大使館只能有八位工作人員，且儘管他們都具有外交人員身分，還是會被定期搜查。

這其實並不奇怪，因為在一九六三年，肯亞與中國建交後沒幾年，肯亞外交官就在北京街頭被威脅。一九六七年，中國大使館在肯亞首都發送「小紅書」之後，肯亞就撤回派駐在中國的外交人員，同時也驅逐一位派駐肯亞的中國外交官。

還有一回，使館人員跟往常一樣定期來到當地的稅務機關，但李肇星發現工作人員接連好幾年，向肯亞政府繳納了根本就不需要支付的土地稅，因為依據《維也納外交關係公約》（Vienna Convention on Diplomatic Relations），外交財產享有豁免權，這可是李肇星在大學裡學到的知識。但是，使館內沒有任何人想到可以套用這條基本的外交實務原則，而當地稅務官員則是跟李肇星說：「我們沒有要你們繳稅，但你們繳來，我們也就收了。」[21]

至於使館內部也同樣令人焦慮不安。跟其他中國人一樣，中國外交官也耗費了五年時間，捲入殘酷的派系鬥爭與個人攻擊。現在，卻要擺出一切都很正常的態度，各自回到工作崗位。

由於四人幫在北京依舊握有權力，所以官方不太可能處置與文化大革命相關的事件，外交官只得靠自己來解決了。一九七二年，中國派駐西非迦納的大使返回崗位時，曾在北京攻擊過他的多位幹部之中，有一位此時被派來當他的部屬，這位年輕官員只好親自向長官致歉，之後才開始工作[22]。

北京也出現了最壞情況可能已然過去的跡象。一九七二年一月六日，陳毅歷經長時間抗癌後離世了，但閉眼前他依舊是個在政治上不受歡迎的人物（譯按：persona non grata，依據《維也納外交關係公約》，可被請出國境）。有好幾個月時間，陳毅的醫師都堅稱他沒有什麼大問題，就是為避免治療他而招致自身的政治危險。

由於陳毅的政治忠誠度遭到質疑，一月十日追悼會原本該是很低調的。毛澤東不會出席，所以長期與他共事的資深外交官多數也不會出席。

不過，就在追悼會當天，七十八歲的毛澤東突然宣布，他下午不跟往常一樣睡午覺了，他打算出席葬禮。當時，他還穿著睡衣，直接在外頭套上大衣就出門了；又因為沒有梳子，所以毛澤東的保鑣直接用手指幫他整理油膩的頭髮。

周恩來也趕緊順勢應變，快速聯繫原本被告知不要出席喪禮的人員，通知大家現在可以去了。此外，他也迅速安排記者和攝影師，飛奔前往喪禮現場，好在毛澤東抵達時有媒體迎接。

周恩來的紅旗禮車更趕在毛澤東之前抵達現場，這樣他才有時間親自確認每個細節都安排妥當。國有媒體也正式宣告毛澤東出席追悼會隱含的意思，說明了改變正在進行中[23]。接下來發生的事，也就沒那麼曖昧不清了。

每一趟參訪，都是精心排練過的演出

一九七二年二月二十一日，美國總統理查・尼克森降落北京。雖沒有群眾迎接，但在場有身穿灰色毛裝的周恩來，與約莫二十五名中國官員及樂儀隊。在關心過尼克森這趟飛行之後，周恩來看到了季辛吉，隨即說道：「啊，老朋友！」[24]

乘車前往市區的路上，周恩來轉向尼克森，說道：「你的手伸過世界最遼闊的海洋來和我相握——二十五年沒有往來了。」[25]

尼克森被帶到釣魚臺國賓館——中華人民共和國十週年國慶時，赫魯雪夫也曾下榻於此。至今，

▲ 1972 年，時任美國總統尼克森出訪中國，與周恩來敬酒。（圖片來源：維基共享資源公有領域。）

這棟建築物還會用來舉辦大型或是較為敏感的外交會議。

午宴過後沒多久，周恩來走向季辛吉，告知毛澤東想要「儘速」見到尼克森總統，所以兩人就跟著周恩來，到中南海官邸會見毛主席。原本預定只見面十五分鐘，但最後聊了超過一個小時。

「你的書，《六次危機》，是本不錯的書，」毛澤東向尼克森如此說道：「在你選舉時我是投你一票的。我喜歡右派。」

不過，當尼克森嘗試要跟毛澤東討論中美關係時，毛澤東則示意要他找周恩來談：「這些問題不是我職權內該討論的，應該與總理談。我討論哲學問題。」[26]

尼克森被帶去北京各處的觀光景點，也去了上海、杭州等地。**如同大躍進時期前來中國視察的外國人一樣，尼克森團隊看到的中國，也都經過精心的安排。隨行的美國記者發現，明十三陵和長城的「遊客」，都是中國政府用巴士載來的**[27]。尼克森參訪上海時，市民被下令禁止在室外晒衣服，以確保上海市區看起來有文化，而非雜亂不堪[28]。

這種表演的直覺本能，可說是中國長期以來的傳統。二〇一七年五月，來到北京出席習近平一帶一路高峰論壇的訪客，居然看得到難得一見的藍天，是因為論壇開幕前北京的工廠被下令停工。觀光景點、主要路口、地鐵站等地全都有維安人員監看，從使人畏懼的人民武裝警察部隊，到配戴紅袖章的北京退休人士，通通都在監督。此外，夜店也被勒令暫停營業，北京三里屯熱鬧的酒吧也被下令暫停脫衣秀，直到論壇閉幕為止[29]。

亨利・季辛吉後來回憶：「**每一趟到中國的訪問，都像是精心排練過的演出**，沒有偶然、也沒有當下才發生的情況。」[30]

但不論有無精心設計，尼克森來訪可說是周恩來外交生涯的發展顛峰，也就是從延安到日內瓦這數十年間的成就高峰。時間點中國國內正逢騷亂，這趟訪問行也改變了冷戰時期的發展，更扭轉中國與蘇聯抗鬥的局面。

只不過，這項成就也為毛澤東治理的中國帶來問題。國有媒體《新華社》讚揚這趟參訪，刊登國際間對周恩來所扮演的角色表示認可與讚美的內容。周恩來看到後，立即嗅到危機，並訓斥了報社[31]。**中國政治體制乃架構在對單一個人的公開崇敬之意，那個人就是毛澤東，沒有人可以比主席更耀眼**。

周恩來對危險的直覺一點都沒錯。毛澤東在季辛吉祕密來訪之後，派出——瀟灑自豪出現在外交部食堂的——表侄孫女王海容與自己的口譯員唐聞生，到外交部監視大家對周恩來的評論。此時，毛澤東也開始抱怨外交部不夠尊重他對世界變革的觀點[32]。

不久後，外交部內部開始有傳言，指出毛澤東把外交部稱作為「獨立王國」，這可不是件好事[33]。

正式建交的前奏

當毛澤東因周恩來出了名而生悶氣之時，尼克森帶領的美中關係則持續改善，雙方關係也逐漸走出原本的祕密溝通管道——那是為度過歷史性緩和關係而用。

一九七三年二月，中美兩國宣布將在彼此的首都互設代表處，這就是正式建交的前奏曲。駐華盛頓的中國代表是將軍大使黃鎮，尼克森則是派出戴維．布魯斯（編按：David Bruce，首任駐北京聯絡處主任）來到北京[34]。

與此同時，雙方的情報單位也感覺到機會來了。中國同意美國在駐北京代表處派駐一位情報官，交換條件就是中國也可以派一位情報官到華盛頓。美國的選擇是長期在中情局任職的李潔明（James Lilley），他後來也成為美國駐中國大使。依據李潔明的說法，當時北京選擇會說英文的外交部官員謝啟美，其職位被安排在代表處的文化單位。然而，直到今日，中國國家安全部探員也同樣還是掛在文化單位之下[35]。

除了政府高層的往來關係之外，兩國政府以外的單位也開始發展關係，其中包含設立美中貿易全國委員會（US-China Business Council，後改名為 National Committee on US-China Relations）。

兩國關係大逆轉，最興奮的當屬美國商業團體。見到中國消費者有上億人之多，美國商人都被吸引了，開始為各自的中國策略布局。其中，最堅持不懈的一位或許就是可口可樂（Coca-Cola）的傳奇執行長約翰．保羅．奧斯汀（John Paul Austin）了。

黃鎮剛抵達華盛頓，奧斯汀隨即跑來拜訪，堅持讓這位前將軍試試可口可樂的產品，但是黃鎮拒絕了，他表示自己比較喜歡喝茶。不過，奧斯汀位在華盛頓的辦公室，還是每週定期送飲料給代表處，甚至還送一臺冰箱給中國外交官，好讓他們可以冰鎮飲料[36]。

一旦中國被批評，就要立即離席

縱然中國外交開始正常化了，但外交機構內的氣氛依舊充滿隱憂。外交部內部此時的政治鬥爭，可歸因於現代所稱的「喬老爺」和「金花」兩個派別。

「喬老爺」指的是龔澎的丈夫喬冠華，他以前是位記者，一九四〇年起開始在中國外交政策上扮演著重要的角色。一九七四年，喬冠華從姬鵬飛手上接下外交部部長一職，而姬鵬飛則是在陳毅離世後，負責看顧外交部的人。

至於「金花」，指的是王海容和唐聞生，兩人都是毛澤東心腹，負責密切監看周恩來在國際媒體上的露出。因為她們可以直接與毛澤東接觸，因此在政治上成為碰不得的人物，也讓喬冠華很難在外交部內施展掌控權，迫使他一度寫信給毛澤東請求協助[37]。

某位外交官回憶：「當時工作就像是在走鋼絲，一個小行為可能就會招來斥責。」[38]

不過，日子最難過的可說是中國派駐蘇聯的外交官，因為中國與蘇聯的關係也被捲入國內政治，起因就是毛澤東打算要擊垮「修正主義」。駐莫斯科大使館的人員接到命令，表示**只要中國或中共領導階層被批評，他們就要立即離席，如果不這麼做的話，可能會構成「嚴重的政治過錯」**。

有一次，外國媒體刊登有關劉新權大使的報導，指出這位前將軍聽到中國被批評，遂起身鞠躬、離開會議室。後來外交部發電報給劉新權，詢問這份報導的內容是否屬實，劉新權就震怒了：「我劉新權在戰場上丟腦袋都不怕，怎麼會向蘇修（蘇聯修正主義）鞠躬？」[39]

除了外交部內部的派別在製造問題，外交政策——尤其是對美國的外交政策——也成為重要的指標性戰場，反對與美國親近的有包括江青在內的「四人幫」，與其對立的則是期盼可以與美國有更為務實關係的另一群人。也因為如此，沒有小事可言，每件事情都是大事。

江青介入外交事務，微小細節都要管。一九七三年，中國訪問團到美國視察電視螢幕工廠，團員收到禮物——玻璃蝸牛。為了要拉開中國與美國的關係，江青刻意把禮物解讀成是在侮辱中國，因為蝸牛暗指中國爬得很慢。為此，外交部執行兩份調查，探討蝸牛在美國文化裡的意涵，得到的結論是這份禮物並沒有冒犯的意思，而毛澤東也同意調查結果[40]。

接著，毛澤東的不滿漸漸聚焦在周恩來身上。一九七二年五月，周恩來被診斷出罹患膀胱癌，但毛澤東不准許周恩來接受醫治，並告訴他的醫生這癌症無法治癒：「不要告訴他本人。不告訴，不要開刀，還會活得長久一些。」[41] 因此，就算癌症惡化，且屢屢在凳子上看到血，周恩來依舊待在崗位上，繼續接見海外代表團[42]。

在此之前一年，周恩來開始為未來中美關係盤算。出自於真心的策略謀劃，周恩來挑選了一小群學生，派往英國的巴斯大學（University of Bath）和倫敦政治經濟學院深造，除了精進英文之外，也增進對西方世界的了解。

一九七二年秋天，第一批學生抵達英國、開始上課，科目包含國際關係、歷史、發展研究。這些身穿毛裝到校上課的學生，一開始覺得上歷史課特別挫敗。倫敦政經學院負責教授國際關係的名譽教授邁可・葉胡達（Michael Yahuda），告訴《南華早報》（*South China Morning Post*，香港銷量最高的英語報紙）：「這些中國學生，花了好一段時間，終於才接受沒有權威解釋（authoritative explanation）這件事。」私底下有些學生也承認，看到家鄉所發生的一切，他們相當苦惱[43]。

後來，這批學生成為中國外交部美洲司的主要支柱，出任多項要職，包括成為駐華盛頓的大使楊潔篪（二〇〇七年至二〇一三年任外交部部長），張業遂和周文重也成為駐美國大使，而王光亞則是駐聯合國大使。其中，以楊潔篪特別受到外交部重用，一路當官直達政治局。說來奇特，**即便後來周恩來過世了，他的勢力仍持續影響著中國外交高階人員的任用**。

話說回來，周恩來這時的政治麻煩，依舊不斷增長。一九七三年六月，周恩來帶了位越南代表來到延安。這次參訪也是共產黨撤離延安後，周恩來首次回到延安。但是，周恩來發現自己以前居住的地方被鎖了起來，民眾不得進去[44]。周恩來沒有和毛澤東站在同一邊，所以他被處罰了。

該年十一月，**政治局舉辦了一場會議批評周恩來**。毛澤東認定，周恩來與季辛吉會面時，犯下了「右傾錯誤」[45]。其實，這時毛主席越來越獨來獨往，就算要跟領導階層交代事情，也是透過唐聞生和王海容傳遞訊息給周恩來，然後再由周恩來傳達給政治局[46]。

一九七四年，毛澤東決定由鄧小平代替周恩來前往聯合國。這時，鄧小平才剛重新返回政治舞臺不到一年的時間。周恩來的官方自傳作者高文謙，把這項決策描述為毛澤東殘酷的刻意操作。不過，周恩來被診斷出癌症也很有可能是原因之一[47]。

遠在海外的外交官，只能靠著家鄉捎來的片段資訊，猜想中國國內實際發生的狀況。某位派駐聯合國的外交官，從電報得知鄧小平將於一九七四年來訪時，心中湧起一股興奮感，因為他猜想這代表著中國外交政策將出現較為正向的轉變[48]。

此趟旅程之中，鄧小平以精準用字傳達毛主義的立場，闡釋毛澤東理論的「三個世界」，也譴責蘇聯霸權。鄧小平也短暫到訪紐約郊區，甚至在華爾街時還故意向助手提議，中國應該跟美國多多學習[49]。

不過，其他訊號則是指向完全相反的方向。一九七四年底，四人幫把某位中國外交官，從柬埔寨調派到西非的茅利塔尼亞（Mauritania）去「餵蚊子」，原因是要處罰此名外交官在「批孔」運動中過於尊敬周恩來[50]。一九七四年底，外交使節收到指示，要大家加入四人幫推動的「批鄧」運動，因為四人幫反對鄧小平的改造計畫。為此，華盛頓代表處舉行了幾場會議，但都沒有人願意站出來說話[51]。

一九七五年，毛澤東與時任美國總統傑拉德．福特（Gerald Ford）在北京會面時，公開談論外交部的內部鬥爭。會談上，福特很有禮貌的向毛澤東表示，非常感謝中國在華盛頓設置聯絡處，也希望聯絡處主任黃鎮能夠留任。對此，毛澤東則給出這樣的回應：「有些年輕人對他（指黃鎮）有意見，而有兩位年輕人（指王海容和唐聞生）對喬老爺有意見。這些人可都不能被輕忽。」[52]

這種循環相當累人，也讓人感到茫然。每次政治上出現戲劇性轉折，都會把事態搞得更加疲憊、耗損，不只有腐敗、小心眼的政治追擊，所有陷入其中的人風險也很高。

到了一九七五年中，周恩來已經病到無法再出席外交活動[53]，是時候得交出些工作了。

周恩來離世，沒有人可以保護中國外交官了

一九七六年一月至一九七八年十二月，這幾個月裡，中國遭逢彷彿看不到盡頭的一連串政治衝擊。不過，結局倒是穩固了中國外交、啟動市場改革，讓中國朝超級強國之路邁進。

事後看來，此結果相當合理、很自然，但對當時的中國外交官來說，是不太可能會發生，甚至是無法想像得到的結果。當時，中國的命運就懸掛在某一種平衡以及過往十年的恐怖經歷之上，這些經歷讓中國外交官認清各種風險，而**中國外交官能做的，就是等待來自北京的政治訊號，再做出回應，並想辦法在堅定的信念與選錯邊的風險之間取得平衡**。

第一個衝擊發生於一九七六年一月八日，這天周恩來離世了。當天早上，消息傳到外交部時，整棟建築裡的官員都哭了起來。海外中國外交官得知消息時，也都掉下眼淚[54]。

這份哀傷之情很是自然。因為周恩來是共產中國的外交之父，在中華人民共和國出現之前，周恩來便一直在看管外交相關運作。外交人員時常覺得同時被外在世界和自身政治體制威脅夾擊，所以對外交部裡的這一群人來說，周恩來的存在總是那麼仁慈、溫和。

不過，在毛澤東治理的中國裡，沒有所謂單純的行為。**哀悼周恩來，等同於展現個人的政治立場，每一滴眼淚都是在表達個人的政治信念**。四人幫似乎就是想要強調這一點，隨即禁止外交官到天安門廣場向周恩來致意。然而，許多外交官還是去了。外交部部長喬冠華、華盛頓

的中國代表黃鎮，還有許多位資淺的外交官，全都前往廣場致意[55]。

同時，**外交部黨委員會也下達禁令，不准大家複製或傳播獻給周恩來的詩詞和哀悼詞，大使館則是被禁止降半旗**[56]。四人幫甚至還企圖壓下周恩來過世的新聞，將其貶到《人民日報》第四版，但最後未能成功達到此目的。此外，他們還把官方訃聞中，論及「向周恩來學習」的地方都拿掉[57]。

而派駐世界各地的中國外交官，選擇忽略禁令：駐義大利的外交官哀悼周恩來的時間，遠遠超過上級所允許；而在日本和地中海島國馬爾他（Malta）的外交官為了表示抗議，索性完全不升旗[58]。

這些作為儘管看來微不足道，但要下定決心這麼做需要有一點勇氣。畢竟，使館人員在過去十年才學到，傳遞錯誤的政治訊號可能得付出多大的代價，但他們還是這麼做了。**隨著周恩來的離開，往後不知會發生什麼事情，但唯一可以肯定的是：沒有人可以保護中國外交官了。**

一九七六年四月，鄧小平再度失去所有的工作職位，接著被軟禁在家。該年七月，革命將軍、協助毛澤東設計出游擊戰術的功臣朱德也離世了。而就在同個月，中國北方工業城市唐山發生破壞力極大的地震，引發的地震波威力，是廣島原子彈的四百倍[59]。就連遠在一百六十公里外的北京市，外交部所在的建築也嚴重受損，以致於與來訪貴賓的會議得改辦在外頭搭設的帳篷裡[60]。餘震時，在建築物裡的人員都會看見頭頂上垂吊的燈搖搖晃晃，還會聽見很不尋常的噪音。

不過，這些情況與即將要爆發的政治火山相比，可能還算是小事。

毛澤東逝世，鄧小平登場

一九七六年九月八日，張兵正在忙著太平洋群島國家薩摩亞（Samoa）元首馬列托亞．塔努馬菲利二世（Malietoa Tanumafili II）的晚宴，卻發現服務生突然跑起來上菜。

張兵靠著自己的努力成為外交官，幾年前還被送進勞動營受苦，現在則是在人民大會堂出任務。會堂位在天安門廣場上，乃是展示中國國家禮儀的史達林主義大型中心。另一位在大會堂裡執勤的是楊潔篪，此時二十六歲的他剛從英國留學歸來，在外交部出任口譯工作。

工作人員跑起來是非常罕見的狀況：中國國家級宴會裡的餐飲上菜流程講求精準，程序繁瑣漫長，往往會耗上約莫三個小時。不過，這天基於某些原因，工作人員被告知要加快速度，整場宴會得在一個小時內就結束。

這晚一起待在同一間屋子裡的資淺外交官，都能感受到些許不對勁：在場的長官各個看起來都憂心忡忡，尤其是副總理華國鋒。長官已經知道了，但張兵與其他低階外交官得等到隔天早上才會知道原因：毛澤東快死了[62]。

這年，毛澤東八十二歲，前一年剛被診斷患上運動神經元疾病（motor neuron disease，俗稱「漸凍症」）。毛澤東患有白內障、雙眼已半盲，感染多種性病，又因為數十年來大吃肥豬肉成性，所以心臟也有毛病。九月二日心臟病發作，到了九月七日則是開始心悸，因此政治局成員開始在他床邊守著，九月九日午夜過了十分鐘後，毛澤東離世了[63]。

隔日早晨，負責接待的中國外交官準備送薩摩亞元首離開時，也接到了消息。大家因為驚嚇而愣了一下，接著才掉下了眼淚[64]。

毛澤東的遺囑是死後要火化，但他對共產國家的正當性實在重要，所以官員不願火化他。政治局後來決定要跟列寧一樣，把毛澤東的遺體保存起來[65]。不過，問題就是沒有人知道該如何保存遺體。

此時，中國與蘇聯的關係充滿火藥味，代表他們不可能直接詢問蘇聯醫師該如何保存遺體。於是，駐蘇聯的中國外交官前後兩次被指派前往列寧圖書館，尋找保存這位俄羅斯布爾什維克革命英雄遺體的配方，不過都無功而返[66]。

倒是越南共產黨比較幫得上忙。河內市的中國外交官成功說服當地官員，解說了越南國父胡志明遺體防腐的處理方法[67]。

此外，為遺體防腐失敗預作準備，中國政府也派遣倫敦的研究人員，前往杜莎夫人蠟像館（Madame Tussauds）學習蠟像技術，結果卻讓人感到氣餒，因為中國的技術早已超越英國[68]。

經過一番混亂的反覆試驗，北京的醫師終於找到方法。但研發實驗過程中，毛澤東的遺體被打滿了福馬林，多到會從身上各個洞口流出，且這位已逝主席的脖子已腫得跟頭一樣粗[69]。

這樣一來，解讀北京當局訊號的難度又升級了，因為四人幫與毛澤東指定接班人華國鋒展開權力鬥爭。相較來說，來自毛澤東家鄉湖南省的華國鋒，是較不知名的副總理兼公安部部長，不算是很具吸引力的選擇，但優點就是起碼他不屬於四人幫。

「他的樣子就像共產國家強硬的公安頭子，」毛澤東離世前，就曾與華國鋒會面過的新加坡國父李光耀如此表示：「在會談中只知道照念他的講稿。」[70]

十月六日，駐羅馬中國大使館初次聽到來自北京的傳聞——四人幫垮臺了，卻遲遲沒有收到官方的通知。外交官每晚都會聚集在一起，監聽國內外廣播節目，把聽到有關北京發生的事情寫在紙條上，依據各種不同條件，分類、張貼在使館辦公室牆上，試圖了解中國接下來的局勢發展。

過了十一天，終於捎來消息：四人幫下臺了[71]。華國鋒成功取得了黨內重量級長老和軍事領導的支持，因此效忠於這些黨內長老的軍隊，逐一逮捕四人幫成員。

中國各地與外交部內都狂喜不已。從華盛頓到巴黎的各地外交官，以及許多負擔得起的中國人，全都在吃螃蟹——三隻公蟹與一隻母蟹——慶祝[72]。在中國民間故事裡，橫著走路的螃蟹時常被用來形容擋住他人去路的霸道之人[73]。

派駐委內瑞拉的中國大使凌青，從延安時期就開始追隨周恩來，直到周恩來逝世。他對這些日子的心情總結是：「文化大革命就像是惡夢一場，現在終於結束了。」[74]

外交部部長喬冠華，這時就成了四人幫垮臺的受害者。當初，為了趕緊掌控外交部，以及挺過鄧小平的第二次肅清行動，喬冠華試圖與江青結盟（他的某位朋友為此感到失望，而喬冠華的回應是：「識時務者為俊傑嘛！」）。

十二月時，喬冠華空出來的位置，由黃華——當年帶愛德加·史諾到延安的激進學生——接下[75]。

即便四人幫下臺了，但中國未來的方向還是非常不明朗。縱使鄧小平已於一九七七年七月復位，但許多大使館沒有收到新指令，所以仍持續散播批評鄧小平的言論[76]。一九七七年八月，黃華與聯合國祕書長會面時，堅稱一切都沒有改變：在華國鋒的領導之下，中國人會堅守毛主席的革命立場[77]。

華國鋒位居高位的日子相當短暫。他接手的國家渴望改變，但他本人卻無法給這國家的未來提出不一樣的遠見。華國鋒的重要口號「兩個凡是」，也就是「凡是毛主席作出的決策，我們都堅決維護」，以及「凡是毛主席的指示，我們都始終不渝的遵循」。這套政治操作了無新意，因此華國鋒很快就失去當初協助他消除四人幫的黨內溫和派人士支持。

另外，華國鋒個人也缺乏吸引人的特質，無法贏得人心。很快的，鄧小平就戰勝了華國鋒，因為鄧小平找上周恩來在中國官僚體制內的舊盟友，還巧妙運用毛澤東口號來傳遞訊息，承諾會走務實路線、會做出改變，**鄧小平表示：中國應該要「實事求是」**。

在鄧小平前方的任務非常巨大，因為**中國經歷十年政治衝突，留下傷疤之餘，國家也被撕裂，以致於在衝突發生前數十年贏得的友邦關係也漸漸疏離**。一九七八年時，中國被列入全世界最貧窮國家的行列：人均國民生產毛額是美國的四十分之一，巴西的十分之一[78]。中國占全球經濟的四・九%，只從一九四九年的四・二%爬升了一點點[79]。

一九七八年十二月，共產黨開了一場重要會議，為中國未來二十年卓越經濟改革鋪好前進的道路。中國共產黨第十一屆中央委員會的「三中全會」上，宣布「實踐是檢驗真理的唯一標準」，這道神祕訊號傳達了中國政策制定將明確轉向務實主義[80]。

此時，華國鋒雖仍保有官方頭銜，但實權則是掌握在鄧小平手上。鄧小平的重要盟友都被晉升到負責統治國家的政治局，其中包含了改革派的胡耀邦，此外周恩來的遺孀鄧穎超也進入政治局[81]。

一九〇四年，鄧小平出生於四川省的上流階層人家，年輕時留學法國，結識周恩來，回中國前又前往莫斯科求學，也挺過嚴峻的長征。一直以來，毛澤東都很欣賞鄧小平技術官僚的能力與政治上的無情。一九五一年，毛澤東甚至還得約束在中國西南部的鄧小平，對「反革命分子」展開的殺戮狂熱。身高只有一百五十七公分的鄧小平，於文革期間被肅清多次。鄧小平年紀最輕的小弟自殺身亡，而他的兒子鄧樸方——不管是被推還是自己跳的——從四層樓高的窗戶墜樓後，即半身不遂[82]。

透過外交部的官僚體制，北京政治逐漸出現轉變。**大使館被告知要強調「四個現代化」，這是周恩來在一九七〇年代中期公開推出的經濟發展計畫，後來也受到鄧小平的認可。**這四個現代化所鋪設的藍圖，乃是為了讓中國的農業、工業、國防、科學技術趕上世界。為達成這些目標，大使館被告知要研究駐在國的經濟與科技發展[83]。

芮效儉（Stapleton Roy）是位中階外交官員，後來成為美國駐中國大使。由於他分別在一九七六年、一九七七年、一九七八年陪同美國國會代表出訪中國，所以親眼見證了中國政治環境的轉變。

芮效儉指出：「每一年的政治立場都全然不同。第一年鄧小平是走資本主義的人，隔年四人幫被肅清、鄧小平不再被批評；到了一九七八年春天，鄧小平倒成了位好人。」[84]

鄧小平取代毛澤東的位置，成為外交政策的最終裁決人。鄧小平下的指令，為中國外交政策的未來，也為歷經十年動盪失去活力的中國外交官，帶來了確定感。

由於中國政府努力要往前走，外交官沒有什麼機會討論過去到底發生什麼事。最接近算帳的一次，應該就是一九七九年六月在北京召開的大使會議。外交部把大家聚集在一起批評文革的暴行，有些施暴的人與其受害者，還在小組討論中相互面對面[85]。

無論是對外的外交政策，還是對內的國內政策，鄧小平都走務實路線。如同一九五〇年代周恩來的魅力攻勢，讓歷經數十年戰爭與革命的中國，有發展經濟的空間，**鄧小平的外交政策也讓中國有空間可以發展經濟**。不過，這一次共產中國不是從蘇聯輸入五年計畫的知識來運用，而是**展開一系列實驗，測試市場與其他資本市場的做法**。

一九七八年十二月，三中全會取得結論之後，美國與中國終於建立完整的邦交關係。建交宣布不到一週的時間，可口可樂公司即與中國政府達成協議，開始銷售那甜甜的汽水[86]。可口可樂憑藉自己的本事，跨出重要且具象徵性的一大步。不過，這項交易只是一波夾帶著資本主義與西方政治理念的洪流，湧入中國的開端。這轉變讓中國人民變富有，但同時也證實了這個國家最神聖的建國神話竟是一派胡言。

第 8 章

戰狼經典：戲劇性的憤怒表達

1981 年，雷根當選美國總統，考慮銷售戰鬥機給臺灣。對此，中國外交官不談判，竟花 6 小時怒斥美方。

一九七九年一月，黃華出現在前往華盛頓特區的包機上，陪同中國實質上的領袖鄧小平參訪美國，這可是幾週前兩國正式建交後的首次訪問[1]。

這支中國代表團飛越太平洋期間，鄧小平突然變得異常多話。他一度轉向身旁的幹部，說出他當下的反思：「回頭看看這幾十年來，凡是和美國搞好關係的國家，都富起來了。」[2]

對黃華和整個中國而言，這趟訪問象徵徹底的改變，且是個出乎意料的轉變。年輕時，黃華擁護共產黨，曾住過山洞，也曾透過非官方管道（像是藉由愛德加・史諾）與美國接觸。後來，日內瓦會議和文化大革命期間，黃華代表的是不被信任的國家。而到了現在，黃華已是外交部部長，代表一個掌權三十多年的政府。此時，黃華所屬的國家還逐漸與美國組成季辛吉所稱的「默契聯盟」（tacit alliance）。

從華盛頓迎接鄧小平的華麗排場上，可見證到這轉變的規模之大。時任美國總統吉米・卡特（Jimmy Carter）在白宮南草坪迎接鄧小平與隨行幹部，一行人看著自家國旗在美國首都升起，接著面帶笑容與驕傲走上紅毯。

鄧小平與美國國會議員碰面，還在好幾本封面是自己照片的《時代週刊》上簽名。此外，卡特更在橢圓形辦公室接見了鄧小平。

然而，就許多面向來看，這時的世界似乎卡關了，因此這次訪問行可說是罕見的重大進展。英、美兩國因經濟成長疲軟和通貨膨脹失控而陷入苦惱，蘇聯捨棄赫魯雪夫的改革派衝勁，在雷奧尼德·布里茲涅夫（Leonid Brezhnev）的領導之下陷入長期停滯。此外，《大衛營協議》（*Camp David Accords*）的重大突破，的確為埃及和以色列帶來和平，但這道光芒很快就被伊朗革命（Iranian Revolution）與蘇聯入侵阿富汗帶來的動盪不安給掩蓋。

鄧小平則是鐵了心要帶中國脫離困境。數週前，鄧小平在三中全會上，裁定「實踐是檢驗真理的唯一標準」，等於是為中國打下根基，準備迎接中國歷史上的巨大轉變，而地緣政治轉向美國也給鄧小平一個喘息的機會，好讓中國得以繼續在國內推動改革。

訪美期間，鄧小平已利用機會吸取經驗，學習如何改革中國經濟。參訪波音（Boeing）位於西雅圖的工廠時，鄧小平告訴工廠主人，中國有「許多東西得向美國人

▲ 1979 年，鄧小平訪美期間，參觀美國國家航空暨太空總署（National Aeronautics and Space Administration，縮寫為 NASA）。（圖片來源：維基共享資源公有領域。）

民創意十足的工業文化學習」。鄧小平也詢問可否參觀國有企業，可惜這時是週末，所以沒能成行，不過他還是前往國家造幣廠（National Mint）。此外，鄧小平還在德州休士頓戴上十加侖帽（譯按：ten-gallon hat，外形近似牛仔帽），公開與美國民眾互動。

鄧小平在國內推動經濟改革，在國外則與西方世界接觸，揭示中國卓越學習與試驗時期的開端。

資本主義真的如此邪惡嗎？

此段過程中，外交官可說是先鋒部隊。**相較於北京最高權力階層的官員，外交官更清楚中國到底落後了多少**，更發現此時還得面對一項不安的事實：**比起共產主義，長期被自己痛斥的資本主義模式，其實帶來更繁榮、更好的生活水準**。為此，有些人甚至開始對共產黨一人獨攬大權這點提出質疑。

其中，最具開放性思考的人士就是柯華，後來他成為習近平的岳父。一九七八年，柯華派駐倫敦，時任英國首相詹姆士・賈拉漢（James Callaghan）帶領的工黨處境艱難，其執政期更是走到了尾聲，此時柯華儼然身處於新自由主義時刻（neo-liberal moment）的前線。

英國與世界各地一樣，政策決策者開始對凱因斯主義經濟學（Keynesian economics）失去信心，戰後繁榮穩定的經濟，已逐漸被新風險與各種意外發展取代。工人上街遊行，甚至還會在街上製造暴亂。重要智庫，像是國家政策研究中心（Center for Policy Studies）和亞當斯密研究所（Adam Smith Institute），則是努力把英國從國家控制推往自由市場[3]。一九七九年五月，柴契爾夫人就會成為新首相。再過不久，奧古斯托．皮諾契特（Augusto Pinochet，一九七四年至一九九〇年任智利總統）會在智利推動市場經濟，而隆納．雷根在參與新任白宮主人的競選時，將會出言反對時任美國總統卡特推出的政策，因為這些政策帶來高通膨和低成長，即「停滯性通膨」（stagflation）。

柯華的革命資歷完美無可挑剔。學生時期，他投入政治行動主義（political activism），隻身來到延安，還加入了紅軍。一九四九年後，曾在地方政府出任過幾項職務，後來才被轉調到外交部。柯華也挺過大躍進運動和文化大革命，並在中國剛開始改革時被派往倫敦。這時，他的女兒柯小明（又名柯玲玲）即將嫁給習近平，而習近平是另一位高階官員習仲勳的兒子（後來，這對夫婦「幾乎每天」都在吵架。柯小明打算搬回英國，但習近平拒絕一起搬家，所以兩人就離婚了）[4]。

從外部看來，有幾個跡象說明了柯華如何多方思考自己的處境。與英國官員在倫敦碰面晚餐時，柯華謙恭有禮、充滿魅力，表達緊扣重點[5]。在使館內部，柯華則是嘗試採納反對派的觀點。

柯華對英國的觀察，一開始是貼近個人生活。即便他們一家人不是英國公民，但兒子生病時，他發現英國政府扛起所有跟治療相關的醫療成本，甚至連水果和牛奶都有提供。柯華大半輩子都堅信這種體制很邪惡，然而，此次經歷讓他開始思索這套體制是否真是如此邪惡。柯華後來回憶道：**「似乎，我們有需要重新審思資本主義了。」**[6]

在一個挑戰黨的立場就會招致危險的國家，官員能有這樣的想法，可說是非常勇敢。儘管此時鄧小平已在中國國內推動市場改革，但沒有人知道這場試驗是否會成功，甚至也沒有人知道鄧小平能掌權多久。

中國在世界各地的外交官，都有相似的經歷，有些外交官不停談論西方資本主義的社會與經濟習慣有多麼不一樣。芝加哥的外交官，生平第一次看到二十四小時營業的商店、購物車、商品條碼、載滿易腐爛貨品的卡車[7]；而紐約的外交官，則是第一次見到西方的「白色婚禮」（中國傳統婚宴中，新娘通常都是穿紅色的長袍）[8]。

有些人則是專注於思考，想著中國可以從這些經歷學到什麼。挪威的中國外交官猛然意識到當地不斷有學生出國深造，並帶著新觀念回國[9]。派駐荷蘭、中國首位女外交官丁雪松，參訪過荷蘭皇家飛利浦（Royal Philips NV）各地的工廠，以及荷蘭皇家殼牌集團（Royal Dutch Shell Plc）的天然氣田後，把中國需要現代化哪些科技的資訊，回報給北京[10]。中國派駐愛爾蘭的首位大使龔普生，其通報北京的內容中，指出愛爾蘭推出自由貿易區這類型的實驗，後來也啟發中國推出深圳等地的中國經濟特區[11]。

柯華認為，只是把自己的所見所聞呈報上去並不足夠，所以他決定發電報回北京，直接正面挑戰馬克斯主義。他如此寫道：「跟課本教導我們的內容相反，已經有好一段時間，資本主義都不是從剝削勞工的剩餘價值（編按：surplus value，馬克斯的經濟理論認為，商品價值由勞動量決定，但資本家給付的工資只占其中一部分，其餘由資本家所獲得的利潤即是「剩餘價值」）來獲取利潤。」柯華還表示，想要在英國或是其他歐洲國家發起革命，是沒有機會的。

說實話本來就不容易，而倫敦大使館的員工更時常感到痛苦、難以招架。隨著柯華的信念開始轉移，他也鼓勵部屬自我挑戰。他向底下的外交官說：「你們一定要說實話。『文化大革命』結束之後，講實話不容易。每個人想都不想，就喜歡張口講謊話。如果你們有人覺得講實話太困難，至少謊話少說點，不然就乾脆不要開口講話。」

柯華針對經濟思想提出的觀點，並未讓自己在中國國內惹上麻煩，這可說是個時代的象徵，不過仍舊是有些限度。柯華曾想發電報給北京，傳達他在「資本主義民主」（capitalist democracy）所觀察到的優點，但沒有一位使館同仁願意把名字跟如此敏感資訊的文件放在一起，最後他只能作罷，把觀察心得放在心裡。

柯華的使館同仁會如此擔憂，有其道理。一九七九年，北京與中國各地激進分子呼籲要有自由選舉，後來就被鄧小平政府一網打盡了。一九八一年某份重大宣言裡，鄧小平與其他黨領導階層決議，絕不容忍有人反對共產黨持續以獨裁方式掌權。

不過，柯華並沒有因此喪氣，閒暇時間還是在蒐集有關政黨競爭與新聞自由的資訊，後來他更寫道：「我個人非常清楚，對於這個世代以及後續將來到的各世代而言，民主這議題是無可避免的。」

一九八〇年代裡，中國有許多人也都得到類似的結論。然而，中國外交官現階段必須先面對美國白宮的新主人，因為這位新主人為中美關係帶來了新的問題。

中國談判計謀：外交責任全部推給對方

一九八一年，前加州州長隆納．雷根成為美國新總統，承諾會以更直接的態度，面對包括中國在內的共產世界。

雷根當選的前兩年曾訪問臺灣，與當時的總統蔣經國會面，也就是毛澤東死對頭蔣介石的兒子。競選期間，雷根甚至提議與臺灣重新建立「正式外交關係」[12]。雷根屬於右翼的共和黨，該政黨偏愛臺灣的「自由中國」，視之為對抗共產中國的堡壘。

一九八一年一月，**雷根取得政權，美國政府開始考慮銷售戰鬥機給臺灣**。中國非常憤怒，威脅要調降與華盛頓的外交層級，就跟賣潛水艇給臺灣的荷蘭一樣。有些老中國通，像是副總統老布希、國務卿亞歷山大．海格（Alexander Haig，季辛吉一手帶出來的官員）等人，開始憂心過去十年取得的進展將陷入危機之中。然而，會出現這樣的疑慮，也表示中國有機會發揮影響力，因此中國外交官遂展開猛烈回擊。

同年十月，墨西哥坎昆市（Cancún）舉行南北首腦峰會（North-South Summit），黃華藉此機會對海格下最後通牒：美國應設下停止銷售任何武器給臺灣的期限，否則中國將會降低兩國外交關係層級。黃華表示，美國提供給臺灣的武器數量和品質，都要限制在卡特總統時期的程度，還要逐年降低銷售額。中國國有媒體刊出一系列相當不友好的文章，並稱讚黃華的施壓策略[13]。

海格接受了一項重大要求，也就是銷售給臺灣的武器得限制在卡特政府的程度，但隨後中國政府又進一步提出其他要求。接續幾個月裡，中美雙方舉行數場簡短的談判，黃華告訴海格：最近這幾個月都「沒有」任何進展，指控美國副總統是想要力推「兩個中國政策」。黃華堅持美國政府要訂下終止武器銷售的日期[14]。

中國外交官成功說服海格等國務院官員，指出美國應該要完成中國的要求，但海格後來與白宮反目成仇、遭到解職，這筆交易也自然跟著泡湯。雷根改提供中國一份模稜兩可的書面協議，內容提及武器銷售的「最終解決辦法」（final resolution）有其有必要性，但沒有提出確切日期。此份協議於一九八二年八月《八一七公報》確立，至今仍是中美兩國的紛爭要點。

整個談判過程裡，**黃華運用了中國經典的談判策略：展現怒氣，藉此向對方施壓**。歐巴馬執政時期的中國通傑夫．貝德（Jeff Bader），把這種「口語抨擊」形容為「戲劇化的憤怒情緒表達」[15]。

早在拿出來對付海格之前，黃華已運用這套策略數十年。一九五三年十二月，日內瓦會議前的數場談判會議裡，黃華採用的策略，美方對談人稱為「精心策劃的長篇斥責」。先前在美國中情局的報告中，黃華可是被描述為美國人「普遍喜愛」的人物，這回卻花了六個小時指責美國「很狡詐」、「行為不忠」、「意圖不軌」，席間他還一度怒視一位離席的美方代表[16]。

黃華除了展現怒火之外，還結合另一項**常見的中國談判計謀：堅持把外交關係的健全責任，全部歸給對方**。一九八九年天安門事件過後，理查．尼克森這位美國前總統前往北京參訪，鄧小平即相當無所顧忌的表示「美國應該採取主動，也只能由美國採取主動」、「美國是可以採取一些主動行動的」[17]。

楊潔篪，一九七三年曾被送去英國留學的年輕口譯員，後來也出任老布希出訪西藏的嚮導和負責人，在這段時期裡多次跟隨黃華到海外訪問[18]。未來，楊潔篪將會以外交部部長的身分，成為這兩套談判策略的主要實踐者。

中蘇關係分裂期間，蒙古外交部一直是接收這種抨擊怒罵的一方，因此他們可以用一種熟悉、了解的角度，看待中國外交關係。某位蒙古外交官在報告裡如此寫道：「毛主義性質的政治依舊沒有改變，就外交政策來說，這可說就是『抹去泡沫、留下啤酒』的行為。」[19]

一九八二年，武器銷售的公報確立之後，中國與美國的關係也穩定下來，但是中國領導階層的樂觀程度，已經遠不及一九七九年鄧小平飛越太平洋當下的心情了。另一方面，東方集團悄然無聲的發展，倒是給了中國其他選擇。

統一說詞：一貫認為、將適時發布有關消息

一九八二年三月二十四日，蘇聯領導人雷奧尼德·布里茲涅夫在烏茲別克（Uzbekistan）首都塔什干（Tashkent）發表演說，引起中國注意。布里茲涅夫仍堅持先前其對中國的批評，卻也盼望能改善雙方關係。

「我們都記得很清楚，當年蘇聯和中華人民共和國，因為友誼與同志間的合作，而團結在一起的日子，」布里茲涅夫說：「我們從不認為，兩國之間的敵對與疏遠會成為一種常態。」[20]

在機械般運作的社會主義裡，布里茲涅夫的字字句句都顯得很誘人。鄧小平立即偵測到訊號，蘇聯已準備好要改善兩國關係，所以他下達要外交部回應的指令[21]。這項任務，自然落到外交部新聞司司長錢其琛的身上。

一九五四年，錢其琛二十六歲時，出發前往莫斯科留學，這時期讓他歷經了過去三十年來

中蘇關係中特有的情緒與政治衝擊。剛抵達蘇聯首都時，錢其琛非常興奮能來到列寧革命所在的神聖之地，可是他發現住在這個社會主義天堂裡的人，也就是蘇聯公民，多數時間似乎都是在抱怨。錢其琛見證了一九五六年赫魯雪夫「祕密會議演說」帶來的惡果，以及中蘇關係決裂的開端。一九七二年，錢其琛在勞動營待了一段時間之後，回到中國社會，他感覺這地方沒有什麼進步[22]。

為了回應布里茲涅夫，外交部決定召開記者會，時間定在演說後兩天，可算是相當臨時。雖然外交部過去曾處理過媒體關係，但記者會仍舊相當罕見。由於沒有正式場地，錢其琛得在沒有講臺的情況下站著談話，而在場有八十多位記者也因為沒有椅子，全都得站著。

錢其琛指出，中國注意到布里茲涅夫的想法，並表示「我們堅決拒絕講話中對中國的攻擊」，接著才拐彎抹角的傳遞出會考慮改善雙方關係的訊號：「在中蘇兩國關係和國際事務中，我們重視的是蘇聯的實際行動。」[23]未來的外交部部長李肇星，這天負責把錢其琛的談話翻譯成英文。

結果，這場記者會開啟了為期數十年，中國外交官逐漸習慣跟外國媒體一起工作的歷程。一九八三年，中國政府決定所有具備對外職責的部門，都要指派一位官方發言人[24]。後來，外交部記者會變成每週一次、每週兩次，到最後是週一至週五都有記者會，一直延續至今[25]。

雖然現在的記者會現場有了椅子，時間通常也會超過七分鐘，但官員發表談話的方式倒是和當年沒有什麼不同。當記者提問依據二〇一九年中美貿易協定採購農產品的進度時，外交部發言人華春瑩的回應內容，猶如三十年前錢其琛說出口的話：「我們希望美方採取具體措施，落實承諾。」[26]

這種延續性是刻意為之的結果。二〇〇五年，**新聞司某位官員撰寫了一本書，解釋外交部記者會的策略，收錄各種模糊的答案和轉移話題的技巧，不僅運用了一般的公共關係技巧，也加入中國外交官的老派說詞，而常見的措辭有「我們一貫認為」、「我們將會在適時發布有關消息」**[27]。

中國外交部的文化就是行動前一定要獲得許可，這些慣用措辭則是此文化衍生出來的結果。前外交部發言人吳建民指出：「這並不代表發言人對這些問題不熟悉，而是因為口徑經過官方批准。」[28]

記者會結束後幾週，錢其琛就被升為外交部副部長，負責監督東歐邦交事務。外交部指示蘇聯司司長規畫前往波蘭的旅程，這樣錢其琛就有理由可以在莫斯科中途停留（二〇一七年時也採取同樣策略，倉促規畫習近平訪問芬蘭的旅途時，自然而然加入前往佛州海湖莊園〔Mar-a-Lago〕的行程，以利拜訪川普）。這趟旅程開啟了中蘇長達數年的關係改善進程，而鄧小平給錢其琛的指示是不可以過於躁急[29]。

一九八二年秋天，中國為正式確立與美國和蘇聯的新關係而採取行動，於九月的第十二屆中央委員會上宣布，中國尋求「獨立的外交政策」，不再與強權結盟。胡耀邦，既是位知名革命家，也是中國共產黨的正式領導人（鄧小平從未有過的頭銜），宣告表示中國「絕不依附於任何大國或者國家集團，絕不屈服於任何大國的壓力」[30]。

胡耀邦強調延續性，演講中還引用了周恩來的和平共處五項原則。然而，胡耀邦卻沒有耐性等待改變，他認為外交部裡有些人就是無法跟上。

新世代崛起，專業外交官取代將軍大使

胡耀邦對外交部的沮喪已經累積了一段時間，尤其特別對年近七十的外交部部長黃華感到失望。

一九八一年，黃華陪同改革派總理趙紫陽前往坎昆市出席南北首腦峰會。黃華從總理那邊收到的命令，是要軟化中國常表達的反蘇聯論點，因為趙紫陽不認為他們在美國發展強大的區域能得到多大的迴響。

這讓黃華與他的副手浦壽昌感到不安，所以兩人還是決定要堅守數十年來反蘇聯的標準規則。趙紫陽認為，他們的行徑就是在公開挑戰自己的權威——這是外交部官員轉為學者的劉曉紅，所提出的看法[31]。

年輕外交官越來越感到灰心，有個招致可怕後果的案例可以說明這一點。中國派駐非洲莫三比克（Mozambique）的年輕外交人員唐健生，其父親也是位官員。一次，唐健生與完全不會講外語、較為年長的外交官上級發生激烈衝突（其實兩人原本就時常爭辯）。唐健生被認為不尊重長官，被下令在使館內進行好幾回「自我批評」，之後他就失控了，向當地軍方借來一把槍，展開一場殺戮，造成長官與八位外交官身亡[32]。

對中國的新興改革派領導階層來說，體制內持續使用毛主義的談話要點，以及缺乏活力的感覺，實在是難以忍受。**胡耀邦與資深外交官召開會議，下令外交部要「整風」**。不過，與先前幾回外交部內部的「整風運動」不同，這一次**著重於減輕理念上的頑固性，以更加開放的心態接納新觀念**。

對整個體制感到越來越氣餒的外交官當中，也有些人反倒察覺到改變的機會，並努力抓住機會。鄧小平的女兒此時派駐在華盛頓大使館，她自己就提筆寫信給「耀邦叔叔」，批評使館的運作很草率、笨拙[33]。

至於黃華，該是輪到他退場的時候了。他已擔任外交部部長近五年，是該結束自一九三六年陪愛德加・史諾去見毛澤東開始，這麼長時間的外交職涯。黃華身為外交部部長的最後一個行程，乃是在一九八二年十一月去莫斯科參加布里茲涅夫的喪禮，這是繼周恩來於一九六四年訪問蘇聯之後，中國派出的代表中最資深的一位。黃華抵達時，有車隊前來迎接，蘇聯外交部副部長還親自擔任嚮導，告別式上他還被安排在特別位置[34]。

回到北京後，伍修權取代黃華成為外交部部長，他比黃華晚了八年進外交部，與胡耀邦等改革派成員關係密切[35]。

即便已從外交部正式退休，但一直到晚年，黃華的「友誼邦交」依舊很活耀。九十六歲時，黃華在二〇〇八年北京奧運賽場上，與「老友」亨利・季辛吉見面，給了對方一個大大的擁抱。兩年之後，黃華因肺和腎衰竭過世，出席喪禮的有時任國家主席胡錦濤，以及未來領導人習近平在內的各方顯要人物[36]。

同時，中國領導人也變更外交政策的制定方式。一九八一年，中央外事小組重生，為共產黨與政府大規模改組中的一部分——這個單位在一九五八年由周恩來一手創立，但文革期間完全停擺[37]。

為回應專業性與效率的這些新焦點，外交部推動改革。一九八二年，副部長的數量從十位降為六位，高層官員的平均年齡也從六十五歲下降至五十八歲[38]。此外，外交部也開始推行退休標準措施，從一九八三年起，除副部長等級以上的人員，凡超過六十歲的外交官就一定要退休。因此，**隨著第一批將軍大使退休，專業外交官出任高階職位的數量，總算是超越了退役軍人**[39]。另有重要的一點，即薪資調整，派駐海外外交官的收入大幅提升，承擔較大權力者也有了獎勵[40]。

雖然緩慢，但外交官開始逐步修復文化大革命造成的損害。一九八三年，章文晉抵達華盛頓出任大使時，發現大使官邸被閒置著，沒有人敢住在裡面，原因是擔心會被貼上政治不正確的標籤。官邸花園滿是雜草，屋內地毯髒汙不堪，牆壁上還留有粗劣的毛澤東水墨畫像，殘破到幾乎認不出是誰。周圍鄰居也都在抱怨：「這條街上，沒有一戶人家比這官邸還要髒、還要亂的。」[41]

章文晉與妻子展開緩慢的使館清理工作，隨著時間過去越顯專業，連一旁觀望的美國間諜也開始注意到變化。一九八六年，中情局的報告寫道：「一九八三年起，北京改變了華盛頓使館，從只是個監督雙邊關係的新機構，轉變成越發有效率追求中國利益的組織。」

此外，中情局也發現，負責商業、科學、技術的各單位，已從政治單位獨立而出，說明中國越來越看重專業技術人才。同時，中情局也發現，發言時開始有人願意偏離官方發言要點，有些外交官甚至獲准不出席共產黨的會議[42]。

同時，外交部也展開了漫長的專業化過程，其中軍備控制（譯按：arms control，依據國際協議，國家得限制武器開發生產與使用等管理）是重要領域，因此在一九八〇年代初期，國際事務司已有個相關小組開始運作。外交官和官方學者也被輪流派出門，出席日內瓦裁減軍備會議（Geneva Conference on Disarmament），讓大家有機會向全球專家學習。

儘管是有些進展，但到了一九八〇年代中期，中國外交部還是缺乏可與美國國務院經濟與商業事務局（Bureau of Economic and Business Affairs），或是政治軍事事務局（Bureau of Political-Military Affairs）對等的單位[43]。

提高效率和專業化，並不表示外交部長久以來的紀律與保密文化會有所改變。一九八三年加入外交部的前翻譯員高志凱，他的訓練官告訴他們這些新進人員：「不要說你不應該說的話，不要聽你不應該聽的內容，不要看你不應該看的事。」如果其他同志問你在忙什麼，新進人員被告誡要回答：「我有活動。」

紀律的要求，也延伸到身體的外在樣貌。大學時期，高志凱留了一頭長髮，但進外交部沒多久就意識到「不可有像雅痞或是嬉皮那樣政治不正確的髮型」，便前往外交部後方大院裡的理髮廳，剪了跟其他人一樣的平頭造型。外交部甚至還會派理髮師到規模較大的海外據點，以確保大家的髮型都有達到標準。高志凱後來表示：「有點類軍事作風。」[44]

儘管有一些正向改變，但外交部依然被其長久以來的弱點與限制約束。一九八四年，美國中情局的報告指出，中國在聯合國的代表「受到阻礙」，且不只是在聯合國的會議上，在其他國際會議場合也是如此，因為**中國外交官「被賦予的自主權力很少」，所以「仰賴來自北京的指示」**[45]。

目標達成：贏得全球尊重與承認

隨著外交使團的現代化，美國或蘇聯強權也不再阻礙，中國外交持續有所斬獲。無論新舊，**每一段邦交都代表著學習機會**。如同一九五〇年代中國外交官會從莫斯科寄回筆記，解釋蘇聯的經濟規畫方式，一九八〇年代中國想要嘗試資本主義時，外交官就研究美國的體制。

「他們想要理解所有基礎公民學的疑問，」一九八〇年代中期曾在美國國務院中國辦公室任職的漢克．萊文（Hank Levine）如此表示：「他們想跟美國學，想知道如何做都市規畫，認識社會安全體系的架構，也對法治系統、健康照護體制，州政府與聯邦政府的角色提出疑問。努力想要搞懂美國如何運作之餘，也著眼於了解中國可以運用哪些做法。」[46]

每一趟旅程也都是學習的機會，閒暇時間也得學習。一九八五年，中國剛成立的環境使團來到丹麥，他們意識到得利用在海外服務時培養特殊專長，便開始學習廢棄物處理的方法[47]；辛巴威（Zimbabwe）的中國外交官，跑去上駕駛課[48]；派駐聯合國的外交官，明白自己在基礎經濟學上落後了，所以把保羅．薩繆森（Paul Samuelson）影響深遠的經濟學教科書帶回家，利用晚上時間念書[49]。

學習資本主義，並不代表馬克思主義就不重要了，許多中國外交官持續堅守馬克思主義。駐倫敦中國大使館有位一等祕書，就算親眼見證並感受到柴契爾夫人推動的革新，仍舊在一九八四年五月五日前往海格特墓園（Highgate Cemetery），出席卡爾・馬克思（Karl Marx）一百六十六歲冥誕的慶祝活動[50]。

同時，中國領導人也覺得有必要在公開場合捍衛自己的信條。一九八六年，柴契爾夫人歡迎中國共產黨總書記胡耀邦來到倫敦的致詞稿中，開玩笑說馬克思自己都沒有信守馬克思主義，還警告表示理念會有壓抑「務實想法」的危險[51]。

這套說詞對柴契爾夫人而言可能無害，但中國聽眾覺得這是嚴重的理念質疑。胡耀邦看過柴契爾夫人幹部提供的致詞草稿後，要求外交官通宵修改隔天要發表的致詞內容，新版致詞稿則強調中國會堅守「中國特色社會主義」[52]。

中國領導階層嘗試確立資本主義新挑戰的走向之際，外交方面也持續推動。一九八〇年代晚期，中國與朝鮮勞動黨雖有協議上的承諾，中國外交官在正式場合上也會特別忽視南韓外交官，但中國還是著手開始與南韓建交的準備工作[53]。一九八八年，鄧小平宣布是時候建交了，為此規畫一連串活動，一九九二年正式建立邦交時，雙方關係達到高峰[54]。

中國歷經數十年的爭戰，以及無數次的挫敗之後，快速朝向長久以來的目標前進——贏得全球尊重與承認。

此外，中國也同樣持續改善與美國和蘇聯的關係。先前因為臺灣議題，與雷根的關係變得緊張，這時也越趨穩定，因此一九八四年雷根決定訪問北京。

接著，又有更多好消息浮現。一九八八年，「老朋友」老布希當選總統。中國與美國持續在阿富汗合作，而在柬埔寨也有共識——雖然有些弔詭——一起支持被趕下臺的波布（Pol Pot）政府，對抗在金邊（Phnom Penh）有越南撐腰（因此也與蘇聯結盟）的政權。雙邊的友好關係層級一路擴展到官員之間：一九八〇年代後期，中國駐華盛頓大使館的政治司司長，甚至膽子大到可以前往國務院中國辦公室的官員家中打麻將[55]。

這股溫暖感受和親密接觸，讓美國結識了中國外交的新星：錢其琛。他一直負責改善中國與蘇聯的關係，直到近期才退任。

錢其琛是位有文化素養、深受敬重的人，眼神發亮、握手時態度堅定，講話緩慢、有分寸，更能把中國論點轉換成美國人聽得懂的表達方式，可說是十分罕見的技能，同時他也是位經驗豐富的聆聽者。以往，與外賓開完會後，錢其琛會詢問幹部：「對方真正的要點是什麼？他真正要的是什麼？」直到聽過幹部的想法後，他才會提出自己的看法[56]。

美國國家安全局官員一聽到傳聞錢其琛很可能會成為下一任中國外交部部長後，遂帶他到華盛頓波多馬克河（Potomac River）旁的甘迺迪藝術中心（Kennedy Center），觀賞作曲家約翰．亞當斯（John Adams）的歌劇作品《尼克森在中國》（*Nixon in China*）。舞臺上，演員一路唱到了文化大革命，講述與毛澤東疏遠的妻子江青，為了引起其注意而賣弄風騷，此時中國大使館人員多是呈現驚嚇無聲的狀態，錢其琛倒是從頭笑到尾[57]。

一九八八年，錢其琛升任外交部部長，他也成為自一九五七年以來首位正式訪問蘇聯的部長。由於鄧小平與時任蘇聯領導人米哈伊爾・戈巴契夫（Mikhail Gorbachev）預計隔年要在北京來場歷史性會晤，錢其琛便先來籌備[58]。為了即將到來的這場會面做足準備，錢其琛得全力施展他的外交功力才行。

追求自由民主的浪潮襲來

對馬克思主義來說，一九八九年可不好過，一股不安感在共產集團內蔓延好一段時間。從一九八〇年代初期開始，中國外交官就開始發電報回北京，關於東方集團社會主義的運作情況。到了一九八四年，東德的中國大使館發現，駐在國「有越來越獨立的傾向」。此時，莫斯科控管的東歐，看來遠較以往更為衰弱。

一九八五年中國的大使會議上，東歐共產主義現況成為最熱烈討論的議題。會議結束後，越來越多大使館回傳報告，詳述東方集團越發嚴重的「矛盾衝突」。北京官員身為優秀的馬克思主義人士，相當清楚政治與社會上的矛盾衝突，可能會帶動影響深遠的歷史轉變。

波蘭再次出現團結工聯運動（Solidarity movement）。蘇聯領導階層未能發揮作用，依舊採取跟一九六八年面對捷克斯洛伐克一樣的冷酷態度時，中國領導階層對此相當不解。某位前中國大使寫道，北京當局對蘇聯集團的「離心傾向」（centrifugal tendencies）感到失望沮喪[59]。

同時，北京的政治氛圍也變得越來越緊張。通膨速度飛快、不確定國家理念的走向、對政府腐敗不滿，全部加總在一起便助長了對中國各地政府的憂心感。高官子女因犯罪被抓的罪名，從性侵、謀殺到貪汙受賄皆有。一九八四年，香港媒體報導指出，外交部副部長姚廣的兒子被捕，因為他在葉門為中國國有航空公司工作，從當地走私色情錄影帶到北京[60]。

正當有些人在哀悼，因為中國走出計畫經濟，社會穩定性流失了，其他人——特別是學生——則是越來越被自由民主所吸引，這股逐漸興起的趨勢，讓中國領導階層憂心不已。一九八七年一月，**鄧小平與其他黨內長老迫使胡耀邦辭去總書記一職，原因是質疑胡耀邦對一黨獨裁制的決心。**雖然胡耀邦本身的政治態度，從來就不如支持民主激進分子所想像，但去職一事，倒是把他的立場與象徵較為溫和、偏多人統治版本的中華人民共和國緊緊聯繫。

至於海外的發展，讓中國領導階層菁英憂心的程度更上一層樓。一九八八年五月，匈牙利年邁的獨裁領導人亞諾什・卡達（János Kádár）被迫下臺。一九八九年初，波蘭領導人與團結工聯運動展開面對面對談，安排於同年舉行選舉，而共產黨後來敗選了[61]。

一九八九年二月，美國邀請天體物理學家方勵之出席老布希訪問北京時的晚宴，從中國領導階層的反應，便可看出當時的政治氛圍有多緊張，畢竟方勵之是位強烈批評中國政府的學者。一開始，中國外交部威脅要抵制、不出席晚宴，後來又表示只要方勵之坐在廳內看不到的地方，就同意讓他出席。最後，方勵之根本就沒抵達晚宴會場，因為遠在兩個路口之外，他的座車就被持槍便衣警察攔了下來。中國駐華盛頓使團的副手告訴美國國務院資深官員，他們也不知道狀況會變得如此「不穩定」[62]。

不僅如此，事態即將變得更加嚴重。一九八九年四月，胡耀邦因心臟病發過世，抗議分子便有機會把心中的不滿發洩在國家未來的方向上，如同一九七六年周恩來過世後所出現的許多行為。

一開始，哀悼的人聚集在北京天安門廣場，隨後上千名大學生、勞工，乃至於政府官員也加入。到了五月初，**數萬名在中國各地主要大城市的大學生，開始呼籲中國要走上民主**。這時的中央政治局常務委員會似乎癱瘓了，無法決定該如何處理這一波動盪。

在北京的中國大使盡可能一如往常辦公，但他們試圖在前線展現冷靜的態度，也只是凸顯中國政權的不安全感。中國外交官如此告知美國駐北京大使館：「局勢都在掌握之中。這不是反革命，中國不會陷入混亂情勢。」[63]然而，這番話聽起來是如此不真實。到了五月中旬，天安門廣場上的學生開始絕食抗議。

中國外交部內部有一群年輕外交官，號召了一百多名官員，以外交部名義捐贈物資給天安門廣場上的示威群眾[64]。有些駐華盛頓的外交官還公開表示支持民主派，甚至跟美國國務院人員討論事態的演變發展[65]。

五月十五日，**米哈伊爾．戈巴契夫抵達北京，這可是近三十年來首場中蘇領袖會議**，對中國外交政策來說，更是個重要的轉折點。然而，鄧小平曾是毛澤東對抗莫斯科的攻擊犬（attack dog），所以對他個人來說這是個酸楚的時刻。

如同往常一樣，這次拜訪連最小的每個細節也都規畫好了。外交部接獲鄧小平的命令後告知蘇聯，到時戈巴契夫不要期待鄧小平會給他擁抱，雙方握手就好，因為這是展現雙方現況最適切的方式[66]。

由於往常接待顯要貴賓的天安門廣場，現在有抗議人士在擾亂，所以外交部部長錢其琛被迫在機場迎接這位蘇聯領導人。不過，仍然有一千兩百多位來自世界各地的記者聚集在北京，見證這場重大會面，而中國政府也試圖努力想要按照計畫完成這趟訪問行[67]。

隨著五月的到來，看來鎮壓行動越來越有可能會發生。前中情局官員李潔明此時是美國大使，他在北京與錢其琛碰面時提醒：「如果有什麼差池，西方媒體會跟瘋狗一樣追著你。」這時，錢其琛只是笑了一笑。

第 9 章

在天安門廣場上辦奧運，中國外交大勝利

1989 年爆發天安門事件，中國聲譽跌到谷底。重塑「負責任大國」形象的任務，落在外交官身上。

最後，錢其琛是從美國有線電視新聞網（Cable News Network，英語縮寫及通稱為CNN）上得知，有多輛坦克開進了天安門廣場。

當時他人在厄瓜多（Ecuador）出訪，一時之間也無法聯繫上北京，所以只能收看有線電視不間斷的報導，內容盡是著火的車輛、躺在街上的屍體、人民解放軍對平民開槍、大罵中國共產黨領導階層「法西斯主義」的喊叫聲。最後，錢其琛終於聯繫上他在外交部的副手，了解事件的經過。

直到隔日，錢其琛才收到來自領導階層的官方說法[1]。

一九八九年六月四日發生在廣場上的事件，派駐在世界各地的中國外交官一樣渾然不知，《新華社》也停止刊登中國國內情況的報導。這就跟文化大革命最混亂時期的情況一樣，外交官只能透過西方媒體的資訊，拼湊事件的發展[2]。駐華盛頓中國大使館的官員徹夜未眠，就是在等來自北京的消息，當時甚至連大使也都不知道該對自己的部屬說些什麼才好[3]。

中國首都這頭，一切盡是混亂與不堪。六月四日這天早上，前外交部部長吳學謙的兒子吳曉鏞，前往北京廣播電臺工作的路上，親眼見到這些場景，感到無比震驚的他在節目中播出了未經授權的內容。

「在中國的首都北京發生了最駭人聽聞的悲劇，」吳曉鏞告訴聽眾：「**成千上萬的群眾，其中大多是無辜的平民，被強行入城的全副武裝的士兵殺害。**」

吳曉鏞甚至更進一步表示，這場鎮壓行動「無恥的踐踏人權」，更是「野蠻鎮壓人民」的行為[4]。隔天，吳曉鏞就被解僱了，該年八月時還被拘捕歸案[5]。

對一些派駐在海外的外交部員工來說，這是一場相當難以接受的悲劇，因此有多達二十五位外交官和使館工作人員叛逃，尋求駐在國的庇護。加拿大渥太華的中國大使館，有三對夫妻檔一起搭乘廂型車叛逃；而《新華社》香港分社（實質上是扮演中國在該地的大使館角色）社長許家屯逃到美國，並在此度過餘生[6]。

脫中人士代表著自文化大革命以來，中國外交官最嚴重的一次紀律問題。儘管整體人數有限，且還有許多是來自外交部以外的政府單位[7]。但是，此時世界各地的共產政權正逐一垮臺，而這些脫中人士仍選擇以叛逃方式，公然對抗自身的政治體制。

某位前外交官後來描述，**中國領導階層把這波叛逃視為一種警訊，認為中國外交使團需要絕對的政治紀律**。這位外交官寫道：「外事幹部處在對外交往的第一線，經常同外國人打交道，應自覺接受紀律、保密教育和思想道德教育。」[8]

雖然中國政治有殘暴的過去，但叛逃行為一直以來都相當少見。一九六九年二月，中國派駐荷蘭的代辦廖和叔叛逃時，《紐約時報》曾以頭條「中國紅色官員叛逃實在罕見」為題報導[9]。總之，凡與中國政府立場不合的人，終究沒有什麼選擇。不同於美國外交官，**中國外事服務沒有「異議管道」（dissent channel），保持緘默或叛逃就成了反對共產黨政策的唯二選擇**

（唯一例外是某位在巴黎的年輕外交官，因為大使接受了他的辭呈）[10]。

很快的，中國就成為被世界唾棄的國家。世界最大的七個經濟體一起切斷與北京高層的聯繫，世界銀行和國際貨幣基金組織（International Monetary Fund）喊停新貸款案，與駐華盛頓中國大使舉行的國會會議也斷然取消[11]。倫敦的抗議人士對著中國大使高喊：「停止殺戮行為！」還向大使座車吐口水[12]。

這場大屠殺在國際間引發的後果，可說是相當丟臉。對於在前線的外交官來說，西方世界的回應感覺不僅是道德上的抗議，也像在挑戰共產黨政權。中國外交官甚至還發現，原本很值得信賴的線人現在也不願意與他們碰面了。派駐比利時布魯塞爾（Brussels）中國大使館參贊吳建民，原本與某位海外外交官約好午餐餐會，後來卻被放了鴿子，他本人回憶：「他們就是覺得中國政府現在不行了，得罪你、欺負你也沒關係。」[13]

中國式政治宣傳，以最大的聲量、重複聲明

大屠殺發生之後，中國領導階層的直覺性處理方式搖擺不定，游移在憤怒否認和損害控制之間。六月四日過後的幾天裡，北京外交官收到很簡單的指示：**向外界保證中國沒有脫離正軌，以及紛擾很快就會解決**。此外，他們還拿來一張廣為流傳的照片給外交官看，照片場景是

橫越天安門廣場的長安街，六線道的馬路上排列了數臺坦克車，前方獨自站了一位沒有攜帶武器的抗議人士，並告訴外交官：「你們回到自己的崗位後，準備迎來大量的爭議訊息。」[14]

外交部提供影片給迷茫的海外外交官，由他們展示給駐在地的菁英，了解事情始末的「真相」[15]。由於北京準備要反擊國際間的批評聲浪，因此暫時停止大使的更替輪換[16]。

對中國大使而言，這段時間是很恐懼的。如同一九五〇年代「反右運動」發生後，協助捍衛大躍進運動的大使一樣，現在最安全的做法就是緊守住官方論點。

「非常明顯，他們都感到很害怕！因為不知道該做什麼、說什麼，所以基本上就是什麼都不說，」某位曾在美國國務院中國辦公室任職的官員回憶：「這對他們來說，真的很難熬。」[17]

這時進到海外中國大使館的新進人員，更增添恐懼和不確定的感覺，因為中國外交部為了確保使館保持紀律，派出去的人選都對共產黨很忠誠，除了監督他人活動外，還要強化新的立場表態。三十三歲的劉曉明便是其中一位幹部，後來他還成為駐英國的中國大使。當時劉曉明被派往華盛頓，平時密切觀察同事，空閒時間則去打高爾夫球（後來還因為不小心被高爾夫球桿打到臉，弄傷下巴住院）[18]。

一開始的震驚感逐漸平息後，中國政府很快就對自己制定的事件始末版本更加有信心。六月七日，中國外交部告知美國外交官，中國的情況「很複雜」之後，對於官方說法的信心程度增長了不少。同月，中國外交部召見美國駐華大使李潔明，斥責美國媒體聲稱中國軍隊向北京的外交建築開火。

「這都是揑造出來的，」某位副部長如此告訴李潔明，並堅稱會向這棟樓開火乃是為了追擊狙擊手，還表示：「你們侮辱了中國的政府和軍隊。」

李潔明則表示，雖然自己過去只是步兵團裡的二等兵，但「我知道沒有人會為了抓捕屋頂上的一個傢伙，就拿機關槍從一頭掃射到另一頭，接著又爬上九層樓」[19]。

直至今日，中國政治宣傳仍遵循相似途徑：首先評估事實，第二步是制定共產黨如何描述事件始末的官方說法，第三步則是以最大的聲量重複宣傳這套說法。

但是，重複講述疑點重重的談話要點，以及斥責他國外交官，都不足夠讓中國脫離困境。最高層官員很清楚，需要的是更強而有力的反擊，如此才能幫中國掙得一些喘息的空間，以利繼續進行經濟改革。

該年七月的北京中國大使會議上，錢其琛告訴大使們，中國得繼續專注於經濟發展。後來，他寫道：「當時，一個重要任務就是要想辦法走出去，打破西方的外交

▲ 1989 年 7 月，美國駐中國外交使館拍下清場完成的中國軍隊坦克。（圖片來源：維基共享資源公有領域。）

封鎖，讓世界各國看到中國的大致方針沒有變。」[20]

鄧小平外交策略：韜光養晦，有所作為

中國領導階層想要強調不變，卻選擇了很糟的時間點，因為這段時間可從電視直播上，見到一九四九年後首批承認中華人民共和國的各國政府逐一垮臺倒下。

一九八九年八月，波蘭團結工聯運動的激進分子塔德烏什・馬佐維耶茨基（Tadeusz Mazowiecki），成為蘇聯集團內首位非共產黨的政府首長。同年十一月九日，抗議人群推倒柏林圍牆[21]。隔日，保加利亞共產黨結束了托多爾・日夫科夫（Todor Zhivkov）為期三十三年的獨裁統治，為遊行與最終的民主鋪設道路[22]。到了月底，「天鵝絨革命」（velvet revolution）爆發，終結捷克斯洛伐克的一黨統治。

更哀傷的事發生在羅馬尼亞。一九八九年耶誕節這天，多位傘兵把羅馬尼亞共產主義獨裁者尼古拉・西奧塞古和他的妻子，拖到公廁旁天寒地凍的院子裡，舉起卡拉希尼柯夫突擊步槍（Kalashnikovs）將兩人射殺身亡[23]。派駐華盛頓的某位中國資深外交官，向當時美國國家安全會議亞洲事務資深主任包道格（Douglas Paal）吐露心聲，表示北京那邊的「老人」看了處決的影片後，實在是「嚇壞了」[24]。

正是在這樣的時空背景之下，**鄧小平制定了將引領中國未來二十年的外交政策格言**。蘇聯領導階層讓共產世界出現如此混亂局面，北京當局內部有些人希望鄧小平能像毛澤東當年對赫魯雪夫那樣，出面與蘇聯領導階層展開一連串的往來辯論。然而，鄧小平的做法完全相反，他告訴幹部，**自己首要的優先順序是「穩定、穩定、再穩定」**。**與其爭辯理念，他認為中國應該「冷靜觀察，穩住陣腳，沉著應付，韜光養晦，善於守拙，絕不當頭，有所作為」**[25]。

鄧小平的策略讓中國得以對抗、反擊天安門事件後被孤立的情況。天安門事件後，為了挽救中國的國際聲譽，外交官可是費盡了心思與努力。一九五〇年代，中國曾奮力爭取世界的認同，此時的中國就運用跟當時一樣的衝勁，對鄰國發起新的魅力攻勢；從經濟外交到體育外交、媒體管理、軍備控制，採用各式各樣的手段以擄獲友邦。

此段期間裡，**中國巧妙扮演著弱者的角色**，其中有個關鍵，那就是願意**集中精力追求有限的目標**。中國外交官明白他們無法同時迎接全部挑戰，所以就**專注於吸引投資、平息針對北京人權紀錄而來的批評，以及抑制反對共產黨主張臺灣和西藏主權的聲量**。與此同時，**中國外交官也把中國重新塑造成「負責任大國」**，藉此提升全球聲譽。

在上述的戰線上，中國都成功了。儘管遭遇挫折，但天安門事件發生過後的那段時間裡，一連串事件大幅提升了共產黨的國際正當性。二〇〇一年，北京取得二〇〇八年夏季奧林匹克運動會的舉辦權，也成就了中國復興之路的顛峰。中國在全球角色上，展現出全新的信心，同時卻也伴隨著很大的不安感，因為中國很清楚，在一九八九年夏天，他們曾是多麼瀕臨解體的地步。

蘇聯解體，中美合作的主因消失

不過，那都是未來的事情了，這當下中國領導階層還在持續關注蘇聯集團內的動盪，特別憂心東歐事態的發展，遂於一九九〇年八月尋求中國外交官協助找出答案。

駐南斯拉夫中國大使館給出回應。數名作者於一篇題為「東歐社會主義嚴重受挫，這代表什麼意思呢？」的文章中指出，民族主義和反共情緒結合，齊力消滅中國的社會主義兄弟國，並指責戈巴契夫的軟弱，以及其推出的「和平演變」西方政策，而這些也是幾十年來一直讓中國領導階層發愁的地方[26]。

意外仍不斷出現。一九九〇年八月，薩達姆．海珊（Saddam Hussein，一九七九年至二〇〇三年任伊拉克總統）出兵入侵科威特，當時中國領導階層判斷，美國為了逼出海珊，將會面臨一場漫長艱困的戰鬥。中國總理李鵬信心滿滿的告訴新加坡領導人李光耀，伊拉克不會那麼輕易被打倒[27]。

然而，美國動用了F-117夜鷹匿蹤戰鬥機、雷射導引炸彈、M1A1艾布蘭戰車（Abrams

tank），火速打破伊拉克的防禦系統。這結果也讓中國菁英階層警醒，明白自己要趕上的步伐還很遠。

一九九一年的夏天，最大的衝擊出現了：蘇聯解體。北京領導階層在公開場合上，展現出沉著態度。當時派駐在北京的某位以色列外交官回憶：「就算有撼動到北京任一層級的政府和勢力，也不會有人出面承認。一九九一年八月，政變推翻戈巴契夫、葉爾欽（Yeltsin）抵抗、起義失敗等新聞，在當地晚間電視新聞節目中，被降為第三、第四則新聞。外交部部長訪問葛摩聯盟（Union of Comoros，非洲東部的島國）的新聞，甚至還占據比較多的媒體版面。」[28]

然而，私底下，中國官員對於蘇聯垮臺其實十分震驚，直到今日還是如此。二〇一四年，前外交部部長李肇星寫道：「對於我們這些外交官來說，最難弄懂也最該弄懂的一個事件就是蘇聯解體。一個超級大國竟在短短幾年內土崩瓦解，不禁令人感慨萬千。」[29]

一九九〇年代初期，整個世界似乎都是中國領導階層的嚴峻威脅。此時，中國是唯一一個屹立未倒的主要共產政府，而美國評論員卻在大肆誇耀「終結歷史」和「單極時刻」（譯按：unipolar moment，係指國際間只有單一霸權）。某位中國大使回憶：「我們外交使團中也出現了一定程度的悲觀情緒。」[30]

除此之外，**蘇聯解體也意味著中美合作的主因消失了**，這更讓美國官員對於自己的做事方式充滿信心。某位前中國外交官寫道：「無論世界上發生了什麼，美國總是有話要說。」[31]

以錢其琛為首的中國外交官，運用技巧、決心與沉著的態度應對這些挑戰。如同美國記者孟捷慕（James Mann）所言，此戰略顯示北京致力於「緩慢、逐步消弭憤怒，中國不停催促各國政府取消對中國領導階層的制裁，或是多少規避一點，但也永遠也不會嫌規避太多；有了微小的改變後，中國又會接著施壓，直到再次贏得另一點小變化為止」[32]。

鄰國成了北京當局最容易下手的早期目標。多年以來，中國外交官一直致力於吸引亞洲各國，天安門事件過後，又再度加強這股力道。一九九〇年夏天，中國分別與新加坡、印尼建交，同時也繼續改善與南韓的關係，隨後於一九九二年與南韓建交。日本原先一直在觀望，但到了一九九一年八月，首相海部俊樹成為天安門事件過後，首位訪問北京的G7領導人[33]。

下一個屈服的國家，就是英國了。英國政府打算在殖民地香港建造一座新機場，需要中國政府的批准，然而北京當局明確表示為確保達成協議，希望英國新上任首相約翰·梅傑（John Major）到訪中國。為此，梅傑於一九九一年九月抵達北京，成為西方主要國家中第一位訪問中國的領導人物，此舉卻也在英國國內遭逢強烈批評[34]。

至於美國就很難遊說了，但波斯灣戰爭（Gulf War）提供了一個關鍵機會。**錢其琛意識到，華盛頓當局需要中國在聯合國內支持對海珊採取行動，因此他便讓中國捲入引發戰爭的政治戲碼之中**。錢其琛帶領中國首次嘗試了穿梭外交（shuttle diplomacy），在埃及、沙烏地阿拉伯、約旦、伊拉克之間飛行，接觸當地領導人，強調中國對和平解決衝突的承諾（有一度，海珊把伊拉克對科威特的主張，與中國對香港的主張互相比擬，因而惹惱了錢其琛）。

美國人很快就明白了，要中國默許這場戰爭的代價，就是恢復兩國高層因天安門事件而終止的會談。十一月初，錢其琛在開羅會見了美國國務卿詹姆士·貝克（James Baker）；到了月底，錢其琛則與老布希總統本人會面，成為天安門事件以來首位與美國總統會面的中國高階官員[35]。三十五位訪問過北京外交部的外國外交官回報表示，中國外交官對此結果感到「滿意」[36]。

共產黨領導階層試圖修復中國的形象之際，由於改革運動推動了中國經濟成長，所以同時也轉向經濟外交。一九九二年一月和二月，鄧小平展開知名的「南巡」之旅，目的是要啟動鎮壓行動後停滯的經濟改革——推動市場經濟，同時也要嚴格掌控政治改革。

沒過多久，中國領導階層便把中國市場規模視為外交槓桿的重要資源。一九九二年初，中國總理李鵬到瑞士達沃斯（Davos）出席世界經濟論壇（World Economic Forum）後，前往西歐的義大利、瑞士、葡萄牙等國訪問，每一站都與商界人士碰面。李鵬在天安門事件中是主導者的角色，因此西方媒體稱呼他是「北京屠夫」；但在達沃斯時，李鵬卻成了西方商界的寵兒，原因就是李鵬在演講時熱切談論著中國市場帶來的各種商機[37]。至於中國國有媒體，更是急切吹噓李鵬是位國際政治家，還強調他與周恩來的私人情誼，試圖緩和他在國內的形象[38]。

投資人與各國政府都注意到了，鄧小平的經濟改革已開始顯現成果：一九九二年，中國國內生產毛額跳增一二%[39]。從奧地利維也納到古巴哈瓦那，各地中國大使館都回報了相同的事：他國政治人物和投資人開始詢問中國的經濟模式[40]。

此外，中國外交官也發現，中國的生活條件已超越了許多發展中國家。一九六〇年代，首次訪問非洲的中國外交官，這輩子第一次見到空調和停車場，感到無比驚奇；但到了一九九〇年代，見到非洲大陸部分地區的貧困程度時，中國外交官又是震驚不已[41]。

一九九三年中國成為石油產品淨進口國後，中國外交官開始積極關注與這些國家領導人建立友誼後，中國可能獲取的資源。突然之間，北京當局越來越看重中東、非洲、拉丁美洲等，不只擁有豐沛石油資源，還擁有海線運輸的國家[42]。

縱然如此，對許多中國大使而言，關注經濟還是個很新的議題。一九九三年，某位派駐加拿大的中國外交官，聽到當地商人不停在談論公共秩序與安全議題（security），為此感到十分困惑。事後他要求部屬去調查，才明白當地商人談的其實是金融證券（financial securities）[43]。

儘管初期有了些成果，但北京的反擊之路還有很長的旅程，這點從華盛頓發生的事件即可證明。

李登輝訪美，中共試射飛彈

一九九二年九月，老布希總統在爭取連任的壓力之下，同意出售F-16戰鬥機給臺灣，這

是臺灣領導人至少努力爭取十多年的軍事裝備。同時，這筆交易也表示華盛頓當局與中國關係發生了變化：沒有蘇聯這個共同敵人，就少了些友好的理由。

起初北京非常憤怒，但謹慎回應，淡然表示希望老布希能順利連任。因為北京當局更不喜歡老布希的對手比爾．柯林頓（Bill Clinton）[44]。

柯林頓出任阿肯色州（Arkansas）州長時曾訪問過臺灣，並在總統競選期間，尖銳批評老布希政府在天安門事件後所提出的政策。柯林頓還呼籲要成為「一個絕不會縱容暴君的美國，從伊拉克巴格達（Baghdad）到北京在內的所有暴君皆包含在內」，主張藉由施加條件到中國享有的最惠國待遇貿易特權上，把貿易活動與人權議題綁在一起。所以，某位資深中國學者告訴《紐約時報》：「當然，如果是老布希勝出，那就更好了。」[45]

最終，老布希輸了，而柯林頓就交給中國新任主席江澤民來應付了。此時六十七歲的江澤民，有著方形臉、戴著厚框方型眼鏡，說話口齒清晰。一九八九年受鄧小平欽點，江澤民前往上海處理學生示威抗議，但他在外交事務方面相對缺乏經驗。

一九九三年十一月，江澤民迎來首個重大外交考驗。當時，柯林頓在距離西雅圖海岸約十三公里的布雷克島（Blake Island）上，接待出席亞太經合峰會的其他十二個環太平洋國家領導人。中國成功安排柯林頓與江澤民一對一單獨會面，這是自天安門事件以來，中、美兩國元首首次面對面談話。雖然九十分鐘的會面之中，主要都是嚴守事先擬好的稿子，但江澤民對自己的表現感到非常緊張，他大部分時間都看向位在屋內另一角的錢其琛，以確認自己的表現沒有問題[46]。

雖然這場會面沒有達成什麼實質成果，卻是個重大的象徵性突破。看來，國際大家庭是在歡迎中國的歸來。

中國與全球關係已往前邁進一大步，但這條重建之路似乎牽扯到尊崇他國領導人，這點讓中國內部許多人甚是不滿，認為中國不應為維持國內秩序而道歉，而外交部就成了目標。一九九四年七月，香港媒體報導指出，中國軍方致函共產黨領導階層、要求錢其琛辭職，在後來召開的會議中，江澤民為手下的外交政策負責人辯護，並引用鄧小平對錢其琛的讚許，佐證其政治立場[47]。

對於力求與美國建立更緊密關係的中國外交官來說，局勢即將變得更加艱困。一九九五年六月，就在時任美國國務卿華倫·克里斯多福（Warren Christopher）明確否認後，北京當局卻又聽說美國打算發給臺灣總統李登輝簽證，因而震怒。中國接連取消兩趟官方訪美行程，其外交部發言人沈國放還提出警告，表示若李登輝如期到美國訪問，美國將得「付出代價」[48]。

李登輝訪美期間發表的演說內容，在多數人看來是無傷大雅，他除了細談自己在康乃爾大學攻讀博士學位的時光，也談了臺灣經濟發展。然而，對於細察其中暗藏挑釁跡象的中國官員而言，這場演說具有爆炸性[49]。**李登輝把那座島嶼稱為「中華民國在臺灣」（而非僅僅是中華**

民國），還表示臺灣尋求打破外交孤立，過程勢必得「挑戰不可能」。

此外，李登輝還在中國的傷口上灑鹽，稱讚臺灣走向民主的「政治奇蹟」，並引用異議分子出身的捷克總統瓦茨拉夫．哈維爾（Václav Havel）說過的話，宣告共產主義的衰敗[50]。

隔日，《新華社》回應：「臺灣問題是火藥桶，美國正在送熱加溫，終將會爆炸。」

說完了強硬的話，北京當局也採取強硬作為。一九九五年，七、八月時中國試射了飛彈，到了十一、十二月進行地面和空中軍事演習。隔年三月，李登輝競選連任時，中國試射更多飛彈，這回還直接落在臺灣重要港口基隆和高雄附近，示意未來封港的可能性。

柯林頓認為中國的做法太過火，因此於一九九六年三月，在臺灣附近部署兩支航母戰鬥群（carrier battle group）。**此舉等於是羞辱中國軍隊，說明儘管美國艦艇如此靠近臺灣海岸線，中國也沒有能力威脅美國**。

北京當局明白了，短期內除了與華盛頓當局保持良好關係外，別無選擇。但長遠來說，中國得加倍努力進行軍事現代化。

◀1995年李登輝訪美新聞照，他在母校康乃爾大學發表「民之所欲，長在我心」為題的演說。

跟鄰國打好關係，強化區域影響力

李登輝的訪美行也讓北京當局明白，中國需要加強與美國的外交，為了能比得上臺灣，還得擴展外交到政治菁英圈以外的地方。因此，中國大使館深入基層宣傳，聯繫美國各地的地方政府和華裔美國人群體，至今仍持續經營[51]。

一九九七年，江澤民率先赴美訪問，到訪包括檀香山、洛杉磯、波士頓、紐約市、費城等城市，也參觀了哈佛校園和多間科技公司。此時的江澤民，在公開場合顯得有自信多了，會議間還會脫口講英文；遇到外頭有人抗議，竟也能開起玩笑。一回，某場在紐約聚集兩百多位美國商界菁英的會議上，江澤民甚至還承諾，表示只要「某些人為因素障礙」可以排除，「中國市場就會為你們開放」[52]。

同時，北京也得到另一個結論，那就是得多做一點事情讓鄰國安心。一九九五年二月，中國占領美濟礁（Mischief Reef）的舉動，驚動東南亞鄰國。此座珊瑚礁約距離菲律賓約兩百一十七公里，屬於斯普拉特利群島（譯按：Spratly Islands，中國、臺灣稱南沙群島，越南稱長沙群島。菲律賓另稱自己控制的部分為卡拉延群島）的一部分，由上百個小岩塊串聯而成。中國、菲律賓、越南、馬來西亞、臺灣和汶萊等國皆主張擁有全部或部分主權，有些人認為美濟礁底下有大量石油。時任菲律賓總統菲德爾・瓦爾迪斯・羅慕斯（Fidel Valdez Ramos）曾表示：「我們希望有最好的結果，但還是得做好最壞的打算。」

此外，一九九五年至一九九六年間的臺海危機（編按：指第三次臺灣海峽危機，即一九九五年李登輝訪美後，至一九九六年其競選連任中華民國總統期間，中方對臺的軍事演習武力威懾，最終美國派出第七艦隊協防臺灣周邊海域），也讓大家更確認北京為了達成在此區域的目標，會動用武力的看法。

還有更糟的：北京當局了解到自己的作為，也正把外部勢力和敵人拉進自家後院的事務。像是日本和澳洲就希望強化與美國的安全防衛合作關係，東南亞各國甚至開始設法把其他大國拉進區域事務。一九九五年十二月，印尼和澳洲簽署了一份軍事合作協議，而一九九六年一月，菲律賓也與英國簽署一份類似協議[53]。對此，北京重新調整其區域政策，尋求機會改善與鄰國的關係。

中國非常幸運，好機會很快就來了，那就是一九九七年的亞洲金融危機。亞洲各國的經濟面臨逆風，像是印尼、泰國等國都想盡辦法要克服金融風暴。實際上，**國際社會更是懇求中國不要讓人民幣貶值，以免引發更嚴重的金融動盪，以及更不穩定的資本外逃。**

為了讓大家更好而犧牲，是中國想要展現其身為負責任經濟夥伴的形象。在北京當局默許之下，人民幣一直保持得很穩定，因而贏得區域內外的讚賞與嘉許。就連比爾·柯林頓也跟著附和表示：「藉由維持其貨幣的價值……中國展現出偉大政治家的風度與實力。」[54]

在喝彩的背後，中國領導階層開始意識到，擴大參與多邊論壇將是可增強其區域領導力的好機會。起初，北京當局懷疑這些論壇是美國發展影響力的工具，但到了一九九〇年代中期，他們倒是派出觀察員出席東南亞國家協會（Association of Southeast Asian Nations，以下簡稱為東協）區域論壇這類的會議。

崔天凱，中國外交部亞洲事務主要專家，後來成為駐華盛頓中國大使，如此告訴中國學者沈大偉（David Shambaugh）：「這是我們漸進學習的過程，我們需要更加熟悉這些組織如何運作，也該學習如何跟著規則走。」[55]

中國外交官逐漸在這些論壇裡建立起信心，一九九五年開始與高階東協官員合辦年會，並於一九九七年協力創辦東協加三（ASEAN+3），也就是把中國、日本、韓國與東協國家聚集在一起。更甚者，中國也開始試圖在這些組織中擔任主導角色，二〇〇一年中國在上海主辦亞太經合峰會，一九九六年還讓中國成為「上海五國」（Shanghai Five）的總部，串接起中國、俄羅斯與中亞數個共和國，後來更發展成為上海合作組織（Shanghai Cooperation Organization）[56]。

同時，中國外交官也更新了他們的談話要點。一九九六年，**中國外交部亞洲司委託學者制定出「新安全觀」，提出以「雙贏」思維取代冷戰時期的「零和」思維，內容強烈呼應周恩來的和平共處五項原則，也強調「互信、互利、平等、合作」**。

這套新做法的推動，特別交由中國外交部亞洲司的兩名官員負責：傅瑩，以及外交部的耀眼新星王毅[57]。傅瑩為中國少數民族蒙古族，她在英國攻讀碩士學位，回國後曾出任鄧小平的翻譯，爾後成為中國有史以來的第二位外交部女副部長、駐倫敦大使，更是全球菁英的寵兒；王毅後來則是成為中國外交部部長（編按：任期為二〇一三年至二〇二二年，二〇二三年七月二十五日回任）[58]。

針對許多美國看來的重要議題上，**多邊外交成功讓中國把自己形塑成一個「負責任大國」**。中國領導人意識到，遵守國際規則可讓中國更安全，並可帶來外交榮譽，其中又以核武禁擴這一議題最為重要。

一九八〇年代起，中國即涉入核武禁擴的議題，並於一九九二年簽署《核武禁擴條約》（*Treaty on the Non-Proliferation of Nuclear Weapons*）。此外，為了加入《全面禁止核試驗條約》（*Comprehensive Test Ban Treaty*），中國也於一九九六年減縮其核試驗計畫。一九九七年時，中國外交部把負責裁軍議題的單位升級成司級，此舉不只擴編單位，也加深外交部在中國官僚機構中的影響力。隨著時間發展，中國出席在日內瓦舉辦的裁軍談判會議（Conference on Disarmament），意識形態的成分明顯減少了，而中國外交官透過與聯合國各單位合作，專業技術知識倒是增長不少[59]。

此外，中國還尋求透過所謂的「戰略夥伴關係」，強化與世界各國的關係。藉此，目的是針對美國的同盟體系，提出區域與全球合作的替代目標，這樣各國就可以在未被強迫捨棄或敵對美國的情況下，與中國建立更緊密的關係。

一九九六年四月，北京與俄羅斯的關係從「建設性夥伴關係」（constructive partnership）升級為「戰略合作夥伴關係」（strategic cooperative partnership）。一九九七年，柯林頓與江澤民會面後，中美關係被標示為「建設性戰略夥伴關係」（constructive strategic partnership）[60]。二〇一六年，中國分析師吳必德（Peter Wood）分辨出二十二種北京當局給世界各國分類的層級關係，從巴基斯坦享有的「全天候戰略合作夥伴關係」（all-weather comprehensive strategic partnership），一路到留給日本的較冷淡「互助合作夥伴」（mutually cooperative partners）[61]。

最後，藉由解決長久以來的邊界爭議，中國改善了其與鄰國的關係。一九九一年至二〇〇三年間，中國與哈薩克（Kazakhstan）、吉爾吉斯（Kyrgyzstan）、寮國、俄羅斯、塔吉克（Tajikistan）、越南等國達成和解，且在多數協議中，針對中國原本宣稱擁有的領土，最後只取回五〇%，或是更少[62]。

款待發展中國家，贏得聲譽與友誼

建立聲譽的下一站，則是發展中國家。對於天安門事件，多數發展中國家的反應都不及歐洲或北美洲那樣負面。在這些**發展中國家，大多還留有殖民主義的苦澀餘味，反倒更容易接受中國不干涉他國「內政」的口號**。

某位派駐西非賴比瑞亞的外交官回憶：「那個時候，西方外交官會抵制我們大使館舉辦的活動，但我在非洲總是感覺很受歡迎，從未有過一絲被孤立的感受。」[63]而派駐盧安達（Rwanda）、哥倫比亞、斯里蘭卡和印尼等地的外交官，也都有類似的經歷[64]。

埃及總統胡斯尼．穆巴拉克（Hosni Mubarak，任期為一九八一年至二〇一一年）告訴中國外交官，美國施加很大的壓力，要求他們降溫與中國的關係，但他仍於一九八九年接受中國最高領導人來訪[65]。天安門事件後，布吉納法索（Burkina Faso）的總統是第一位訪問中國的外國元首。到了一九八九年夏天，時任中國外交部長錢其琛展開非洲十一國訪問行[66]。一九九六年，錢其琛又陪同主席江澤民訪問六個非洲國家，期間江澤民簽署數項貿易協定，還宣布中國與非洲大陸的關係達到了新「里程碑」。江澤民表示，中國和非洲皆「深受殖民主義者和外國侵略之苦」[67]。

其實，國際對北京人權紀錄的批評，倒讓中國與某些國家建立起關係。一九九七年，中國駐聯合國代表表示，柬埔寨種族滅絕（編按：指一九七五年至一九七九年初，柬埔寨共產黨總書記波布領導的紅色高棉共產主義政權，在柬埔寨進行的大規模殺戮事件，被稱為紅色高棉大屠殺、紅色高棉種族滅絕、柬埔寨大屠殺或柬埔寨種族滅絕）的罪魁禍首已超出任何一個國際法庭的管轄範疇，「波布的問題屬於柬埔寨內政」，所以「應該在沒有外國干涉的情況下，交由柬埔寨人自行決策」[68]。

同年，在聯合國人權委員會（United Nations Human Rights Commission）的討論過程中，中國大使吳建民提出這番告誡：「我們要向真正關心人權議題的發展中國家提出呼籲，因為今日發生在中國身上的情況，明天很有可能就會發生在他們身上。」[69]

中國在發展中國家的外交很成功，因為中國願意給予他們某種程度的尊重，這可是這些國家在世界上其他地方都得不到的待遇。這些發展中國家到了北京，有紅地毯和宴會歡迎他們到來，還能與中國最高領導人會面。某位中國外交官回憶，一九九八年庫克群島（Cook Islands，位於南太平洋）總理訪問中國，外交部把這位總理當作一位世界大國領導人般款待[70]。當其他大國多數只關注與強國和區域鄰國的關係時，中國外交官至少在表面上，會假裝他們沒有偏袒。

全新的自信，深沉的自卑

中國的國際觸角迅速擴張，外交機構卻很難跟上外交部對紀律和保密工作的嚴格標準。一九九二年，與東歐國家摩爾多瓦（Moldova）建交後，中國當地的臨時大使館仍欠缺足夠安全的房間與北京聯繫。因此，大使得開車到遠在四百五十公里外的中國駐羅馬尼亞大使館，只為了發封外交電報。可是，中國外交官被禁止擬草稿，所以這位大使只能一邊開車、一邊在腦中草擬內容，憑著記憶於抵達時快速打成文件[71]。

一九九〇年代，隨著薪資改革和裁員措施，中國外交也持續朝專業化發展。到了一九九四年，多數大使館已設法裁減二五％的中國籍人員，並僱用當地人以節省開支。據悉，南美洲某間大使館，光是停止外派中國人、改僱用當地人司機，每年就可以省下數十萬美元。同時，中國外交部也為外交官寫下明確的職稱描述，設下升遷條件標準，並增加了中等階層外交官接受培訓的機會[72]。

另外，中國外交部也會向其他單位招募或借調官員。先後擔任外交部智庫中國國際問題研究所副所長的蘇格（二〇〇〇年就任）和阮宗澤（二〇〇二年就任），皆曾被派到駐美國大使館。中國現代國際關係研究所是得向中國主要情報機構回報的智庫，曾任該研究所美洲研究室主任的崔立如，也是在一九九〇年代被派到中國常駐聯合國代表團工作[73]。宋濤，這位中國未來的外交部副部長（二〇一一年至二〇一三年）、共產黨對外聯絡部部長（二〇一五年至二〇二二年），曾在福建省政府及企業工作二十多年，後來被招聘入外交部[74]。

一九九七年，外交部有了一棟時髦的現代總部。畢竟，隨著外交部擴編，先前的建築便顯得過於狹窄。

某位前中國外交官指出，這棟用玻璃和混凝土興建而成的新建築，位在朝陽門舊址的東南方，其扇形設計象徵對外開放[75]。八百平方公尺的入口大廳，有座描繪「中華文明」的石雕，詳述從秦朝到長征二號火箭發射系統的國家成就。會議室和洽談室裡頭，擺設各式中國書畫以及毛澤東的詩詞，而二一六號會議室裡更陳列了毛澤東的創作〈卜算子．詠梅〉——一九七二年尼克森的歷史性訪問行，周恩來為尼克森朗誦的正是這首作品[76]。

不同於美國國務院，中國外交部的會議室全都設在一樓，如此一來就沒有外國人能夠入內參觀辦公空間[77]。

一九九七年七月一日，香港回歸，沒有什麼比這件事更能象徵中國全球地位的提升。歷經一百五十六年的殖民統治，香港回歸中國之前，英國王儲查爾斯王子（編按：現為英國國王查爾斯三世）和時任中國國家主席江澤民一起觀看這場莊嚴的儀式。

江澤民告訴在場的群眾：「香港回歸祖國，是彪炳中華民族史冊的千秋功業。香港同胞從此成為香港的真正主人。」[78]儀式進行著，香港港口前方的細雨變成了傾盆大雨。

外交部部長錢其琛與江澤民一起出席這場儀式，對錢其琛而言這是個酸楚的時刻。他後來寫道，那天降下的那一場雨，感覺就像是在「洗刷中國百年來的國恥」[79]。可惜，鄧小平與帕金森式症長期搏鬥後，於同年二月辭世，無緣見證他與柴契爾夫人一番棘手談判而來、歷史性的一刻。

與此同時，中國外交官開始對自身的政治體制有了全新的信心。一九九七年，時任中國國務院外事工作委員會辦公室主任劉華秋，於一篇報章文章中誇耀中國「挺過東歐劇變和蘇聯解體的衝擊」，此外他還寫道：中國更是「成功破除西方制裁」[80]。

然而，這股全新的信心仍持續伴隨著深重的不安全感。大躍進運動期間，李家忠被送去訂製人生的第一套西裝，過了將近四十年，此時李家忠已是駐越南大使。然而，他不禁覺得自己被美國大使冷落，因為外交招待會上對方似乎從不跟他攀談，而李家忠的回擊就是不出席美國主辦的活動，還在外交圈裡抱怨美方。

縱使美國外交官後來拜訪中國大使館、明確傳達友好的訊息，李家忠依舊保持防備。他決定泡茶給這位大使，但「未擺乾果」（譯按：李家忠平時習慣拿出乾果招待他國外交官）。他回憶：「我同美國人打交道沒什麼經驗，心想還是不要太熱情為好。」[81]

有些感覺被冷落的中國外交官，認為這完全就是種族偏見的結果。一九九七年至二〇〇二年間出任中國駐英國大使的馬振崗回憶：「我在英國學習和工作時深切感受，歐洲人往往不自覺表現出白種人比其他種族優越的情緒。無論是英國人、法國人、德國人，還是其他國家的歐洲人，他們大多不會承認這種優越感的存在，但許多中國人還是在生活中隱約感受到了。」[82]

中國大使館的一些小動作，能清楚體現出他們心中的感受。一九九七年，鄧小平去世時，中國駐紐西蘭大使館的文化專員被派出去記下哪些國家大使館沒有降半旗[83]。其他外交官則是

在回憶錄裡，強調自己如何努力自外交招待會和貿易展覽上，移除中華民國（臺灣）的旗幟，以及阻止駐在國當地電視臺播放有關西藏的紀錄片。

「中國代表完成祖國交付的重要任務，」某位在巴紐一場活動中移除臺灣國旗的外交官如此寫道：「我們之所以能夠成功，乃是因為有偉大的祖國站在我們身後。」[84]

然而，偉大的強權國家可不會做這種事，也不會說這些話。

十五萬人連署，外交官要強硬捍衛主權

先不談論安全感，**中國民眾越來越希望他們的外交官展現出強硬態度**。共產黨為了在國內鞏固自身的地位，於天安門事件後發起一場「愛國主義教育運動」，內容著重外國列強如何羞辱中國，其中還特別指證日本的行徑。一九九五年，中國政府為了紀念把臺灣割讓給日本的《馬關條約》滿一百年，資助重現日本二戰期間暴行的電影，還舉辦記錄日本侵略行為的公開展覽[85]。

對共產黨來說，這些運動有助於團結全國上下、對抗共同敵人，但同時也帶來了難題：因為民眾會期望共產黨面對看來像是外來侵略的行為時，要奮起抵抗。然而，問題在於這份期望必須與強健經貿關係的需求達到平衡，同時還要維持住一九九〇年代得來不易的外交成長。

這些充滿矛盾的各種壓力，意味著非常棘手的大問題。一九九六年，日本右翼民族主義人士打算建造一座燈塔，地點在東海上一串經年累月受強風吹襲的小島。過去幾十年來，因這無人居住的列島——日本稱尖閣諸島、中國稱釣魚島及其附屬島嶼、臺灣稱釣魚臺列嶼——引發的爭端，時不時就會出現，但各個政府又不想因此搞壞關係。

針對燈塔一事，中國外交部表達強烈的口頭抗議，但同時又強調非常看重與日本的友好關係。可是，當香港也因這座燈塔而發起抗議活動時，中國官方媒體不只沒有相關報導，審查員還刪除呼籲中國大陸也要抗議的網路貼文。

中國政府如此謹慎的態度，與推動「愛國主義教育運動」的民族主義，兩者差距顯而易見，這讓許多中國人感到憤怒，其中又以學生最為不滿。主要國有媒體收到超過三萬七千封來信，以及超過十五萬人連署的請願書，要求政府捍衛中國在這些小島上的主權主張。中國社會科學院院長胡繩甚至還提出警告，中國政府試圖壓制反日情緒是在冒險，因為可能引發的動盪規模會是自一九八九年以來所未曾見過的大小[86]。

其實，中國外交部以外的其他單位也感到忿忿不平。香港媒體報導指出，錢其琛表示願意與日本進行對話，但中國軍方對此特別感到不滿。

一九九六年，民族主義人士出版的《中國可以說不》，充分彰顯中國人民對政府謹慎態度的失望程度。書中蒐集各種主題文章，從好萊塢涵蓋到美國中情局，全都在稱頌中國具有成為全球領導者的潛能，但同時也示警，中國想發揮其潛力，必須先學會對鐵了心阻礙中國崛起的外來勢力「說不」。

該書原本是在商業市場上看來不太可能成功的書籍，然而，首刷印製了五萬本，二十天內銷售一空，後來陸續共賣出超過兩百萬冊[87]。至於續集《中國仍然可以說不》，更是尖銳批判中國政府的對日政策，作者寫道：「中國對日本過於熱情和遷就。」[88]不過，續集出版一個月後立即遭禁。**網路上的民族主義人士越發不滿，甚至開始稱中國外交部為「賣國部」**[89]。

正當中國國內的民族主義壓力加劇時，中國政府還得操心經濟增長趨緩、失業率上升，以及中國農村的零星動亂[90]。同時，中國政府也必須迎戰一連串的國際難題。

一九九六年美日有份聯合宣言，內容重申美國對日本戰後安全保護的規畫，這在北京多位官員眼裡看來，乃是兩國共同遏制中國的作為[91]。一九九八年，印度國防部部長喬治・費南德斯（George Fernandes）警告，中國是印度的「頭號潛在敵人」，一週後印度進行了核試爆，隨即加入核大國的行列[92]。最後則是見到華盛頓當局有越來越多的人道干預（譯按：humanitarian intervention，當一國政府對其人民施以暴行、傷害人權時，他國以武力介入制止）作為，北京感到越發不安，其中包括一九九八年十二月，在中國反對之下，美國、英國聯合法國和俄羅斯一起空襲伊拉克[93]。

一九九九年，中華人民共和國準備慶祝五十年國慶之際，氛圍變得更加緊張。四月初，中國改革派總理朱鎔基，就中國加入世界貿易組織一事與美國展開對話，但最後一刻失敗了，空手回國後，網路論壇上就出現嘲笑朱鎔基是軟弱「叛徒」的發言[94]。

沒過幾週，氣功修練團體法輪功聚集超過上萬名成員，圍繞中南海官邸，抗議政府對法輪功的各項限制[95]。這是繼十年前天安門事件後，該廣場上規模最大的一次抗爭活動，從北京當局震驚的程度，以及後續的鎮壓動作，皆凸顯領導階層的感受有多麼脆弱。

然而，最糟的還在後頭。

中國與中國人民，可不是好欺負的

一九九九年五月八日的凌晨，中國外交部部長唐家璇被持續響個不停的電話鈴聲吵醒。當下，他已知道是個壞兆頭[96]。

部長祕書捎來大新聞：就在十分鐘前，美國轟炸了南斯拉夫一帶，駐塞爾維亞（Serbia）首都貝爾格勒（Belgrade）的中國大使館。此時，外交部還在努力蒐集所有實況訊息，但有兩件事已經很清楚：有中國人傷亡，以及中美關係的風暴即將來臨。

唐家璇的性情溫吞、說話輕聲細語，但此刻可被氣得不輕。他回憶：「我簡直不敢相信自己的耳朵。惡劣的暴行！居然攻擊中華人民共和國大使館！」

唐家璇冷靜後，下達命令給祕書，除了向上級報告之外，還要不計一切手段想辦法聯繫上大使館。此外，唐家璇也命令各單位負責人立即到外交部集合：即刻起床、穿越北京市，直達部長辦公室。

當唐家璇抵達外交部時，收到了更詳細的資訊。在使館內過夜的特派記者，有三位身亡，另有二十位外交官、記者、眷屬受傷[97]。大使館是棟五層樓建築，屋頂有綠色的中式建築屋簷設計，現在已被嚴重毀壞。目擊者表示，有三枚美國飛彈（後被證實為五枚）擊中這棟建築[98]。唐家璇的下個任務，就是向中國最高領導階層呈報。他穿過市區、返回中南海，向江澤民和其他最高領導階層說明情況。

他心裡明白，現在領導階層對北大西洋公約組織（North Atlantic Treaty Organization，縮寫為NATO，以下簡稱北約）的行動感到憤怒，但這股氣憤只會加劇這場危機。

對中國領導階層來說，北約在南斯拉夫的行動只是最近期的一次表態，展現美國冷戰後的勝利主義（譯按：triumphalism，刻意藉由慶功讓敗方感到不悅），充滿了教訓意味。同時，由於塞爾維亞出現類似中國在新疆和西藏遭遇的分離主義（separatism），其平定行動引發中國領導階層的同情，並視之為正當作為（編按：指巴爾幹半島的科索沃〔Kosovo〕，該地居住阿爾巴尼亞族，一九八九年宣布脫離塞爾維亞、獨立建國，接著塞國組織塞爾維亞族移民科索沃，引起阿族不滿，對塞族進行游擊戰，一九九八年塞國開始大規模軍事行動，導致二十萬阿族人淪為難民。一九九九年三月，北約開始轟炸塞爾維亞）。

另外，中國還向塞爾維亞當局提出非公開合作。而塞爾維亞當局的回饋，就是讓北京研究三月擊落的美國F-117夜鷹匿蹤戰鬥機的部分零件[99]。

唐家璇後來形容中南海的內部情況是「既悲傷又憤怒」。領導階層做了決定，「發出嚴正聲明，堅決維護我們國家主權和民族尊嚴，同時也要顧及改革開放和國家長遠議題」。換句話說，**中國領導階層要在不徹底破壞關係的情況之下，讓美國付出最大的外交代價**。

五月八日，時任美國總統柯林頓公開道歉，但中國領導階層對這種近乎隨意的道歉方式相當不滿。與此同時，**在中國政府的支持、甚至協助之下，中國民眾把憤怒帶上街頭**。美國駐北京大使館遭受石塊和雞蛋襲擊，大使尚慕傑（James Sasser）就被困在使館裡，牆外的學生一邊投擲石塊、一邊大喊「殺死美國人」，整棟樓被團團包圍。

尚慕傑透過電話告訴加拿大廣播公司（Canadian Broadcasting Corporation，縮寫為CBC）：「場面很可能會失控，只希望警方能夠控制住示威群眾。基本上，我們這裡的人都是人質。」[100]

除了抗議活動，緊接著還有中國國有媒體的一連串攻擊，將過去外國對中國犯下的錯誤與這些攻擊聯繫起來，天安門事件過後，中國愛國主義教育運動不斷對人民推廣這些「百年屈辱」。《人民日報》譴責這起轟炸案是「野蠻罪行」，並告誡中國人民，美國人顯然有想要成為「地球之王」的野心[101]。另外有篇社論標題是「這不是一八九九年」，顯然是指稱義和團運動期間，外國軍隊在北京部分地區的洗劫行徑[102]。

由於抗議活動加劇，美國大使館幾乎就要被占領了，美國海軍陸戰隊開始有系統的銷毀機密文件，而大使尚慕傑與其團隊則撤退至使館內的安全區域。

正當北京的動亂發展到最高點，時任美國國務卿瑪德琳・歐布萊特（Madeleine Albright）率領五位美國官員組成的小組，來到中國駐華盛頓大使館，為轟炸事件致歉，並說明北京事態發展的嚴重性。

對中國大使李肇星來說，歐布萊特的來訪問具有政治禮物的意義。身為狂熱的業餘詩人，後來還成為中國莎士比亞學會的名譽會長，李肇星當場來了一段真正的戲劇表演——李肇星表示這種違法行徑「超乎想像」，美國政府必得道歉，講話時還比手畫腳，好讓電視攝影機捕捉到此刻的戲劇張力。

歐布萊特一行美國人離開中國大使館後，與群情激憤的中國「記者」撞個正著，當場要求歐布萊特道歉[103]。

經過數月談判，緊張狀態最終獲得舒緩。華盛頓當局賠償喪命人員和財產損失，也解僱了誤將中國駐貝爾格勒大使館設為目標的中情局行動官員，並針對轟炸事件提出官方解釋（但大多數受過教育的中國人仍認為是蓄意之舉）[104]。

中國領導階層認為他們已經把立場表達得很清楚了。唐家璇後來寫道：「**我們最大的成就是讓美國知道，今天的中國、今天的中國人民是不可欺負的。**」[105]

道歉語意學，用什麼字眼道歉很重要

後續的這段時期裡，中美關係充滿了未知數。貝爾格勒轟炸案顯露出，一九九〇年代兩國關係修復的情況有多麼脆弱。

但仍可以肯定的是，有些正面跡象存在。一九九九年十一月，中美兩國就北京加入世界貿易組織的條件達成共識，消弭兩國關係之中長久以來的摩擦和不確定性。中國獲准加入世界貿易組織，意味著中國優異的經濟增長有機會延續，甚至加速發展，同時這也算是進一步被國際承認，全球各國將以對等條件接受中國。

然而，還是有全中國擔憂的動向發展。二〇〇〇年十一月，喬治・沃克・布希（譯按：George Walker Bush，常被稱為小布希）當選總統，但幾個月前小布希在競選活動中，還把中國講成是「戰略競爭對手」（strategic competitor）。北京當局派了楊潔篪前往華盛頓，與這位新總統打交道。楊潔篪在一九七〇年代曾擔任老布希的翻譯，中方因此期盼楊潔篪與布希家族的這份深厚關係能發揮作用[106]。

小布希宣示就職後沒幾個月，就出現新危機，而稍早感覺兩國關係可以穩定下來的盼望顯然也落空了。二〇〇一年四月一日，中國沿海的國際空域上，有架中國戰鬥機因試圖攔截一架美國EP-3偵察機而發生碰撞，中國飛行員喪命，而受損的美國偵察機緊急迫降於海南島。

四月四日，江澤民啟程前往拉丁美洲之前，交代外交部在釋放飛行員之前，務必要確保美方道歉[107]。江澤民給外交部一道簡單指示，由外交部轉告給美國：「你道歉，我放人。」[108]

當時的外交部部長唐家璇還記得，憤怒的不只是一般大眾，中國官員和軍方也都氣到不行。北京和華盛頓分別舉行了許多輪會議，除了討論歸還美國飛行員之外，也商討怎麼樣表達歉意的遣詞用字，才符合中方要求。

中國外交部請來多位英語專家，研究不同等級的詞義，使用《牛津高級辭典》（*Oxford Advanced Learner's Dictionary*）和《韋氏英語百科全書詞典》（*Webster's Encyclopedic Unabridged Dictionary of the English Language*），比較apologize（道歉）、sorry（抱歉）、regret（遺憾）等英文單字的含義。**最後，這群專家決定了，美國就用「very sorry」（非常抱歉）這個詞彙**，而唐部長則是穿上深色西裝，接受這份道歉[109]。

投注如此多心力在道歉語意學上，看起來有些瑣碎，但其實這有著很深的歷史淵源。晚清時期，中國歷代以來頭一批外交官曾多次被派往世界各地去道歉，原因是侵犯到西方的利益，但通常同時也是受到軍事行動的威脅。一九七〇年代初期，一群派駐紐約的中國外交官，偶然發現某位清朝外交官的墳地，正是當年被派來美國道歉的官員。某位外交官對此寫道：「國不強，任人欺凌，哪裡還談得上什麼正正經經的外交啊！」這群派駐紐約的外交官，就跟唐家璇和繼任的部長一樣，沒有人想要跟這份過去有任何瓜葛[110]。

四月二十四日，小布希政府宣布要對臺灣銷售價值一百二十億美元的軍事武器，對中國來說簡直是雪上加霜[111]。接受美國廣播公司（American Broadcasting Company，縮寫為ＡＢＣ）新聞臺節目《早安美國》（*Good Morning America*）採訪時，小布希突破美國以往的態度，表示美國將會「竭盡所能」（whatever it takes）保護這座島嶼[112]。

中國外交部發言人章啟月回應表示，美國開始走上了一條「危險的道路」，並補充說道：「中國政府和中國人民」皆「強烈表示憤怒」[113]。

中國國內經濟改革及外交和解工作，成功把中國從天安門事件後的低谷拉出來，但仍舊無法說服美國政治菁英相信中國的崛起不會帶來威脅。看來，前面的道路依舊崎嶇。

主辦奧運，周恩來承諾的勝利

二〇〇一年七月，國際奧林匹克委員會（International Olympic Committee，以下簡稱為國際奧委會）決定讓北京舉辦二〇〇八年夏季奧林匹克運動會，全球的反應驗證了中國在各地尋求國際認可的進度並不一致。

對於中國外交官來說，這一刻他們已等了許久，畢竟早在**幾十年前，周恩來就承諾：「有朝一日中國一定要舉辦世界性的運動會。」**[114]由於「桌球外交」成功讓中國突破與美國的關係，後來中國便持續運用體育運動來與外界建立關係。光是一九七二年，中國就與七十九個國家，共舉辦了兩百三十場體育交流活動[115]。

中國欲從體育界中尋求認可的計畫，也曾遭逢許多挫敗。一九九三年，中國申辦二〇〇〇年夏季奧林匹克運動會，但在西方國家憂心中國人權紀錄的考量之下，以微小差距被否決。這結果顯示中國仍被世界上許多國家藐視。某位外交官形容自己當下的心情「就像被澆了冷水」[116]。對許多中國人來說，這表示世界上大部分的人都瞧不起中國，以及中國國民。

中國角逐二〇〇八年奧運主辦權，再一次使出渾身解數，這一次可沒有失敗的餘地。中國承諾，一路到奧運會開幕前，將會投入近兩百二十億美元以升級基礎建設、改善環境保護。此外，中國還動員世界各地的中國使館展開遊說[117]。二〇〇一年七月十三日，捎來獲選的消息，先前遭遇的挫折與失望讓此刻的成功變得更加甜美。隨著中國首都內出現飄揚的旗幟、煙火和喇叭聲響，整座城市的氣氛高漲。

由於此次北京打敗的對手裡有巴黎，中國駐巴黎大使回憶：「這是得來不易的勝利，中國的國際地位提升了！」[118]

對許多中國外交官及人民來說，這場勝利象徵著中國正逐漸擺脫一百多年來背負惡名的軟弱狀態。某位參與申辦流程的中國外交官告訴記者，**中國人民曾被說成是「東亞病夫」，被當作狗一般看待，如今這是屬於中國人民的勝利**[119]。

儘管如此，這個時刻依舊是憂喜參半。中國官員聲稱，這次的勝利有助於中國改善人權議題。時任體育總局局長袁偉民則認為，舉辦奧運會可幫助「文化、健康、教育、運動等各方面進步發展，最重要的就是人權方面能有相對應的進展」[120]。

不過，許多外國評論家都質疑這些承諾的誠意。已故美國眾議院議員湯姆・藍托斯（Tom Lantos，二〇〇八年二月於任內病故）談到這項決議時表示：「國際奧委會決定獎勵中國日益惡化的人權紀錄，讓北京獲得主辦奧運會的殊榮，這絕對是無法讓人接受的事情！」時任法國議會外交事務委員會主席弗朗索瓦・龍克勒（François Loncle）的評論更有畫面，他如此說道：「按照規畫好的時程，**鐵人三項和沙灘排球賽事，即將在天安門廣場上舉行，這豈能想像？這裡可是中國軍隊在一九八九年春天血腥鎮壓民主運動的地點！**」[121]

即便北京的魅力攻勢已經施展長達十年，但世界上仍有許多人看不起中國。由於中國的經濟影響力持續擴大，軍事現代化的腳步也從未停歇，要打消這些批評者的疑慮只會變得更難。

更糟的是，小布希政府似乎打算繼續把中國看待成「競爭對手」，甚至可能視中國為一道威脅。不過，一個九月的晴朗早晨，一切都被扭轉了。

第 10 章

中國是大國，其他都是小國

2008 年，美國雷曼兄弟宣告破產。這場金融危機打破「以美國為首的西方模式乃全球通用」的迷思，證明「中國模式」崛起。

二〇〇一年九月十一日，張洪喜在祝福兒子生日快樂之後，前往紐約曼哈頓區上班，這天他比平常稍晚一些進辦公室。才走進辦公室，張洪喜就聽到刺耳的警笛聲，他隨即朝窗外看去，救護車一臺接著一臺疾馳而過，好像沒有盡頭。

張洪喜是中國駐紐約總領事，在他看來，這些車輛似乎是駛向國際世界貿易中心，他還看到世貿雙塔的北塔正滾出濃煙。他知道，無論發生了什麼，肯定是條大新聞，因此立即交代領事館政治部門趕緊拍下事件經過。

領事館同仁一番忙亂之際，張洪喜的雙眼仍持續緊盯著國際世界貿易中心的雙塔。突然間，空中出現一架飛機，還沒等他反應過來到底發生什麼事情之前，這架

▲ 2001 年 9 月 11 日，照片右方冒出濃煙的大樓，即為遭受襲擊的美國世貿大樓。
（圖片來源：維基共享資源公有領域。）

飛機就已經撞上南塔，瞬間爆出一顆火球。

張洪喜找來領事館裡的領導階層，召開緊急會議，同時指示同仁開始監控媒體。當第一座塔倒塌時，外交官就衝去外頭拍攝影片[1]。

至於北京這頭，主席江澤民死盯著電視機。他從香港鳳凰衛視新聞頻道上，幾乎觀看了整起事件始末的現場直播。此時，中國國內媒體仍受到嚴格審查，所以並未詳細報導此消息。

離開電視螢幕後，江澤民召集政治局常務委員會，討論中國該如何回應。會後，委員會決定要把這起攻擊事件譴責為恐怖攻擊。就在這起災難發生後的幾個小時，北京已過了午夜，江澤民還是打電話給小布希總統，隔天又再通了第二次電話[2]。

在這一切混亂之中，中國領導階層與最高外交官倒是看到了機會。後來，中國外交部部長唐家璇在華盛頓遇到中國新任大使楊潔篪時，兩人都同意**這起攻擊事件是「改善與發展中美關係的重大機會」**[3]。唐家璇與楊潔篪推斷，**美國很有可能把注意力從中國轉移到中東，甚至也會考慮跟中國合作，一起為反恐作戰**。

九一一事件，開啟中美全新合作關係

中國領導階層的想法是正確的，九一一事件即將成為轉捩點。

「小布希總統收到第一封強烈表達同情之意的訊息，正是來自中國，」前美國國務卿助理柯立金（James Kelly）事後告訴某位採訪人員：「中國隨即就加入反恐戰爭，這麼一來，任何想要開始新冷戰的意圖也幾乎粉碎了。」[4]

事實上，攻擊事件雖提供了機會，但不表示事情進展會很容易。就跟多數美國人民一樣，九一一事件發生後的幾週之內，中國外交使團都處於相當緊張的狀態。世貿雙塔倒塌一週後，炭疽病毒來襲，中國駐美國的外交官只好戴上手套，把信件放到玻璃箱子裡再打開（編按：指二〇〇一年美國炭疽攻擊事件，自該年九月十八日起，有人把含有炭疽桿菌的信件寄給多個新聞媒體及參議員辦公室，共造成五人死亡、十七人感染）。中國外交部還寄送來額外的醫療用品，以備不時之需[5]。

美國的關注重點轉移到中東，這對中國在更廣大區域的影響力會帶來什麼效應，也是中國心中的疑問。巴基斯坦是中國最親密的外交夥伴，為鞏固中國在巴基斯坦的利益，北京派出一位外交新星前往首都伊斯蘭馬巴德：攻擊事件發生後一週，中國最年輕的外交部副部長王毅，抵達巴國首都，目的是要力勸巴國領導人選擇與美國合作，同時也要確保北京自身利益不會受到損害[6]。

北京當局抓住這次機會，與世界唯一的超級大國重新建立關係。中國分享恐怖分子活動的情報，也提供資金協助，甚至在美國準備入侵阿富汗時，還派出破雷艦（minesweeper），低調提供軍事支援[7]。此外，中國也允許美國聯邦調查局，以反恐合作為明確目標，在北京設立辦公室[8]。

同年十月，上海舉辦亞太經合峰會，小布希總統與江澤民會晤，可看出中國有了很大的進展。小布希向江澤民說道：「你是一個偉大國家的領導人，我們雙方應該要多了解彼此。」兩人會談近尾聲時，江澤民告訴小布希：「我聽見了你的決心，我們也同意你的觀點。」[9]一個月後，**中國加入世界貿易組織，長達十年的貿易緊張關係，總算暫時告一段落**。在小布希政府二〇〇二年美國國家安全戰略（2002 National Security Strategy）的文件裡，表示樂意見到「強大、和平、繁榮的中國出現」[10]。

中國領導階層很快便發現這個外交轉捩點的歷史意義，於是提出「戰略機遇期」的看法，也就是這段期間中國可以自由發展經濟，透過新的全球市場管道賺取利益，而美國此時會專注在中東地區，所以兩大強國發生衝突的可能性似乎很小[11]。二〇〇二年底，江澤民正式同意這個看法，他告訴共產黨領導階層：「二十一世紀頭二十年，是重要的戰略機遇期。」[12]

九一一事件後，一切似乎都進展順利。美國分心處理全球恐怖主義，全心投入在中東地區，而兩大強國也因為反恐找到可以相互合作的方式。天安門事件後，尤其是在**一九九五年至一九九六年臺海危機之後，中國致力於讓鄰國可以信服自己，此刻也逐漸開始看到成效。這時期的發展高峰，就落在二〇〇八年夏季奧林匹克運動會，這是中國政權自成立以來獲得國際認**

可最重大的時刻。

前外交部部長唐家璇後來回顧中國在二〇〇〇年代達成的各項斬獲，認為一切準確反映出中國的「綜合國力」，以及地位快速竄升的情況。唐家璇還寫道：在「身穿文裝的人民解放軍」努力之下，協助中國成功達成目標[13]。

不過，中國的形象轉變仍舊有限。**面對這共產獨裁政權的潛在競爭對手，華盛頓當局一直保持著警覺性。而北京當局則是害怕華盛頓擁護民主的意圖，也擔心會被美國盟友形成的網絡包圍**。此外，在反恐這件事情上，中國也從未如同小布希政府那樣熱衷（中國只察覺到國內穆斯林少數民族帶來的威脅）。儘管如此，中美兩國還是找到許多新領域可以合作，首先就是北韓核武的威脅。

該讓中國成為大國嗎？

二〇〇二年十月，美國告訴北韓官員，美方已掌握十足明確的證據，證明北韓有祕密計畫，打算研發核彈製造所需的高濃縮鈾。

一九九〇年代，美國要求北京當局要控制住北韓的核發展野心，但多數時間江澤民都假裝沒聽見。不過，到了二〇〇二年，胡錦濤接下江澤民的職位、成為共產黨主席後，開始對北韓這個不討喜的盟友有了不同的看法。與前任主席的熱情與活力相比，胡錦濤是個非常低調、甚至有點沉悶的人物，兩人形成強烈對比，不過胡錦濤年輕許多，也有新的想法。

胡錦濤屬於嶄新的「第四代」中國領導階層，這一代的領導對於中國與北韓的關係，少了許多情感層面的糾葛，認為可以透過多邊手段來解決核問題[14]。

從江澤民手上接下職務後，胡錦濤便重新審視中國對北韓的政策，於黨國上下徵求意見。九一一事件後，隨即出發前往巴基斯坦的年輕外交部副部長王毅，他提出的建議最終被胡錦濤採納。王毅的提議是扭轉中國對北韓政策，比起聚焦在理念相合的北韓，更應該專注在中國國家利益，同時還要優先制定一套防止北韓發展核武的策略[15]。

二〇〇三年初，小布希把北韓與伊朗、伊拉克一同劃定為「邪惡軸心」（axis of evil）已有一年多的時間，就在此時，胡錦濤決定做點事了。當時，約莫有一萬名美軍集結在伊拉克邊境，為政權更迭做準備。哪怕只是為了降低美軍像韓戰初期那樣，向中國邊境步步逼近的風險，中國都需要介入這次的行動。這個任務就落到錢其琛身上，也就是當年在外交部負責修補天安門事件對外影響的那一位同志。

二〇〇三年三月八日，七十五歲的錢其琛抵達北韓三池淵機場時，搭乘的飛機劇烈晃動。錢其琛與一小群中國外交官前往金正日的祕密招待所，地點就位在中韓邊境的活火山白頭山（中國稱長白山）山腳下，許多韓國人視此山為朝鮮人民心靈的故鄉，北韓政權更聲稱金正日出生於此地[16]。

走下飛機時，中方有位成員抬頭看向天空，並問自己：「為何北韓的天空這麼藍？我小的時候，中國的天空也是這麼藍。」這項觀察顯現出過去二十五年來，中國因快速工業化而大肆破壞自然環境。但也是同個原因，使得這兩個共產國家的發展差距日漸擴大。

錢其琛上一次來到北韓是一九九二年七月，當時雙方關係十分緊張，錢其琛被派來爭取北韓國父金日成的支持，因為中國打算與南韓建立關係。而這一次，沒有以往的盛大歡迎，代表團被帶到平壤順安機場最偏僻的位置。後來，錢其琛指出，那是**金日成與中國代表團最短暫的一次會面**[17]。

兩趟北韓訪問相隔十多年，同樣有著重大意義的使命，這回還遇上如此美好的春日。會議開始後，錢其琛打算先讓金正日好好抒發。錢其琛耐心傾聽這位北韓領導人斥責美國的侵略行徑，以及質疑中國為何也介入這起核問題，因為這本該只是北韓和美國的事而已。

後來，錢其琛坦白提出自己的請求，也建議金正日考慮開啟美國、北韓與中國的三方會談。錢其琛心裡清楚，金正日渴望獲得與美國直接對話所帶來的正當性，所以便向金正日保證「中國在不在場並不重要，我們只會靜靜聆聽」。

最終，金正日態度軟化了。不過，原先預定的三方會談，後來還加入了南韓、日本與俄羅斯，成為六方會談。這次的任務，很是成功。

二〇〇三年八月二十七日，第一輪六方會談於北京舉行。同年稍早，王毅陪錢其琛前往北韓會晤金正日，而這次中國代表團就由王毅帶領。會談期間，北韓三番兩次稱呼俄羅斯代表是「骯髒的騙子」，抵制磋商聯合聲明的團體討論，還以核試驗威脅美國。

即便是同為共產政權的中國，與北韓打交道也覺得累。過了兩天，王毅負責主持會談的結論環節，北韓代表、外交部副部長金永日卻插話：「這次會議毫無用處，我們對這不感興趣！我們以後也不會再參加這種會議了！」王毅若無其事的接續總結：「六方會談的與會者同意持續進行六方會談，並會透過外交途徑，盡快決定下一輪會議的時間與地點。」[18]

中國能夠主持這場會談，等於是中國領導階層和外交官受到認可，這是長久以來中國想要獲得的成果。為了此次會談，中國外交部還特別製作六方會談專屬的鉛筆、文件夾和扇子[19]。中國媒體不間斷播報會談新聞，還總結了《紐約時報》的報導，強調中國在國際間有了全新地位，並播放周恩來的存檔影片，重申今日的中國外交官將會循著周恩來的腳步前進，螢幕上還跑出橫幅寫著：「全世界都在看這場北京會議。」[20]

六方會談於二〇〇三年至二〇〇九年間斷斷續續舉行，過程艱辛，有不少希望破滅、停滯不前、挫折的時刻。然而，即便各方最終沒能成功阻止北韓繼續發展核武，卻也有一些重大突破，因為二〇〇五年北韓曾承諾會放棄核計畫，而二〇〇七年各方又同意會執行二〇〇五年達成的協議。

對中國而言，六方會談更重大的意義，在於幫助中美關係於九一一事件後維持著正向的動力。當時，美國首席談判代表克里斯多福．希爾（Christopher Hill）告訴ABC：「比起其他我所知道的發展，**六方會議的整個過程其實對美國與中國友好更有幫助。**」[21]

然而，**北京當局有些人並不確定中國到底該承擔多少國際責任，正如同華盛頓當局也有些人難以確定他們是否希望見到中國成為國際領導者。**二〇〇六年，時任國務卿的康朵麗莎．萊斯（Condoleezza Rice）與中國外交部長李肇星開會時，對於中方在北韓議題上採取「迴避政策」感到很生氣。

「我告訴自己，要記得告訴李肇星：中國是個大國，但從來就沒有展現出一個大國應該要有的行為，」萊斯回憶：「接著，我腦裡又有個小小的聲音，低聲說著：這樣或許才是最好的安排。」[22]

西方世界閃躲，中國張開雙臂擁抱

六方會談在中國揭幕時，全球的注意力仍集中在美國入侵伊拉克之上。縱使中國領導人對於入侵主權國家的決策感到十分震驚，這起事件倒也為中共提供了發展公共關係的重大契機。

由於**小布希政府在世界各地許多地方都不太受歡迎，這時中國領導階層只需要露露臉，就**

能成功在外交上得分。二〇〇三年，小布希與胡錦濤接連幾天在澳洲議會發表的談話中，就能明顯感受到差異。胡錦濤受歡迎程度遠勝過小布希，澳洲當地媒體《金融評論報》（*Financial Review*）還下了個「小布希來，胡征服」（Bush came, Hu conquered.）的標題[23]。其實，只要聽過胡錦濤演講的聽眾就會明白，**這股熱情回應跟這位中國主席的演講修辭關聯較小，跟美國不受歡迎比較有關係**。

正當美國讓出空位，北京當局在其他外交領域上也變得更為活躍，比過往更常派出領導階層參訪。中國最高領導階層（主席、總理、全國人民代表大會主席、中國人民政治協商會議主席）於一九九二年至二〇〇六年間，共計海外出訪了四百二十四次，高於一九八一年至一九九一年的一百二十二次[24]。

中國外交官甚至建議領導階層應該出席國際論壇。以往，中國領導階層不只是會感到不自在，有時還對論壇反感。不過，經過外交部力勸，加上國家最高領導階層的長時間討論之後，二〇〇三年胡錦濤同意出席法國埃維昂萊班（Evian-les-Bains）舉行的八大工業國組織（G8 summit）。其實，中國接連在一九九六年、一九九九年、二〇〇〇年皆婉拒會議邀請，理由是中國不應與富國俱樂部有所瓜葛，但二〇〇三年中國總算是同意出席了[25]。

然而，對於他人如何看待自己付出的努力，中國領導階層還是極為敏感，同時也擔憂可能浮現的強烈反對聲音。領導階層對中國聲譽的強烈關注，可藉由「和平崛起」這道口號的興衰來簡要說明。此口號是二〇〇三年底由共產黨知名知識分子鄭必堅喊出，當年以胡錦濤、溫家寶為首的領導階層一開始接受了這句口號，到了二〇〇四年卻選擇使用另一個用詞「和平發展」，理由是覺得後者的威脅力道比較小[26]。

面對這些擔憂，強化中國的軟實力似乎是個風險相對低的策略。二〇〇二年，經過長時間的討論，中國決定在巴黎設立一處文化中心，此為中國在西方主要大國裡設置的第一間文化中心[27]。二〇〇四年，中國外交部還成立了公眾外交處，顯示中國需要在此領域「趕上」已開發國家[28]。

中國推動軟實力，在自家後院的東南亞最激進，成果也最為成功。二〇〇〇年代中期，中國與日本相互較量，搶當此區域內多個國家的最大捐助國，中國不只在柬埔寨建造學校，還在菲律賓高度受關注的鐵路案裡援助了五億美元。記者和政治人物，以有償的公費旅行方式被請到中國訪問，而此區域內的民意調查也顯示人民對北京的好感度逐漸增長[29]。

或許，二〇〇六年十一月主辦第三次中非合作論壇（Forum on China-Africa Cooperation）北京峰會時，中國就把自己推向新措施的顛峰。這是從一九九〇年代後期以來，加強與非洲接觸的成果，而這場峰會的目的就是要刻意推動、改善中國在非洲大陸的形象。一直到會議召開前夕，外交部政策規畫司和國務院新聞辦公室，陸續召開中國政府智庫會議，討論提升中國軟實力的方式[30]。

所有細節都放大檢視。中國政府準備了一張周長六十二公尺的巨型圓桌，藉此象徵與會者一律平等。無論國家規模大小，胡錦濤特意接見出席峰會的每一位國家元首或政府首長[31]。隨著活動日期將近，北京市點綴上廣告招牌，內容呈現大象和長頸鹿在非洲大草原上漫遊的情景。同時，為能讓天空短暫露出藍天，建設工程與交通都被縮減、限制[32]。

該場峰會成功吸引來自四十八個非洲國家的領導人，其中包括四十位國家元首。會議裡，胡錦濤承諾提供五十多億美元的低利息貸款和買方信貸（buyer's credit），還承諾建造一百所新學校，培訓一萬六千多名專業人才，以及在非洲大陸各地推廣中國文化[33]。

為了魅惑這個世界，北京張開雙臂歡迎被西方國家閃躲的對象。時任委內瑞拉總統烏戈·查維茲（Hugo Chávez）把自己與中國的關係，描述為抵禦美國霸權的「長城」後，中國就向查維茲獻殷勤[34]。二〇〇五年，華盛頓當局指責烏茲別克領導階層屠殺了約四百人時（編按：指該年五月十三日發生的安集延〔Andijon〕事件，烏茲別克內政部和國家安全局軍隊，掃射在安集延抗議的民眾，抗議者訴求釋放被政府認定為恐怖主義組織成員的二十三名青年男子），中國則表達對該政權的「堅定支持」，烏茲別克領導人到訪北京時，還鳴放二十一響禮炮迎接他[35]。另外，當西方政府閃避位在喀土穆（Khartoum）的蘇丹政權，北京當局加深對該政權的支持力道[36]。

中國在西方的聲譽受到損害，除了上述友好行徑的緣故，更是因為中國此時正在籌備二〇〇八年夏季奧運會，所以受到天安門鎮壓以來，最嚴格的國際監督。為此，北京當局也採取了緩解措施，包括二〇〇六年十月強烈譴責北韓的核試驗、投票決定加強制裁伊朗、支持聯合國非洲聯盟在蘇丹達佛（Darfur）部署軍力，也譴責緬甸的鎮壓行動[37]。

不過，這些作為都不足以阻止人權激進分子把賽事稱為「種族滅絕奧運會」（genocide Olympics），也無法阻擋美國知名導演史蒂芬・史匹柏（Steven Spielberg）辭退開閉幕典禮的藝術顧問[38]。縱然如此，北京的全球聲譽還是大有進展，推動軟實力逐漸成為中國外交政策的核心。二〇〇七年，主席胡錦濤於某次重要談話中，把中國「復興」與展現軟實力的能力串接在一起，正式升級軟實力在中國外交上的重要性[39]。

中國外交新挑戰，保護海外公民

中國的興起與經濟擴張，也為外交官帶來新挑戰。一九九九年，為確保中國這個新興大國能獲取關鍵材料，以利維持經濟的快速增長，以及擁有更強大的國際競爭力，中國領導階層開始為中國企業制定「走出去」戰略。二〇〇二年，江澤民在第十六次全國代表大會上提報此戰略後，還獲得最高級別批准[40]。二〇〇〇年時，中國海外投資僅有七十六億美元，但到了二〇〇五年底，累計已達五百一十二億美元[41]。中國資金流向海外的同時，中國人民也往外走了。

經濟擴張伴隨而來的問題隨即顯現，中國外交部也在二〇〇四年驚醒了。這年，在擁有中國國有企業設點營運的蘇丹、阿富汗和巴基斯坦等地，短短幾個月內就有十六名中國人民遇襲喪命。中國媒體大篇幅報導這幾起命案，輿論要求外交部採取行動的壓力越來越猛烈[42]。這項艱鉅任務的規模更持續擴大。一九九五年，中國遊客僅有四百五十萬趟海外旅行，但到了二〇〇五年，此數目已成長到三千多萬[43]。

對共產黨來說，為身處海外的中國公民提供援助屬於新的挑戰。一九八〇年代，大多數中國使館對這件事的關注相對較少；某位曾派駐肯亞的中國外交官估計，那年代肯亞只有五名非外交官的中國人[44]。不過，外交機構是時候要轉型了。二〇〇四年，中國外交部設立涉外安全事務司，負責保護海外公民，二〇〇五年該司以北京為據點，成立處理領事事務的辦事處，並於二〇〇七年創建了領事保護中心[45]。

然而，隨著外交部持續發展，來自大眾期望與考驗的規模也急遽成長。二〇一一年初爆發阿拉伯之春（Arab Spring）起義，中東地區的政府逐一倒下，導致上萬名中國商人陷入困境和恐懼之中，其中又以在北非利比亞生活、工作的中國人遭遇最為艱難，因為利比亞已全面陷入內戰，中國人只得向自己的政府尋求協助。

受困的中國人民，在微網誌（microblogging）網站新浪微博張貼焦慮不安的訊息，引發其他用戶致電外交部抗議。某篇文章如此寫道：「我剛剛撥通外交部官網上的電話號碼 +86-10-

6596114，一個女人接的電話，她聽起來好像才剛睡醒！我才說出『利比亞』三個字，她就立刻回應：『領導都回家了，我們明天再處理！』」[46]

面對這項新考驗，中國外交部完全不知該如何是好，於是到處尋求建議。中國在一九五〇年代會向同為社會主義的兄弟國求助，但到了二〇一一年，他們改找英國駐北京大使館，詢問撤離非軍事人員最好的方法[47]。

最後，從利比亞撤離中國公民的任務大為成功。二〇一一年二月底至三月初，十二天的時間，共計有超過三萬五千名中國公民，分別搭乘飛機、船艦、巴士、卡車離開利比亞。此乃中國歷史上規模最大，也是首次動用中國軍機的撤離行動[48]。整個二〇一一年，中國共撤離了超過四萬七千名居住在海外的中國公民，此數字超過中華人民共和國自一九四九年創國以來數十年的總和[49]。

如同先前的六方會談，**中國積極保護海外公民的作為，預告著中國正踏入新的階段，朝大國地位邁進**。一次世界大戰之前，美國基督教宣教士在亞洲和中東很活躍，幫助美國慢慢轉變為更國際化的角色，中國在海外的學生、遊客、商人如今也幫中國做同樣的事情[50]。

隨著胡錦濤時代即將結束，這位中國國家主席於二〇一二年第十八次全國代表大會上，強調中國成功保護在海外的中國人，彰顯了中國領導階層現在越來越看重保護海外公民一事[51]。

外交部表示沒有掌握資訊時，通常是實話

矛盾的是，**中國在國際間成長、茁壯，反而削弱了中國外交部的地位。由於中國商人和遊客擴散到世界各地，外交部不得不與商務部、公安部，以及強大的國有企業等單位合作，有時甚至還會出現相互競爭的情況。**不過，外交部的預算往往都比不過這些組織單位，在北京的政治影響力也沒有比較大[52]。

而在範圍更廣且更複雜的全球議題上，也出現同樣的情況，因為中國的影響力已從金融擴大到醫療保健、移民服務、環境等領域[53]。這些嶄新的外交角色，與中央政府各單位都有關係，所以各部門更常會派出自己的代表到海外大使館。

中國外交部的勢微，不僅是因為各種新角色崛起的緣故，另外也源於被吸引來從事外交工作的人。**革命時期的長老不在了，與領導階層關係密切的軍方人員也離開了。**取而代之的，是對錯綜複雜國際外交擁有豐富知識、外語又流利的專業人才。不過，他們欠缺軍事方面的威望，與黨內最高領導階層也沒有密切的個人關係[54]。

北京與全球各地首都的官員，越來越確定中國外交部就是個疲弱的角色。柯林頓時期的政府官員謝淑麗（Susan Shirk）回憶：「每當我向中國外交官抗議，反對純粹因為政治犯罪就逮捕人，還提醒這麼做會破壞美中關係，但這時他們會抬起雙手，向我解釋外交部無能為力，因

為國家安全部和公安部的權力都比外交部大很多，甚至不會有人提供案件資訊給外交部。」[55]

有時，**就連中國國有企業也可能會凌駕於外交部之上**。二〇一〇年，時任外交部政策規畫司司長的樂玉成，對中國學者沈大偉如此表示：「有時，我們發現某些公司做的事情不符合中國的政策和利益，我們叫他們住手，但他們也沒有打算停止。」[56]

在中國這種政治體系裡，協調各式各樣差距甚多的角色尤其困難，因為**中國政治體系是設計來接收高層命令的**，在這種體制之下，任何資訊都屬於嚴密保護的資源。中國和蘇聯一樣，保密規定限制各部門彼此之間分享資訊，迫使各部門得透過最高領導階層溝通[57]。

這套做法是為了防止部分政府機關得知太多資訊，因為此一特點，這套政治體系常被描述為「煙囪效應」（stovepiping），資訊自上而下垂直流經控制線，而不會水平穿越組織。通常，只有副部長等級才有權與其他部門共享資訊，所以若議題沒有達到某個值得提出的級別時，工作就難以完成[58]。前美國中情局中國分析師蘇葆立表示：「這就是煙囪效應的下場，因為這些官僚機構之間本來就欠缺信任。」[59]

二〇〇七年一月，中國軍方的一顆彈道導彈，擊中中國氣象衛星。此時，中國外交部的弱點和中國政府的保密文化，完全暴露在大眾面前。當外國政府要求中國外交官解釋原由時，他們很快給出結論，那就是中國外交部並不知道這次的導彈測試。事件發生十天過後，外交部長李肇星表示，關於本起事件「沒有收到任何經過證實的資訊」。外交部前後花了兩週時間，才發表聲明表示知情[60]。因此，**當中國外交部發言人表示沒有掌握到特定議題的資訊時，通常說的就是實話**。

十三億人都有意見，外交官壓力好大

若說**中國外交官**受到其他單位越來越重的束縛，他們**承受來自中國民眾急速成長的期望壓力，也是越來越沉**。在一九九〇年代愛國主義教育運動的影響之下，新一代中國年輕人認為中國是個日益強大的國家，所以領導階層應該要更強悍的保衛中國利益。然而，這股期望卻與中國在天安門事件後小心安撫鄰國的謹慎態度相背離。

二〇〇〇年代中期，有些簇擁民族主義的中國人民找到新穎的方法，向政府表達不滿情緒：他們開始郵寄鈣片給中國外交部，用意是要外交部強化孱弱的骨幹，多一點骨氣。隨著網路普及，中國公民還可以透過網路論壇和電子布告欄（BBS），抱怨外交部的作為，立即發洩不滿。中國外交官已經注意到這件事，亞洲司負責處理日本事務的官員，還會親自詳讀針對他們而來的網路攻擊；此外，外交學院的實習外交官，也會花上數小時時間，瀏覽民族主義的論壇[61]。

二〇〇五年，北京某場會議上，中國外交部長李肇星向美國國務卿康朵麗莎．萊斯發洩不滿，說道：「妳說妳面臨很大的壓力，妳受的壓力哪有我大？」、「**你們美國只有三億人，我們中國有十三億。現在中國老百姓都在提意見，說中國外長對美國太客氣了，我承受的壓力才大呢。**」[62]這番話肯定多少具有交涉協商的成分在裡頭，但壓力大可是假裝不了。

而招來最多批評的，還是中日關係。二〇〇三年，有新聞指出九月十六日至十八日，約有四百名日本商人在中國南方的珠海僱來五百多位妓女，舉辦一場為期三天的狂歡派對。由於這時間點恰巧碰上一九三一年日本侵略滿洲七十二週年，所以隨即在網路上引爆憤怒[63]。外交部發言人章啟月表示，這起事件在中國各地引燃「強烈的反感與憤慨」，所以促請日本「加強對日本公民的教育」[64]。

只不過，中國民眾心中的不滿仍持續攀升。二〇〇四年一月，日本首相小泉純一郎第四次參拜靖國神社，此舉再次激怒中國民眾，因為靖國神社裡供奉因戰爭喪命的死者當中，還包括十四名甲級戰犯（編按：由遠東國際軍事法庭所裁定，犯有破壞和平罪〔Crimes against Peace〕的主要戰爭罪犯）。

二〇〇五年春天，有份反對日本在聯合國安全理事會爭取常任理事國的請願書，共收到超過三千萬個簽名。同年四月，因為日本修訂歷史教科書，粉飾其戰爭時期的暴行，也引來抗議活動；為了控制住群眾這股真實存在的憤怒感，中國政府把示威學生載到預先安排好的抗議地點，並允許他們輪流投擲石塊發洩[65]。

中國國內輿論日趨激烈，甚至使中國外交官很難與日本外交官碰面。二〇〇六年二月的某場會議期間，中國外交部副部長戴秉國採取強硬態度，在日本人看來會認為他是在「轉移中國國內對外交部處理對日關係的批評聲浪」[66]。後來戴秉國出訪日本時，力求低調、不想受媒體關注，於是戴上墨鏡，還要求部屬不要叫他「部長」，改稱他為「老闆」，為的就是要掩飾身分[67]。同年，外交部部長李肇星到馬來西亞出席東協區域論壇（ASEAN Regional Forum），因為覺得實在無法在公開場合與日本外相會面，所以改在男廁裡見面[68]。

想了解中國，必須了解中國共產黨

要在已心存質疑的中國民眾面前展現出強勢的一面，的確是有個方法——與曾經欺負過中國的列強平起平坐。二〇〇〇年代的開始到結束，中國與各國展開一系列正式對話，目的是要讓各國相信中國的意圖，同時也是讓國內民眾看到中國已登上國際舞臺。與美國、日本等國展開的新論壇，中國堅持取名為「戰略對話」（strategic dialogues），但美方和日方起初都感到很不適切[69]。此外，沒過多久這些參與對話的外國夥伴便發現，比起實質成果，**中國比較在意對話場面的盛況和大眾的觀感**。

這些新論壇之中，最重要的就是與美國建立對話。二〇〇六年，在美國財政部部長漢克・

鮑爾森（Hank Paulson，任職於小布希政府）的協助之下，中美戰略經濟對話（U.S.-China Strategic Economic Dialogue，縮寫為SED）正式啟動[70]。一開始，因為鮑爾森認為既有討論過於聚焦在具體問題上的枝微末節，所以起初的想法是打算專注於「長期戰略難題挑戰」[71]。

到了歐巴馬政府時期，此會談更名為中美戰略與經濟對話（U.S.-China Strategic and Economic Dialogue，縮寫為S&ED），討論範疇擴及外交政策議題。然而，談判過程往往讓人感到氣餒，尤其是中國代表老是堅守高層預先批准過的談話要點。不過，會議還是有取得些許進展，包括像是剽竊智慧財產、工業產能過剩、擴充世界貿易組織的資訊科技協議（Information Technology Agreement）等議題[72]。

姑且不論多麼微小，但會談之所以能成功，都得歸功於戴秉國。文革初期，還是年輕外交官的戴秉國，曾與陳毅擠在中南海官邸裡，不過此時他已躍升為胡錦濤主席的知心朋友。起初，戴秉國在外交部是名年輕的蘇聯專家，後來一路攀升，最終成為共產黨對外聯絡部部長。這一路走來，戴秉國還迎娶了黃鎮的女兒，黃鎮是周恩來的首批將軍大使，也是一九七〇年代中國駐華盛頓聯絡處的首位負責人[73]。二〇〇八年，戴秉國被任命為負責外交事務的國務委員，大約等同於內閣成員的位置[74]。

戴秉國是位能幹的對話代表，跟周恩來、錢其琛一樣，他也會堅守住共產黨的立場，但能找到方法讓演說具備其個人特色，還能讓美國外交官聽懂中方的意思。

「有時，我得忍受長篇大論，講述著美國在亞洲做錯的各種事情，當中還會參雜些諷刺內容，但（戴秉國）演講時總是面帶著微笑，」前美國國務卿希拉蕊．柯林頓回憶：「也有些時候，我們兩人會私下深聊，認為為了後代子孫，有必要讓美中關係建立在良好的基礎之上。」與希拉蕊的一次會面中，戴秉國拿出小孫女的照片，表示：「這就是我們在這裡的原因。」這引起了希拉蕊的共鳴，後來她也表示：「我之所以一開始會踏入公共服務，就是為了關注兒童的福利。」[75]

對包括戴秉國在內的高階中國外交官來說，與美國官員建立此種融洽關係，本來就很有用處。然而，在這些外交官一生之中，能夠見證到中國國際地位出現如此巨大轉變，才是最重要的。二〇一六年，戴秉國回顧自己的職業生涯時，如此問道：「在二十一世紀到來之前，有哪一個大國倡議同中國進行類似今天這樣的戰略對話呢？」他自己回答：「沒有！人家瞧不起你，認定你沒有同他進行戰略對話的資格。」[76]

二〇〇七年，**楊潔篪接下外交部部長一職——中華人民共和國歷史上最年輕，也是第一位共產主義革命後出生的外交部長**。楊潔篪，本就自豪得意，又容易緊張不安，沒有人更能展現出這種混雜的性格。出生於一九五〇年五月，楊潔篪身材瘦小，圓臉、後梳油頭、臉上還戴了副眼鏡。在當年中國只有十一間像上海外國語學校這類型的學校時，楊潔篪就進入上海外國語學校求學，並開始學習英語[77]。楊潔篪後來回憶表示，學校教室裡沒有暖氣，他冷到不停打哆嗦，雙手還凍到無法握筆[78]。

文化大革命期間，楊潔篪離開學校，先到浦江電錶廠工作四年，於一九七二年獲選為外交部實習生[79]。周恩來從楊潔篪的學校挑選他與幾位同學，一起去英國進修。到了一九七〇年代後期，美國未來總統老布希一家人訪問西藏，楊潔篪出任翻譯，當時老布希給他取了個綽號Tiger Yang。一九九八年，楊潔篪成為中華人民共和國建國以來，最年輕的外交部副部長；二〇〇〇年底，被派任為駐美國大使。

然而，楊潔篪的職涯差點就在美國終結，因為二〇〇四年冬天，楊潔篪在華盛頓突發嚴重心臟病。工作壓力極大、又是個老菸槍，楊潔篪被送進喬治華盛頓大學醫院（George Washington University Hospital）時，情況並不是很樂觀，不過時任美國副總統迪克・錢尼（Dick Cheney）的心臟科醫生還是成功救了他一命。沒過多久，這位大使便離開了華盛頓。這段期間曾見過楊潔篪本人的白宮官員表示，他看起來非常虛弱，他們心裡都不免想著這會不會是最後一次見面了。

回到家鄉後，楊潔篪過著很有紀律的生活，也非常注重養生，更堅持每天游泳，時常到隸屬外交部的北京瑞吉酒店游泳，這裡的泳池堪稱是全北京最棒的。後來，楊潔篪不僅活了下來，而且還爬往更高處，成為中國外交政策的意見主導人，先是出任外交部部長，後來當上國務委員，最終成為政治局常務委員[80]。

楊潔篪可說是外交部的化身，同時具備外交部的各種強項與弱點。楊潔篪的英語近乎完美，對美國的政治、文化、歷史皆有深刻的認識。此外，他很能掌握時局，也會確保他國外交官知道這一點。

熟悉楊潔篪日常作息的人都知道，他每天都會讀《紐約時報》，從新聞版、文化生活版，乃至於訃聞，全部都會閱讀。與他國外交國談話間，楊潔篪喜愛分享自己讀到的細節內容，這也是年輕外交官會刻意向他學習的技巧。每次正式會議開始前，楊潔篪都會輕鬆的閒話家常，常會講些笑話，或是簡短的趣事[81]。

不過，楊潔篪還有另外一面；只要他國外交官提出敏感話題，楊潔篪就會收起臉上的笑容，漲紅著臉、放大說話音量。維基解密（Wikileaks）揭露美國大使館的電報，內容講述一九九七年楊潔篪與幾位美國官員開會時，談到了英國將歸還香港給中國的話題。

此份電報指出，當此議題一被提出來，楊潔篪顯然就生氣了。電報中紀錄楊潔篪反問：「英國沒有人權法案，那為何香港會需要人權法案？」同時，楊潔篪也抨擊英國的傲慢態度，表示英國人「認為他們可以為所欲為」，接著告訴美國人，中國「不會吞下」英國企圖要讓中國「取代自己位置」的想法[82]。

楊潔篪咄咄逼人的態度，可能會讓他國外交官感覺厭惡。面對戴秉國，希拉蕊・柯林頓感到很親近，但與楊潔篪則「曾有過情緒緊繃的交手經驗」，所以，她把楊潔篪形容成是個「不會認錯道歉的民族主義人士」，兩者形成鮮明對比。希拉蕊還想起二〇一二年某場深夜會議上，楊潔篪「講起中國的優異成就時，完全停不下來，甚至還談到中國如何在運動賽事上輕鬆勝出」[83]。

楊潔篪談判時的雙面手法，可是經過一番深思熟慮與謹慎規畫。偉德寧（Dennis Wilder）是長期與中國交手的美方代表，他表示「楊潔篪就是有能耐，**在必要時展現魅力，但又會在有需要的時候轉為極度憤怒**，兩種模式都表現得很棒」。

「楊潔篪可能是在**表演給代表團其他成員看**，因為這些人會回報會議情況，全部內容都會往上通報，」偉德寧說道：「楊潔篪可以搬動開關，這是種強大的自我控制和自我意志。我曾出席過那種非常猛烈挑剔的會議，讓人很想直接奪門而出，但楊潔篪感覺永遠都不會失控。」[84]

楊潔篪後來的職涯任命，表示外交部高層有連貫性，甚至還能延伸其階級文化與嚴密監控的作

▲ 2012 年 6 月，楊潔篪與時任美國國務卿希拉蕊・柯林頓會面。
（圖片來源：維基共享資源公有領域。）

風。二〇〇九年，外交部頒布一份禮賓指南，內容包括如何與上級相處的說明：不要在他人面前與上級意見相左、自己獲取成就時要歸功給上級；前去與上級開會時，進門前得先敲門，然後等待上級開口要你坐下或發言；坐下來後雙手放置腿上，同時要保持眼神接觸[85]。

一直以來，這個組織單位——二〇一二年時有四千多名外交官[86]——都是相當保密。就執行面而言，即便「夥伴制度」在二〇〇〇年代已比過去幾十年更為寬鬆，但多數外交官仍遵守此項規定。畢竟，前外交官張國斌撰寫的外交禮儀書籍，第一章就清楚告訴讀者，外交官海外出訪時，不可與當地官員私底下往來，不管什麼形式都不可以[87]。

中國外交部對幹部的個人生活設下嚴格限制。不同於世界上絕大多數外交官，**中國外交官被禁止與外國人結婚，甚至也不被鼓勵與政治忠誠度有疑點的中國公民結婚**[88]。前外交部部長李肇星曾告訴一群年輕外交官：「到了外交部，最要緊的是把忠於祖國和人民放在首位，戀愛結婚也要找愛國敬民的。」[89]

不計一切代價，中國外交繼續為中國共產黨服務。二〇〇〇年代時，戴秉國如此告訴美國外交官：「你們**想要了解中國，必須了解中國共產黨**」、「要同中國打交道，必須同中國共產黨打交道」[90]。

主辦奧運，中國外交大勝利

二〇〇八年夏季奧運會上，可看見共產黨新覓得的信心，以及長久未變的不安全感。北京當局為舉辦奧運會竭盡全力，排除一切困難。主辦這場世界數一數二的國際體育賽事之前，北京空氣品質連續六年進步，政府花費十六億美元改善供水，執行人工降雨，還為了達到都市現代化，強迫一百五十多萬名居民搬離家園。此外，北京當局也推行公眾教育運動，嚴禁隨地吐痰、打嗝、大口吸湯，這不禁讓人聯想起在一九五〇年代培訓共產中國第一批外交官的情景[91]。

正當中國在籌備奧運會之際，反對中國政權以及抗議中國侵犯人權的人士也利用這個機會，提升他們的訴求運動。為了抗議北京主辦奧運會，無國界記者組織（Reporters Without Borders）用手銬製作奧林匹克五環標誌，重現驚駭畫面；而自由西藏運動（Free Tibet Campaign）也採取類似的手法，只不過改以彈孔來呈現[92]。奧運會即將於八月開幕，在此五個月前，也就是三月時，西藏示威活動遍地開花，且大多都很暴力，但隨即就被中國政府粗暴鎮壓，整個地區也施行戒嚴令[93]。三、四月奧運聖火在世界各地傳遞的同時間裡，雅典、巴黎、舊金山、德里和曼谷也相繼出現抗議活動[94]。

中國政府交代外交官，要確保賽事能順利進行。為此，舊金山領事官員提供免費的交通工具、午餐和T恤，召集六千至八千名中國學生參加反示威活動，目的就是要淹沒抗議人士。

中國政府甚至還讓情報官飛抵現場，協助反示威活動，倫敦、坎培拉、巴黎等地皆舉行類似的活動。此外，反中的激進分子在首爾被石頭砸傷時，中國外交部發言人還拒絕譴責暴力[95]。

中國外交官對於此類批評都會快速回應，還指責外國媒體報導抗議活動。當時駐倫敦的中國大使傅瑩，於英國《每日電訊報》（*Daily Telegraph*）寫道：「許多人抱怨因為限制，所以中國取得媒體的資訊不夠多。但在中國看來，西方媒體還需要更努力才能贏得尊重。」[96]

儘管如此，對中國來說，奧運會本身還是大為成功，這是外交與體育上的大勝利。八位國家元首和政府首長抵達北京出席奧運會，當中包括美國總統小布希與其父親、前總統老布希，這對父子與胡錦濤在共產黨中南海官邸共進私人午餐。三十年前曾為老布希翻譯的楊潔篪，則是陪同兩位總統出席多場活動，包括美國奧運男子籃球隊對中國代表隊的比賽[97]。

這些運動賽事，可說是自一九四九年中國政府成立以來，對中國政權最為公開的認證。更重要的是，**這場賽事也象徵著中國在一九八九年天安門事件後，歷經數十年的努力，終於得來國際的尊重。**

◀2008年北京奧運，時任美國總統小布希與父親、前總統老布希，和楊潔篪一起觀看美國奧運男子籃球隊對中國隊的賽事。由當時白宮攝影師艾瑞克．德瑞波（Eric Draper）拍攝。

美國夢破滅，中國模式崛起

就在北京夏季奧運會閉幕典禮結束後三週，美國歷史甚為悠久的大規模投資銀行雷曼兄弟（Lehman Brothers），依據美國破產法第十一章的規定申請破產。這間久負盛名的華爾街銀行，公司歷史可一路追溯到一八四四年，此時已成為次貸危機的最大受害者。這場次貸危機嚴重摧殘金融市場，更引發經濟大蕭條（譯按：Great Depression，指一九二九年至一九三三年間的全球經濟衰退）後最為嚴重的經濟衰退。

為預防美國金融體制全面崩毀，相關討論談判會議既激烈又緊張：時任財政部部長漢克·鮑爾森更一度單膝下跪，懇求時任眾議院議長南希·裴洛西（Nancy Pelosi，二〇〇七年至二〇一一年及二〇一九年至二〇二三年任眾議院議長）伸出援手相助[98]。到了十月，美國失業率飆升到一〇·二%，這是二十六年來失業率第一次觸及兩位數[99]。

美國資本主義與理念的活力，在冷戰中把美國推向勝利，但不到二十年的光景，這世界的單一超級強權突然變得脆弱無比。北京與其他地區的全球領導人，皆可感受到全球政治的樣貌正在發生變化。同年十月，戴秉國訪問巴黎時，聽到時任法國總統尼古拉·薩科吉（Nicolas Sarkozy）直白評價這場危機是「**『美國夢』已經破滅了**」，嚇了一大跳[100]。中國爭取主辦奧運會所需的信譽，花費了二十年的艱辛努力，然而這場金融危機轉變中國國際地位的速度，遠遠超過預期。

中國的反應非常果決。十一月九日，總理溫家寶頒布一項人民幣四兆元（編按：約新臺幣十八兆元）的刺激方案，相當於把一五％的中國國內生產毛額（GDP）投入鐵軌、機場、可負擔住宅、產業升級等領域。受到此消息的影響，亞洲市場紛紛反彈：香港、上海、東京的股市歷經一年低迷震盪之後，皆上漲超過五％[101]。**儘管這些措施會嚴重扭曲中國國內經濟，但中國領導人仍沉浸在國際媒體與世界各國政府的熱情肯定之中**，因為他們打造出來的國家，顯然能成功對抗這場持續惡化的危機[102]。

中國頒布經濟刺激方案後沒幾天，主席胡錦濤飛抵華盛頓，出席商討世界經濟的論壇。白宮為各地領導人舉行的正式晚宴上，胡錦濤就坐在小布希的左邊，右邊則是巴西總統魯拉·達席爾瓦（Luiz Inácio Lula da Silva，任期為二〇〇三年至二〇一〇年，二〇二二年再度當選，隔年就任）。這場會議乃是現今稱為G20團體的首次會議，其象徵意義可看出全球勢力的平衡點如何轉移變化，中國很快就發現自己位處於領導的角色。

五年前，中國領導階層還在苦惱到底要不要派胡錦濤出席G8會議，但今天在G20峰會期間，胡錦濤甚至還把美國財政部部長鮑爾森拉到一旁說教：「我猜你現在應該很高興，我們沒有更快的調整貨幣。我希望你現在已經明白了！有些你要我們去做的事情，可能會招來危險。現在，我們很穩定，也可以刺激經濟，這對我們和整個世界都會有幫助。」[103]對美國領導階層來說，這是一個他們必須謙遜的時刻；但同時，這也是讓中國領導階層知道，自己的經濟模式已成熟發達的訊號。

無意之中，美國的作為似乎讓全球的平衡朝對中國有利的方向傾斜。二〇〇九年初，時任美國國務卿希拉蕊・柯林頓訪問亞洲，期間表示不能把對付這場金融危機付出的努力，與對人權的關注「纏繞在一起」，感謝中國決策者「對美國國債有信心」[104]。而時任美國副國務卿詹姆斯・斯坦柏格（James Steinberg），則是開口談論與中國「戰略再保證」（譯按：strategic reassurance，指雙方互為信賴，一起承擔國際政治的義務）的重要性[105]。

駐華盛頓的中國外交官，已能感受到氛圍的改變。二〇〇七年至二〇一一年間，曾派駐華盛頓中國大使館的官方學者阮宗澤表示：「在美期間，每一場會議和對話裡頭，我都能感覺到一股很深的『美國焦慮』。」[106]在此脈絡之下，中國官員重新評估了自身政治制度，畢竟西方長期以來都在批評中國的制度。

另外，考量有些國家可能想要效仿，所以有些人甚至開始公開談論「中國模式」。二〇〇九年，曾是中國駐法國的大使陳健，向一群中國士兵談話時說：「中國率先擺脫這場金融危機，證明中國國際地位大幅提升。」陳健又補充，**這場金融危機「打破以美國為首的西方模式乃全球通用的迷思」，並證明「中國模式」的崛起**[107]。

沒多久，中國的外交劇本裡就浮現這股新的信心。二〇〇九年七月，某場中國大使的會議上，胡錦濤呼籲中國外交官要採取更為積極的國際姿態，鼓勵使節宣傳中國政治影響力與經濟實力，同時還要強化中國形象上的親和力與道德說服力。隨後，外交部部長楊潔篪和國有媒體便把胡錦濤這番論述稱為「四力」。

而最值得注意的是，此次會議在鄧小平提醒國際形象要保持低調的格言之中，新增了兩個字，變成「韜光養晦，『積極』有所作為」[108]。

中國平時對外國影響力很是反感，此時倒是出現一股新的政治高壓。二〇〇九年十一月，時任美國總統巴拉克・歐巴馬首次訪問中國，遭到中國政府嚴密控制，與中國國家主席一起出席的「記者會」上也不允許提問，如此生硬的場面還成了美國綜藝節目《週六夜現場》（*Saturday Night Live*）的惡搞段子[109]。該年十二月，中國就成功阻撓哥本哈根氣候談判（Copenhagen Climate Talks），讓發展中國家與西方為敵，甚至還派出外交部副部長取代溫家寶出席全體大會，與時任美國總統歐巴馬、德國總理安琪拉・梅克爾（Angela Merkel）、法國總統尼古拉・薩科吉、英國首相高登・布朗（Gordon Brown）等全球領導人一起討論氣候面臨的困境[110]。峰會結束後，英國能源及氣候變化大臣艾德・米勒班（Ed Miliband）指責中國企圖「劫持」談判[111]。

看到外交官如此得意洋洋，中國其他部門單位的態度也越來越強硬了。二〇〇九年三月八日，在海南島南方的南海上，有五艘中國船艦尾隨美國海軍艦艇「無瑕號」（Impeccable），甚至命令美軍離開該地區，否則「後果自負」[112]。二〇一〇年一月，就美國提議的對臺軍售案，中國軍方斷然中止與美方交流對談[113]。此外，國有媒體《人民日報》於二〇〇八年至二〇一〇年間，提及中國「核心利益」（core interests）的次數增加了三倍[114]。

二〇一〇年七月舉行的東協區域論壇，這股緊張局勢發展到了巔峰。美國國務卿希拉蕊・柯林頓指責中國在南海議題上越來越頑強之後，中國外交部長楊潔篪展開回擊。在場的人形容那真是一場充滿憤怒的斥責：楊潔篪雙眼直盯著希拉蕊，花了約二十五分鐘攻擊美國的立場後，接著轉向新加坡代表，說道：「中國是個大國，其他都是小國家，這是事實。」一時任美國助理國務卿科特・坎博（Kurt Campbell）遞了張紙條給同事，上面只簡單寫了個「哇」（Wow）[115]。**中國不再樂意被這個世界教訓，他們準備好讓大家都知道這一點。**

強硬堅持的態度，依舊沒有消失。同年九月，日本拘留一名中國漁船船長，原因是該艘漁船在日本聲稱擁有主權的水域裡作業，還駕駛該艘船隻碰撞日本海上保安廳的巡邏船，此舉在北京引發一陣狂怒。到了十二月，儘管中國外交官出言強烈反對，但諾貝爾委員會（Nobel Committee）仍頒發諾貝爾和平獎給中國民主運動激進分子劉曉波，北京當局對此表示憤怒，還發起活動阻止其他國家出席頒獎典禮，並停止從挪威進口鮭魚。這表示中國為了支援外交上的優先目標，越來越願意操用脅迫性經濟外交。

不過，中國外交政策機構中，也有不少人質疑這股新的信心與堅持。二〇一〇年十二月，國務委員戴秉國發表了一篇文章，力勸中國應該要持守舊政策，在國際上保持低調，也就是所謂的「韜光養晦」[116]。戴秉國私下告訴美國官員，美方應該避免過度解讀中國的行為，因為中國領導階層仍尋求雙方良好關係[117]。二〇一二年，曾派駐法國的中國大使陳健出版了一本書，書中有篇文章標題為「韜光養晦精神萬歲」[118]。

此外，對於外交政策的方向，不同政府部門之間似乎也出現了分歧。二〇一二年十一月，強勢的公安部激怒了東南亞各國，因為公安部發給中國公民的新護照裡，有張中國領土地圖涵蓋了具爭議的島嶼，然而這本護照未徵得外交部的同意，甚至連通知也沒有。隨後，此本新護照立即引來菲律賓和越南的官方抗議。據說，楊潔篪聽到這個消息時大發雷霆[119]。

到底是誰在領導中國外交政策？中國外交政策要朝哪個方向走？十多年前，美國EP-3偵察機被迫停降在海南島上，現在這座島嶼發布新規定，授權負責邊境管理的公安部官員登上外國船隻搜查。當他國外交官向中國外交部詢問這項新規定在實務上究竟有何含義時，中國外交官卻完全不清楚這道新規定，也沒有準備好回答相關提問[120]。

這些事件，究竟象徵新的信心與堅持，還是象徵無能的官僚體制，又或是兩者皆有？二〇一二年出現一篇關於中美兩國戰略不信任的文章，曾為美國國家安全會議亞洲事務資深主任李侃如（Kenneth Lieberthal），與戴秉國的首席顧問王緝思聯手寫道，中國的未來「未決」（undetermined）[121]。這是很公正的評估結果，**當時整個世界對中國的立場大多就是謹慎應對，**

但還沒做出最終決定。

不過，就在幾年之內，美國與世界上多數地區對此議題的討論都將邁向終點。與此同時，隨著習近平占據中國的核心角色，有關中國未來的公開辯論也都要被封口了。

第 11 章

因為這世界上有狼，才需要戰狼

習近平上任談外交，便抱怨「吃飽沒事幹的外國人，對我們的事指手畫腳」，並要求外交部表現「戰鬥精神」。中國外交戰略，自此走向「讓批評的人閉嘴」。

二〇一三年十二月，時任澳洲外交部部長茱莉・畢紹普（Julie Bishop）坐下來參加一個她已知會很艱困的會議。此時，畢紹普被安排首次出訪中國，與中國新任外交部長王毅會面。

雙方的緊張關係相當高漲。先前，畢紹普帶領的外交部曾召來中國駐坎培拉大使馬朝旭，要求他解釋北京為何要在具爭議性的東海，宣布設置防空識別區，他們認為此項決定充滿挑釁意味[1]。澳洲與美國、日本站在同一陣線，抗議中國要求所有飛越該區的飛機都得遵守識別程序，否則就會面臨中方的「防禦步驟」[2]。

外交準則就是要盡可能避免事態失控，因此按照慣例，資深外交官會面時，並不會直接批評對方。而且，中國也已有機會公開抗議澳洲的行為，其外交部發言人秦剛指稱澳洲這行為是「不負責任」、「完全錯誤」[3]。此外，這回中國是主人，公開大吵的可能性應該很小。

畢紹普被帶進北京一處會議室，坐在一張長方形木桌旁，桌子中間擺放著鮮花。王毅身為主人，所以將會先發言，而會議開幕的過程也會有電視攝影機在現場捕捉畫面。然而，王毅的發言卻是火力全開。

「我必須直接點出來，針對中國在東海設置防空識別區一事，澳洲的言行損害了雙邊的互信，也影響到雙邊關係的健康發展。」王毅說話的同時，從桌子另一側直視著畢紹普。

對於習慣到各地——特別是中國——出席雙邊會議開場的人來說，王毅的行為可說是相當挑釁。通常，開場就只是寒暄聊天氣，就共同利益的簡單陳述，等到記者退場後，才會展開實質內容的討論。

但是，這次不一樣。王毅繼續說道：「整個中國社會和一般大眾對這件事情都感到很不滿，這不是我們樂見的。」接著，王毅又告訴畢紹普，兩國關係已進入「關鍵時期」，所以希望澳洲可從「戰略和長期的角度」來看待這個議題。為此，王毅堅稱，澳洲應該「與中國朝往同個方向前進」，並「妥善處置敏感問題」。

時任澳洲駐華大使孫芳安（Frances Adamson）悄悄遞了張紙條給畢紹普，上頭寫著「這情況真糟」。

畢紹普冷靜回應，表示澳洲尊重「中國針對各項議題發表意見的權利」，同時也希望中國用同樣的方式對待澳洲。後來的晚宴上，長達一小時的時間裡，兩人一直保持沉默，注視著對方身後的遠方[4]。

後來在澳洲參議院某場聽證會上，一位澳洲資深外交官員表示，自己「三十年來，從未遇過如此粗野的行為」[5]，其他人員也表示同意。會後，首位澳洲駐中華人民共和國的大使費思棻（Stephen FitzGerald）告訴記者：「這是我第一次看到資深中國官員，利用雙邊會議之前的拍照機會，以這種方式向對方宣洩雙方沒有共識之處，即便是跟日本關係陷入僵局時，也從沒有發生這種事。」[6]

雙邊會談結束後，畢紹普試圖淡化雙方的緊張局勢，表示「朋友之間不見得會同意每件事情」[7]。數年之後，畢紹普回想起這件事，態度坦率許多，形容王毅這番操作是「讓人難以置信的一頓訓斥」，讓她感到「十分火大」。畢紹普表示：「這就是為何我們要有大使，大使會在你離開這個國家後出面解決問題。」[8]

針對王毅的行為，畢紹普第一個想到的原因，不是緊張的不安全感。北京從全球金融危機中脫穎而出，成為G20的領導者，中國經濟已是全球經濟成長的關鍵驅動力，而且還成功舉辦了奧運會。這地球上，幾乎每個政府都承認中華人民共和國是中國的合法政府，鮮少有國家敢直接質疑中國對西藏和臺灣的主權主張。

不過，中國外交部的內部情況卻不是很順遂。同年三月，王毅升上來成為部長，此時習近平也被任命為中國國家元首，這時間點距離習近平擔任共產黨領導才不到六個月。王毅需要向新任老闆證明，自己與所屬部門有能力在全球舞臺上維繫他的信心與堅持態度。隨著中國國內政治氣氛越來越緊張，海外中國外交官的態度也越發強硬。

習近平的外交政策，承接了前任時期就出現的轉變，更為堅定、有信心、有野心。這態度的轉變將會引發全球對中國反彈，也讓許多中國人認為習近平已過度擴張，更一再提高中國繼續保持成長的成本。

就在中國外交官努力追趕上習近平野心計畫的同時，他們發現自己也被束縛了，跟前幾代外交官面臨同樣的限制與弱點。

習近平野心，外交官的巨大挑戰

一直以來，北京都有傳聞指出習近平的外交政策相當強硬，但直到二〇〇九年二月大家才公開見識到這一點。習近平出生於一九五三年，父親習仲勳有改革思想，而習近平就是副總理的小王子。童年時期，習近平都待在共產黨領導官邸和黨內菁英子女專有的學校裡，度過無憂無慮的日子。不過，習近平的父親後來被指控反黨，在北京受迫害、囚禁。十多歲時，習近平被送到延安郊外的梁家河村過鄉村生活，當年長征結束後，毛澤東就是在這裡鞏固其黨內大權。

一九七五年，習近平回到北京，以「工農兵」（譯按：文革時期，因具備中國共產黨偏愛的工人、農民或士兵身分而被錄取的學生）學生的身分，進入清華大學就讀。一九七九年畢業之後，習近平將注意力轉向政治。他的第一份工作是擔任耿飈的助手，耿飈是首批將軍大使，曾在一九五〇年躲起來觀摩羅馬尼亞大使遞交到任國書。耿飈是習近平父親的摯友，此時出任國防部部長，在這個職位上協助鄧小平全面掌控住中國軍隊。

▲ 1967 年 9 月，習仲勳在陝西咸陽西北農學院被群眾批鬥。（圖片來源：維基共享資源公有領域。）

為耿飆工作一小段時間後，習近平明白，為了實現自己的野心，需要建立起不依靠父親的權力基礎，所以他決定離開北京、前往地方省分。離開前，他告訴北京友人，他「總有一天會回來的」[9]。

習近平做到了。在沿海的福建省和浙江省裡，他順利在黨內攀升，並於二〇〇七年回到北京，出任政治局常務委員。隔年三月，習近平被任命為副主席，這表明他將是下一位領導中國的人選。循著黨內慣例，直到位置鞏固之前，習近平一直都保持低調。身為副主席，習近平曾於二〇〇八年奧運期間會見小布希與其父親老布希，期間他緊扣住中國政府的談話要點，是位有禮貌、很清楚狀況的人，但沒有特別出色[10]。

習近平首次公開談論外交政策，即是重砲開轟。二〇〇九年二月，習近平訪問墨西哥，期間曾向外交官、商界人士和學生發表談話。談及西方對中國人權議題的要求時，習近平如此抱怨：**「吃飽沒事幹的外國人，對我們的事情指手畫**

▲ 2008 年 8 月，時任中共中央政治局常委、國家副主席習近平與時任美國總統小布希會晤。（圖片來源：維基共享資源公有領域。）

腳。」他憤慨的繼續說道：「中國一不輸出革命，二不輸出飢餓和貧困，三不去折騰你們，還有什麼好說的？」[11]

這場演說在中國國內並未大肆宣傳，但中國民族主義人士從網路上看到香港電視臺的畫面，留下了深刻印象。某位網友如此評論：「習大大為中國外交政策樹立好榜樣！我們厭倦了外交部的外交譴責與外交抗議！我們要更多的直言不諱，就像這種的！是時候讓外國人嘗嘗我們的脾氣了！」[12]

這番話也引起一些外國人的關注，習近平心裡大概也很清楚。美國駐墨西哥大使館的副館長發電報給華盛頓當局，回報習近平「出現不尋常的情緒爆發，與他此趟訪問的整體宗旨有著鮮明對比」，因為習近平這次訪問原本該著重在合作議題上[13]。

習近平的言論並非失控表現。其實，當習近平已準備好操控中國的金錢和權力時，他已重複多次說過外國人「吃飽沒事幹」，這是習近平到世界各地的中國大使館，都固定會有的演講套路[14]。至於在現場親耳聽到的人，收到的訊息相當明確：中國外交即將有所改變。

外國領導人也意識到，習近平將會徹底改變中國的國內政治和外交政策。習近平在中國國內全心投入於政治穩定這項工作。二〇一一年夏天，習近平接待當時的美國副總統喬・拜登（Joe Biden），在初次見面的相互了解過程中，習近平展現對阿拉伯之春的好奇，也對當時中東地區出現挑戰獨裁執政黨的起義活動很感興趣。習近平告訴拜登，這些政府錯就錯在與人民有了隔閡，變得自我滿足又疏遠孤立，也表示共產黨一定要避免走上這條路[15]。

同時，在外交政策上，習近平似乎打算讓中國在世界上扮演更為核心的角色。二〇一二年，習近平訪問華盛頓，目的是要在取得政權之前，先建立起信任，期間**習近平把兩國關係陳述為「新型大國關係」**[16]。此話暗**指兩大國之間要有新的對等，但這說法在華盛頓當局有許多人甚難接受**。

就許多面向來說，不難了解習近平為何會重新衡量全球秩序，畢竟在他上臺前，西方發生許多事情，顯示世界局勢很不穩定。二〇一一年十月，歐巴馬宣布從伊拉克撤軍，但長達十年的阿富汗衝突仍不見尾聲。二〇一二年三月，歐元區的失業率飆升衝過一〇%。同年，俄羅斯總統弗拉迪米爾．普丁（Vladimir Putin）為自己精心安排第三個總統任期；北韓金正恩則是在父親過世之後，順利穩固自己的權力。到了九月，國際信評機構穆迪投資者服務公司（Moody's Investors Service）提出警告，表示若未能順利立法、提出減債計畫，美國3A信用評級債券商品會面臨危險。

二〇一二年十一月，習近平終於取得政權，此時他的民族主義意圖更為明確鮮明。**習近平成為領導人後首先執行的頭幾件事情，就是為習政府體系設立「中國夢」這個口號，其定義為「中華民族偉大復興」**。一百多年來，中國領導人一直都在重複此論調，但習近平直接把這想法放在國內外政策雄心的中心與首要位置。雖然習近平從未正式駁斥鄧小平呼籲中國要「韜光」藏匿光芒、「養晦」等待時機，但從他接續幾年來的作為，可看到**習近平在實務上顯然不認同鄧小平，而此舉將給中國外交官帶來自天安門事件以來最大的一次挑戰。**

周恩來的文裝解放軍，再次登場

跟上習近平的外交政策野心，這項艱難的任務落到王毅身上。王毅與習近平同年，於一九五三年在北京出生，青春期遇上文化大革命，大部分時間成了「下鄉」青年，在東北一處農場勞動八年。王毅以前的同學告訴《基督教科學箴言報》（*Christian Science Monitor*），王毅總是比別人更努力，自學文學和歷史，「思想相當開放；別人告訴他事情，並不會照單全收」[17]。

文革結束後，王毅考入北京第二外語學院，一間為外交部培訓專才的學校。隨後，他加入外交部亞洲事務司，以日本專家之姿竄升[18]。王毅精通日語和英語，一九九七年至一九九八年間，甚至還在華盛頓喬治城大學求學一年。

王毅沒有顯赫的家世背景，但就跟前輩李肇星、戴秉國一樣，娶了中國外交圈的顯貴。其岳父錢嘉東曾是周恩來的首席助手，也曾為中國駐日內瓦聯合國大使[19]。

與前任部長楊潔篪相比，王毅說話較為圓滑，也更自然迷人，因此在外交部裡很受歡迎，乃至於中國外交官後來形容王毅是真正的「政治家」，而楊潔篪只是個「官僚」[20]。富有魅力並不妨礙王毅的工作，雙眉濃密，有著花白的鬢髮的他，與普遍選擇染黑髮的同袍形成強烈對比，中國向來愛大驚小怪的國有媒體還稱他為「銀狐」（silver fox）[21]。

跟中國外交部裡的其他日本通一樣，王毅早就意識到需要證明自己懷抱民族主義。而且，從九一一事件後向巴基斯坦傳達中國的盼望，一路到協助執行針對北韓議題舉行的六方會談，王毅也已完成了數項高風險任務。

然而，要確保外交部不會辜負習近平的期望，是王毅職涯到目前為止，面臨的最大挑戰。而王毅的方法，就是強化中國外交部的創始價值觀——畢竟，外交部的成立，乃是為了幫助一個封閉、多疑的政治體系，應付較為開放的外部世界。況且，許多創始原則都非常適合出現在此時的北京。

二〇一三年八月，剛被任命為外交部部長不到六個月的時間，王毅在外交部橄欖廳對兩百五十一名新進人員談話，表達歡迎「新戰友」加入「外交前線」外，還引用了一九四九年就用來協助外交官理解其角色的軍事隱喻[22]。王毅告訴新進人員：「我聽說你們有超過一半的人都出生在一九九〇年代。我在你們這個年紀時，還在農村裡勞動。我一直到二十四歲，高考恢復後才上大學，所以我很羨慕你們，也很為你們感到開心。」

接著，王毅依據習近平對中國的野心，說明外交官應該扮演的角色。他如此說道：「你們加入外交部的時間點，乃是歷史上特殊且重要的時刻。比起以往任何一個時間點，**現在是我們**

國家最接近民族復興目標的時刻，也比以往都更接近全球大國地位。歷史已經把最後一棒交給各位了。」

王毅也承認，確實有些認為外交部過去太過於軟弱的觀點：「理想與信念是我們精神上的鈣質，缺少了這些理想和信念，我們可能會患上（精神的）骨質疏鬆症。習總書記告訴我們，理想可指引我們的生活，而信念可決定我們事業的成敗。」王毅傳達的訊息非常清楚：在他的領導之下，外交部必須擺脫軟弱的形象——二〇〇〇年代，中國人民決定寄鈣片給外交部時的樣貌。

王毅期望藉由外交部的傳統，實現習近平的野心。王毅如此告知外交部新進人員：「周恩來永遠是外交官的榜樣，他有句名言：**外交官是穿上文裝的人民解放軍**。一支文裝軍隊，**不僅需要保持嚴格的紀律和服從命令，也需要培養堅強的個性與作風**……要跟人民解放軍一樣，為人民服務。」

中國外交官必須展現的，不僅是新找到的信心，還有政治上的服從。習近平在中國國內，除了迅速鞏固權力，也全面鎮壓言論自由與公民社會，此外還發動反貪腐運動，這場運動誘捕了超過一百五十萬名官員。

二〇一三年初，一份名為「九號文件」的機密通報開始流傳，專門用來針對「西方憲政民主」和「普世價值」，同時也提出警告表示「西方敵對勢力」正在「滲透威脅我國意識形態安全」[23]。這份文件讓政府各部門、教育機構，以及危機早已四伏的中國公民社會，感受到害怕與不安。隔年，為外交部培育專才的學校北京外國語大學，直率的自由派教授喬木，因不明確的「違紀」行為而被免職[24]。**中國外交官再次在高風險的國內環境中工作，凡在政治上犯錯就會招致嚴重後果。**

沉睡的獅子一旦醒來，世界都為之發抖

放膽的作為，並沒有停止下來。六月時，王毅陪習近平前往美國加州棕櫚泉（Palm Springs）市郊的陽光之鄉（譯按：Sunnylands，又稱安納伯格莊園〔Annenberg Estate〕），這是一座位在法蘭克辛納屈大道（Frank Sinatra Drive）和鮑勃霍普大道（Bob Hope Drive）交叉口、占地兩百英畝的莊園。為了讓習近平和歐巴馬兩位領導人彼此認識、發展合作關係，所以安排這場沒有事先擬好講稿的「解結」會面。

縱使兩位領導人沒有因此培養出私人情誼，但王毅藉由此次和後續幾趟海外訪問，開始與習近平培養出好關係。兩人一起把火熱的中國茅臺酒吞入肚時，也打破了彼此的隔閡，有時甚至還喝得比飛機上其他官員還要多[25]。

歐巴馬公開表示此次會面「很棒」，不過私底下觀察到的跡象卻顯示，在許多議題上美國

已逐漸對中國失去耐心[26]。歐巴馬就中國駭進美國公司和政府部門的攻擊事件，向習近平提出質疑，習近平沒有正面回答問題，倒是說了個中國戲曲裡的寓言：故事講述一位戰士在黑暗的房間裡與敵人對戰，後來卻發現是在跟自己打仗，意指美國不可能知道誰是攻擊事件的幕後黑手。根據當時在現場的一位目擊者表示，歐巴馬給了個很乾脆的回答：「**不一樣的地方，在於我們知道就是你們。**」[27]

中國外交政策正在轉變，隔年在哈薩克便能真正看清這當中的要點。二〇一三年九月，習在哈國首都阿斯塔納（Astana）的納扎爾巴耶夫大學（Nazarbayev University），對官員與學生演講，席間宣告了「新絲綢之路」的願景。「我幾乎可以聽見沙漠中駱駝的鈴聲，以及一縷縷煙霧的聲音。」習近平向在場聽眾表示，中國會出資讓亞洲既能相互串接又能繁榮發展，這是他的盼望[28]。隔月，習近平來到印尼議會發表演講，宣布增補「海上絲綢之路」計畫，也談到打算創建亞洲基礎設施投資銀行，協助籌備計畫的資金[29]。後來，上述政策更名為「一帶一路倡議」，可見到**習近平已放膽脫離鄧小平的忠告——中國應該要「韜光養晦」，隱藏能力、靜候時機。**

十月，習近平主持有關中國對鄰國外交的「工作論壇」，這類型會議是二〇〇六年以來首次舉辦，出席成員包括全體政治局常務委員會、高層領導，以及一批經過挑選的中國大使。習近平表示，中國外交政策應該更加「奮發有為」，還用了「頂層設計」來陳述自己的外交手法，該詞條是前人應用在經濟決策上的工程術語。這場談話，暗示著未來將會更加集權[30]。

習近平在中國國境周邊的行動，更可以確認中國在外交政策上逐步建立起來的堅定與信心。就在習近平上任的前幾個月，中國占領在南海上仍具有爭議的黃岩島（編按：中沙群島中的環礁，臺灣、中國和菲律賓和都宣稱擁有此地主權，目前則是中國實際控制），接著習近平又宣示了防空識別區，也就是王毅在二〇一三年十一月對澳洲外交部部長畢紹普為中國辯護的防空識別區議題。

此時，華盛頓當局警覺度顯著飆升。一般美國民眾不知情，但二〇一三年底起美國偵查衛星開始捕捉到影像，顯示中國在南海迅速建島[31]。接下來的二十個月裡，中國填海造地後宣示主權的土地面積，已是過去四十年來其他主張擁有主權國家填海造地的十七倍[32]。如今，每年穿越南海的海運貿易價值高達五兆美元，而北京當局在南海的領土主張上，採取更為蓄意挑釁的態度，其主張的主權範圍與菲律賓、馬來西亞、越南、臺灣、汶萊的主張重疊。

二〇一四年三月，習近平在巴黎發表談話，席間講到中國外交政策的轉變時，使用的措辭是至今最為鮮明直白的一次。習近平如此說道：「拿破崙．波拿巴（Napoleon Bonaparte）曾經說過，**中國『是一頭沉睡的獅子』**，**『當這頭睡獅醒來時，世界都會為之發抖』**。其實，中國這頭獅子已經醒來了，但世界現在所看到的是一頭和平的、可親的、文明的獅子。」[33]同年五月，習近平在上海的一場演講中，呼籲「亞洲的事情，歸根結柢要靠亞洲人民辦」[34]。他話中有話，**暗指中國鄰近地區不再歡迎美國。**

政治緊縮，外交官只能低調、謹守官方路線

由於外交政策出現如此重大變化，北京當局更需要外交官來安撫外國人。這本該是中國文裝解放軍大放異彩的時刻，但相反的是，**中國外交官卻越來越難與他國外交官公開坦率對話。**

外國外交官很快就注意到了中國的轉變。二〇一三年，比利時布魯塞爾（Brussels）的某位歐盟官員，計畫與一位認識好長一段時間的中國外交官喝杯咖啡，因為對方在重要的地緣政治熱點上擁有數十年專業，所以他打算向對方請益。此位歐盟官員原本是想像以前一樣，跟對方來一場輕鬆非正式的坦誠對話，但這位中國外交官卻帶著隨從赴約，也不大願意討論他的專業領域。歐盟官員想知道為何兩人談話變得如此沒有人情味，便追問原因，最後這位中國外交官只給出一道冷冷的建議：「你可以上谷歌（Google）問問這些問題，應該可以找到許多有用的資訊，希望這樣會有幫助。」[35]

二〇一四年，某位美國官員在會議上也感受這股轉變程度有多大。這位美國官員與對口的中國外交官，長久以來都習慣有建設性的談話，這天卻發現對方打開一份彙整好的資料，逐字念出預先獲得批准的談話要點，讓他更驚訝的是，對方不是用平時偏好的英文，而是中文[36]。

這股巨大的轉變，也反映在習近平統治之下的北京政治。面對習近平在外交政策上的強硬態度，許多中國外交官感到不安，更讓他們恐懼的是中國國內政治的變化。外交部裡頭，謠傳著誰可能會是習近平全面反貪腐運動的下一位下臺官員[37]。有些人認為，**這位中國國家主席兩屆任期期滿之後，可能不會放棄權力，更猜測習近平想一輩子都當領導人**。這對中國官僚機構來說，帶來的影響就是綁手綁腳：負責經濟發展的官員，因為擔憂決策錯誤，所以停止批准專案[38]；外交官則是把頭壓低，緊緊守住官方的談話要點，不敢逾越。

在中國外交部的眼裡，這就是歷史重演。周恩來在文化大革命期間建議外交官，要嚴格遵循黨的官方措辭，如今中國官員則是出於本能做同樣的事。美國的中國通也察覺到此種模式。美國東亞與太平洋事務的前代理助理國務卿董雲裳如此說道：「**每當握有權力的政府偏向民族主義、追求傳統時，外交部總是第一個被懷疑的單位，認為外交部就是剷除叛徒的地方**。習近平上臺初期，外交部就已經歷過這一切，他們會覺得自己沒有太多自由發揮的空間，隨時都感到緊張不安。」[39]

結果，中國外交變得越加堅定、有信心，同時也更加生硬且僵化，此狀況在二〇〇〇年代建立起來的高層對話裡頭，可說是一覽無遺。二〇一四年，現任國務委員的楊潔篪——相當於美國內閣官員——訪問華盛頓，身為十足擅長順應北京政治思流的中國外交官，楊潔篪整個外交職涯中，皆運用了憤怒的表演藝術來演示自己民族主義的一面。這回，楊潔篪的一貫作為，對上了時任美國國務卿約翰．凱瑞（John Kerry）的誠心與多嘴。

與楊潔篪的冗長談話之中，凱瑞提到了西藏，這嚴峻的議題長期以來都一直卡在華盛頓與北京的關係裡。凱瑞表示，要是楊潔篪能試著認識一下西藏流亡的精神領袖達賴喇嘛，就會發現達賴並不是個壞人。有些人或許覺得凱瑞的膽子真大，或說他太天真，但凱瑞是真的希望可以扭轉楊潔篪的想法。然而，楊潔篪明白北京當局會收到自己與凱瑞談話的細節內容，所以便開始上演他那出了名的抨擊怒斥招數。

「他是隻披著羊皮的狼，」楊潔篪大聲呼喊：「很狡猾！他是在欺騙你上當！」此時，凱瑞的下一場會議其實已經開始了，但他還是繼續在論述自己的觀點，不過這段談話最終並沒有任何進展[40]。**如果這位美國國務卿對中國外交官認識多一些，他從一開始就會知道這話題是無望的，畢竟楊潔篪的主要受眾可是在北京。**

習近平似乎很喜歡此時的新氛圍。二〇一四年十一月，習近平召集資深的外交官和軍事菁英齊聚北京，參加中央外事工作會議，出席者除了高級文官和武官之外，全體中國大使幾乎也都出席了，會議目的是要為中國外交的未來定調。習近平引用不少大家已耳熟能詳的內容，例如周恩來的和平共處五項原則，但也凸顯了習近平的新要點。習近平表示，現今中國欣然接受「大國外交」，同時也著重維繫中國的「權利與利益」[41]。換言之，現在是時候讓中國在世界舞臺上取得領導地位，拿取理應屬於中國的一切。

此外，習近平也表示，中國共產黨應要「加強」領導中國外交的發展，而外交政策的作為應要更為「協調」，外交事務官員應要「鞏固強化團隊成員」。習近平這一番談話，旨在點出二〇〇〇年代的中國外交決策過於分散，所以他打算奪回掌控權。

對於這番強硬態度的呼籲，外交部裡有些人十分憧憬，某位官方學者把這番論述描述為「設法實現中國夢的外交宣言」[42]。二〇一四年底，共產黨學者陳菅指出，外交部的領導階層現在會以郵寄鈣片的人越來越少來自誇[43]。

然而，外交部裡也有人感到更加忐忑不安，只不過他們暫時把這念頭埋藏在心中。

西方國家最好先解決自己的問題

推動強硬行動之際，卻出現不樂見的發展，讓中國外交官難以推銷中國政策，其中又以在華盛頓最為艱困。二〇一五年三月，中國政府宣布新計畫，限制境外非政府組織及其國內合作夥伴在中國的各項運作，還強迫大家得向警方登記[44]。七月，公安官員在全國各地全面鎮壓人權律師，拘留了約兩百五十名律師與激進分子，有些人被迫上電視、羞辱認罪，有些人則是被描繪成煽動分子或是問題人物[45]。外國外交官驚恐看著事件發展。某位歐巴馬政府時期的資深官員如此回憶：「我們有很多聯繫窗口，像是人權律師，都被抓起來關。大家都非常難受。」[46]

與此同時，美國商業團體也逐漸對中國失去信心。二〇一三年，儘管三中全會（共產黨制定經濟政策的關鍵會議）會中許下承諾，表示在資源分配上市場力量會發揮「決定性」作用，但政府推出的改革議程，卻淪為零星自由化與拖延作為的綜合體。

此外，習近平還推動頗具爭議性的產業政策，取名「中國製造二〇二五」的倡議於二〇一五年啟動，其中包含要讓中國成為十大工業的領導者，橫跨航太、新能源汽車、人工智慧、機器人、生物技術等，而這十大工業也將確立世界經濟的未來。二〇一五年底，中國美國商會（American Chamber of Commerce in China）所做的調查裡，約有七七%的公司覺得自己在中國「沒有那麼受歡迎」，此數據較前一年的六〇%高出不少[47]。外國投資人與高階經理人，曾是中國在西方最可靠的朋友，此時也開始悄悄為美國逐漸轉為強硬的態度歡呼。

另一個情勢緊張的領域，則是網路安全。有中國政府在背後支援的駭客，瞄準美國的政府單位與公司行號攻擊。隨著習近平準備於二〇一五年九月首次到美國國是訪問，緊張局勢似乎也來到了高峰。歐巴馬政府威脅要制裁中國的網路間諜活動，直到習近平的國內安全負責人孟建柱來到華盛頓訪問十一個小時後，才免除制裁行動。歐巴馬說明：「這不是我們感到有些不安的問題而已。」[48]

儘管如此，在歐巴馬與習近平峰會上，美國官員還是看到希望的跡象。中國曾傳遞出訊號，表示會減少網路間諜活動，習近平甚至在白宮南草坪上公開承諾，中國不會把南海上有爭議的南沙群島開發為軍事用途。對於花費數個月努力，確保習近平能信守承諾的美國官員來說，習近平這一聲明可說是重大成就，也是中美可能有機會誠信溝通的訊號。

然而，過不了多久，顯然可見中國有意將南海上的島嶼用作軍事用途，而網路攻擊也恢復到以往的規模。對收下這些承諾的美國官員來說，見到這些承諾被毀壞，他們真心感覺到被侮辱了。歐巴馬政府的五角大廈資深官員，形容這當下就是華盛頓當局對中國態度轉壞的關鍵[49]。

雖說習近平挑釁專橫的政策，很少是出自外交部，但中國外交官仍得扛下他國外交官的咎責，而他們的反應就跟過去承受國內外壓力時的情況一樣：猛烈抨擊。二〇一六年六月，有名加拿大記者向加拿大外交部部長史提芬・狄翁（Stephane Dion）詢問人權問題，以及一名加拿大公民在中國因涉嫌間諜活動被拘留的案件時，王毅隨即插話表示：「你的問題充滿了對中國的憤怒與偏見」、「完全不能接受」[50]。

王毅的表現在中國國內引起一股炫風，其言論與簇擁民族主義的網友產生共鳴，這群人一直以來都希望中國最高使節的態度可以更加堅定、有信心。此外，這番話更在中國社群媒體平臺「天涯虛擬社區」引發數百條支持的訊息，某位網友寫道：「支持王部長的表現！我希望中國能夠培育出更多這樣的政治家。」[51]王毅訓斥此位加拿大記者的畫面，更成為廣受歡迎的動圖。微博上還有個王毅粉絲俱樂部，吸引超過十三萬粉絲追蹤。共青團也是讚不絕口，表示王毅「外表看起來就是一位外交部長」、「哪個角度看都很帥」[52]。

許多中國公民，和越來越多的中國外交官，皆認為西方對中國的批評充滿偽善，即使王毅的言論沒有新意，仍很受歡迎。更何況，西方國家也有不少自己的問題。二〇一五年四月，美國馬里蘭州的巴爾的摩（Baltimore），二十五歲的黑人男性佛萊迪・格雷（Freddie Gray）之死，引發暴力抗議員警的種族歧視和殘暴行為，又重新燃起「黑人的命也是命」（Black Lives Matter）的抗爭運動。同年十一月，巴黎發生恐怖攻擊事件，造成一百三十人死亡，為此時任法國總統法蘭索瓦・歐蘭德（François Hollande）還向伊斯蘭國（Islamic State）宣戰。也是在這一年之中，大量移民從中東和北非湧入歐洲，但此時歐洲仍還在努力掙扎，試圖從二〇〇八年至二〇〇九年金融危機中恢復元氣，此情況加速了波蘭、瑞典、丹麥等地的極右翼民族主義政黨再次興起。**許多中國官員認為，西方最好先專心解決自己的問題**。

二〇一六年七月，**海牙國際法庭譴責中國在南海的行徑，指出中國的主權主張外擴至該地區沒有法律依據**，而中國外交官對此同樣強硬回應。此案係由菲律賓提起，這也是中國政府首次被國際司法體制傳喚。**中國駐荷蘭大使吳懇把此份裁決形容是「廢紙」和「對國際法的羞辱」**，同時還呼籲「某些不屬於該區的國家」，應該要停止「武力威脅、捏造爭端」[53]。

不過，中國外交政策機構裡，並不是每個人都喜歡這種新的強硬態度。國際法庭裁決後的幾個月裡，多位中國學者出訪美國時曾向美國外交官透露，中國外交政策界裡有許多人對於法官如此被攻擊，感到無地自容[54]。有些前外交官，還能聽到過去的錯誤在迴盪。

曾派駐法國的中國大使吳建民如此寫道：「現在我們走到世界舞臺的中心，要注意我們的心態。在某些中國人的潛意識當中，仍然存在著『想當頭』的思想。」這些人甚至認為「韜光養晦已經過時了」。吳建民表示這些人的心態，乃是文化大革命高喊中國革命是世界的核心，所遺留下來的產物[55]。

總之，中國具挑釁意味的外交仍繼續存在。隨著唐納．川普的加入，這股不確定感只會與日俱增。

奉承手法，也用在川普身上

二〇一六年十一月唐納．川普的勝選，中國外交官跟全世界一樣，都感到十分意外。中國駐華盛頓大使館發送電報回北京，內容沒有談及美國公眾輿論轉移到民粹主義的程度，有部分原因是中國外交官並沒有注意到這一點，也有部分原因是**中國外交官普遍都懼怕在中國官僚體制中往上回報壞消息**。

在川普宣誓就職之前，中國花了數個月的時間，試圖認識這位從房地產大亨轉變為實境秀的明星，他不只在競選期間指控中國「強暴」美國，還承諾會發動貿易戰爭。

打從一開始，習近平就已明確表示，中國不會屈服於美國施加的壓力。川普當選之後，秘魯舉行二〇一六年亞太經合峰會，期間習近平與巴拉克・歐巴馬有了最後一次的會談，習近平說明他對即將掌權新政府會持有的態度：「我不會打第一拳，但我也不會呆坐著被打。」[56]畢竟，世界兩大經濟體正面對決，顯然會傷害到彼此，如果可以，最好還是避免正面衝突。

北京官員集思廣益，想要找出辦法避免與美國的關係全面破裂，遂開始引用《孫子兵法》的中國古言：殺敵一千，自損八百[57]。

與川普打交道的第一步，就是要先摸透他這個人，以及搞清楚他想要的是什麼。如同當年周恩來蒐集資訊、了解尼克森和季辛吉最喜歡的書籍和電影一樣，川普當選後，有好幾週的時間，中國政府各部門官員都在加班蒐集有關川普的深入資訊。官員使用 VPN 軟體翻牆到被中國封鎖的推特網站，查閱川普的推文，找尋其政策立場的蛛絲馬跡[58]。此外，川普的著作《交易的藝術》（*The Art of the Deal*）也被當作情報資料般審查，只因為中國領導階層想要知道該如何應對川普。

接下來，中國官員需要找到與川普接洽的管道，北京當局一開始是透過第三人聯繫。二〇一七年一月，億萬富翁、電子商務巨頭阿里巴巴集團董事長馬雲，在取得習近平的官方同意之後，與此位總統當選人在川普大廈（Trump Tower）會面。為傳遞訊號表示中國可以協助川普在美國創造工作機會，馬雲允諾把一百萬家美國小型企業加入他旗下公司的網路平臺[59]。

接著，中國外交官就需要與川普家族建立直接聯繫的管道了。川普宣誓就職後幾週內，中國駐華盛頓大使崔天凱，透過川普的女婿傑瑞德·庫許納（Jared Kushner），與川普建立起祕密聯絡管道。崔天凱甚至有辦法讓川普女兒伊凡卡（Ivanka）帶著女兒阿拉貝拉（Arabella），出席中國大使館的農曆新年慶祝活動，崇拜名人的中國賓客紛紛拿出手機，拍下伊凡卡與女兒欣賞中國傳統的音樂、工藝品，以及玩木偶的畫面[60]。

北京當局聯繫所有可能提供協助的人選，但仍然搞不清楚這位新總統的把戲。其實就在同個月裡，楊潔篪動身前往華盛頓，會見高階政府官員，也在中國大使館內舉行晚宴，試圖從一直有往來的共和黨對口聯絡人身上蒐集有關川普的資訊，包括前國家安全顧問布倫特·斯考克羅夫特（Brent Scowcroft）、前商務部部長芭芭拉·福蘭克林（Barbara Franklin）等人[61]。縱然都是人脈廣闊的人選，卻都不是川普的人馬，所以助益不大。

中國會有這般謹慎樂觀的想法，可是有原因的。當年，隆納·雷根、比爾·柯林頓和小布希，都是在入主白宮之後，捨棄選舉期間誓言要施行的強力對抗政策，他們認為川普或許也會如此。

沒多久，川普採取的措施就為中國帶來機會。二〇一七年一月宣誓就職後數天，川普就決定退出跨太平洋夥伴協定，此為十二國簽署的貿易協定，目的是協助美國在亞洲與中國競爭。此決策減輕了中國官員得為開放經濟施行改革的壓力，因為中國在亞洲再也不用擔心經濟孤立的問題了[62]。藉此契機，習近平把中國定位為擁護自由貿易與全球化的形象，甚至還在於瑞士達沃斯舉行的二〇一七年世界經濟論壇（World Economics Forum）上發表演說時，把保護主義比喻成「把自己關進黑屋子」[63]。

不過，追求駕馭川普的工作仍沒有間斷。為了緩解緊張局勢，北京當局轉向金錢與奉承的手段。二〇一七年四月，習近平與川普在佛州海湖莊園會面時，中國就已經展開攻勢，此攻勢也於同年十一月川普前往北京國是訪問時燒到最熱。準備陪同川普前往北京的執行長之間，開始流傳白宮計畫採取反中行動、北京承諾兩千五百億美元的交易、會在知名的紫禁城密室裡接待這位美國總統等流言。

不過，中國的這一招並沒有發揮

▲ 2017 年，習近平與時任美國總統川普在海湖莊園會面，照片中由左至右依序為習近平妻子彭麗媛、習近平、川普及川普妻子梅蘭妮亞。（圖片來源：維基共享資源公有領域。）

功效。**結束北京訪問後一個月，川普政府的國家安全戰略文件中，把中國標示為「戰略競爭對手」和「修正主義強權」**（revisionist power）。**隔年一月，美國政府還對洗衣機和太陽能電池等進口商品課徵關稅，凸顯出美國對於中國主導供應鏈與定價過低的顧慮。**

課徵關稅一舉，引發延燒數年的經濟衝突，後來更是越演越烈，演變成範圍更廣的地緣政治鬥爭。到了二〇一八年八月，價值三百四十億美元的商品關稅已開始生效，另外還有價值兩千一百六十億美元的商品關稅也在規畫當中。此外，川普也曾向中國通訊龍頭中興通訊開槍，目的是要提醒中國領導階層，取得美國科技與市場的中國科技公司可是有弱點的。

這時候，北京的氛圍開始變得陰沉，同時中國外交官也意識到這局勢的嚴重性。**面對海外來的壓力，強勢就成為唯一保持政治安全的姿態。**某位中國貿易談判代表解釋：「沒有人敢發表溫和的意見。只有非常資深的官員才能提出與美國妥協的主張，其他人站出來說話的風險都太高了。」[64]

華盛頓這邊的氣氛也是相當灰暗，雖然有些民主黨員不同意川普的關稅與其他政策，但是需要新方法這點竟罕見的讓兩黨達成共識。二〇一七年八月，就智慧財產權的議題，參議院民主黨領袖查克．舒默（Chuck Schumer）甚至還**鼓勵川普跳過例行調查流程，直接對北京採取報復性貿易行動**。太平洋的兩岸，**中美關係正墜往歷史低點**。

然而，美國依舊強大，足以迫使中國官員就算要譴責，也得小心謹慎。一般而言，中國外交官和國有媒體都會避免個別批評川普，因為擔心會激怒到這位總統，有些人甚至還繼續讚揚川普和習近平的私下「友誼」。不過，面對美國的盟友，中國可就沒有給予同樣的敬意了。

鼓吹不干涉他國內政，自己的手卻伸出去

二〇一七年四月二十二日，曾為中國公安部部長的孟建柱飛抵雪梨（中國譯名為悉尼），準備與澳洲反對黨工黨（Labor Party）黨魁比爾・薛頓（Bill Shorten）來一場難得的會面。孟建柱身材瘦小、講話輕聲細語、戴副眼鏡，習慣穿比自己身形大上幾個尺寸的西裝外套，他負責帶領讓人敬畏的中國公安機構，同時也是政法委員會的領導者。

雪梨聯邦國會辦公室（Commonwealth Parliament Office）位在布萊街（Bligh Street）上，是棟時髦的建築，內部滿是玻璃製成的牆面和人體工學感的小隔間[65]。孟建柱在聯邦國會辦公室坐了下來，準備傳達訊息。北京人權紀錄招來許多批評，但孟建柱還是希望薛頓所屬的政黨能夠支持頗具爭議的中澳引渡條約。孟建柱表示，如果中國政府必須告知澳洲的華人團體，工黨並不支持澳中關係的話，那可就惋惜了[66]。

中國此次的介入行徑相當不尋常，因為中國長期以來都在鼓吹不要干涉他國內政的立場，此時**卻威脅要利用對澳洲選民的影響，試圖左右澳洲的國內政治**。就在孟建柱來到雪梨的幾週

前，中國駐澳洲大使成競業也對澳洲工黨發出類似的警告。這段期間裡，澳洲政治因為中國干涉議題引發激烈辯論、陷入緊張，而中國就是在此背景之下發表上述談話[67]。

由於引渡條約，以及中國在澳洲的政治影響相關醜聞，澳洲深陷各種爭論之中，包括呼籲立法限制外國勢力的介入與干預。如同先前許多國家不承認共產黨有權統治中國時，中國以統戰手法在這些國家裡建立聯盟，此時中國也採用同樣的統戰策略，只不過中國的意圖是扭轉菁英階層的看法，最後目標是要把澳洲官方政策轉向對北京當局有利的方向。在達不到目的的情況之下，這些策略就可以用來壓制反對聲音，諸如人權議題、臺灣、西藏、新疆等敏感問題的異議。

好一段時間以來，澳洲境內陸續出現各種顧慮。二〇一四年，有報告指出，中國在墨爾本大學（Melbourne University）和雪梨大學（Sydney University）等頂尖學校，發展各種線人網路（networks of informants），這些線人都會向中國領事館提供資訊。二〇〇五年叛逃到澳洲的中國外交官陳永林表示：「學生非常好用，可以在機場歡迎領導人，阻擋掉抗議團體，同時也可以協助蒐集資訊。」對於這些說法，中國駐雪梨領事館的回應是「毫無根據」，且表示會這麼說就是「別有居心」[68]。

當孟建柱與薛頓在雪梨會面時，工黨正努力解決一樁急速發展的醜聞，而該黨參議員鄧森（Sam Dastyari）正好涉入其中。據悉，鄧森拿了親中人士捐助的款項，藉以換取支持中國政府立場。後來，《雪梨晨鋒報》（*Sydney Morning Herald*）刊出報導指出，鄧森站在一位擁有中國公民身分的捐款人旁邊，複誦中國政府在南海議題上的談話要點，另外還有一次是鄧森要求捐款人把手機放到旁邊，原因是怕被監聽，結果鄧森被迫辭職[69]。

二〇一七年十二月，當《澳洲人報》首次報導孟建柱與薛頓會面的新聞時，中國干預已成為澳洲政治的頭號問題。同月，時任總理麥肯．滕博爾把外國干涉介入澳洲的威脅形容為「前所未見」，還透露了某份政府官方對此議題的報告，「激勵」澳洲政府得採取行動，他指出：「我們整個政治體制，未能掌握這道威脅的本質與影響程度。」[70]

全世界都在盯著澳洲看。二〇一八年二月，美國國防部資深官員薛瑞福（Randy Schriver）表示，澳洲「喚醒」全世界對中國影響力擴張行徑的關注[71]。五角大廈於二〇一八年完成的國防戰略摘要（National Defense Strategy）裡，把中國的「影響力作戰」（influence operations）與「軍事現代化」、「掠奪性經濟」，全部歸類為對美國的威脅[72]。此外，倫敦、柏林、渥太華等地也都做了類似的評估。[73]

上述國家的注意力，全都集中在共產黨的工具，這些工具可追溯到一九五〇年代，甚至是中華人民共和國成立之前就已存在的工具，包括各種黨組織（例如統一戰線工作部、對外聯絡部、宣傳部等），以及各個政府單位（例如外交部、教育部、孟建柱管理的公安部等）。此外，調查工作也深入探究，為何中國政府所付出的精力，總是能夠引來一堆官方和半官方智庫以及「民間」組織的支持。

美國的盟友之中，澳洲並非是唯一一個落入北京攻擊戰線的國家。與此同時，**中國越來越會把外交上的不滿，與嚴厲經濟制裁結合起來運用**。二〇一七年，中國擴大對南韓發動經濟戰，因為南韓不顧北京當局的反對，安裝了美國導彈防禦系統。中國外交部不停抨擊南韓政府的決策，而經濟脅迫行動也讓南韓當年度的經濟增長下降了〇．三％[74]。

二〇一八年，習近平掌權的中國政府又開始採取類似的方式對加拿大施壓。基於美國的引渡請求，加拿大拘捕了華為財務長，所以中國間諜單位就拘禁兩名加拿大公民，以示報復。

想成功，你只能支持習近平

回到北京這邊，隨著對習近平的個人崇拜逐步醞釀發展，中國的政治氛圍也越來越緊張。**習近平推動政治控制的過程中，外交官必須出席外交部裡的「自我批評」會議**，跟在延安時舉辦的形式一樣，同時**也要參加「巡視」，考驗外交官對黨的忠誠，以及服從命令的意願**[75]。

此外，使館舉辦活動時，中國外交官會分發習的著作《習近平談治國理政》，此舉詭異呼應當年中國外交官發送毛主席的「小紅書」情景[76]。至關重要的十九大會在二〇一七年十月舉行，隨著時間接近，到處都在流傳習近平可能不會提名繼任者的說法，說明了習近平打算一直掌權下去[77]。因此，越來越顯而易見的是，**若想成為一名成功的中國外交官，你就得支持習近平的意向企圖，否則就會變成無關緊要的人，或是遭遇更慘烈的下場**。

跟以往一樣，楊潔篪又走在政治浪潮的前頭。二〇一七年一月，《人民日報》刊登一篇文章，楊潔篪成為首批使用「核心」一詞來標明習近平在黨內地位的中國官員，然而此用詞是習近平的前任領導人所捨棄的稱呼，因為當時是強調集體領導。楊潔篪寫道，習近平的外交思想是「最寶貴的精神資源」[78]。同年七月，楊潔篪又寫了一篇文章，高呼「習近平的外交思想」具備「深遠的」重要意義，更形容其是「內涵豐沛、深刻見解的理論體系」[79]。然而，私底下的楊潔篪也沒閒著，他持續拓展人脈。派駐在中國的美國間諜發現，楊潔篪在十九大之前，前往上海會見自己的政治恩主（patron），也就是前國家主席江澤民。其實，前幾次黨召開會議之前，楊潔篪的事業深陷危險，也採取了同樣的舉動[80]。

同時，其他政治人物也紛紛表明自己的立場。二〇一七年九月，就在十九大召開的前一個月，王毅稱讚習近平的外交思想是中國對外關係的「行動指南」。王毅在黨的刊物上讚揚道：「也是對過去三百多年來，西方傳統國際關係理論的創新和超越。」王毅讚許習近平是一位「改革者和開拓者」，「提出許多前人未曾提出過的新思想」[81]。

楊潔篪付出的努力得到回報了：中共十九大閉幕時，楊潔篪被任命為政治局常務委員，此委員會總共也只有二十五名成員而已，他更是繼二〇〇三年錢其琛退休以後，首位入政治局任職的中國外交官。這也說明了日益強大的中國崛起之際，外交事務越發重要。

「這是對楊潔篪個人，以及整個外交政策機構的一種認可，」曾派駐英國的中國大使馬振崗如此告訴《南華早報》：「我們看到中國的角色起了前所未有的轉變，這轉變不會只局限在國內利益上，而是會展現更多關注在全球議題之上，擁有更大的發言權。」[82]

十九大讓中國國內政治起了變化，對中國外交也產生深刻影響。三小時的開幕談話裡，習近平重申領導階層的立場，也就是中國正處於「重要戰略機遇週期」，還指出到了二〇五〇年，中國將成為「就國力和國際影響力綜合衡量之下的全球領導者」，同時中國也會「朝世界舞臺的中心前進」，更會「在東方屹立不倒」[83]。此外，十九大還仿效當年王稼祥在延安協助毛澤東發展「毛澤東思想」的手法，**把「習近平思想」納入中國共產黨章程**[84]。

最重要的是**習近平打破了常規，拒絕任命繼任者**，此舉提升習近平繼續統治中國數十年的可能性，更順利泯除他在第二個任期內可能會成為被綁手綁腳的瘸腿鴨（a lame duck）威脅[85]。

隨著**習近平的權力越來越強大，他講的話成為信條，而他也持續把中國推向更有信心、更堅決的方向**。二〇一八年一月，習近平在北京某場會議上，呼籲中國大使要展現更主動、積極的態度後，中國駐英國使節便把這番話當成「動員命令」與「號角」[86]。一九九〇年代和二〇〇〇年代時，網路上的民族主義人士期望外交方式要更堅決、有信心，此刻，這股期盼已轉變成中國的官方政策。

習近平加重集中控制中國的官僚機構，下令全面改革各地中國大使館的運作方式。二〇〇〇年代，不同單位機構的職掌不明確或重疊，有時會阻礙中國外交發展，為了解決這個問題，中共啟動數項計畫，讓大使可以直接控制其他單位機構派駐在各大使館的工作人員，同時也握有財務和人員決策的否決權[87]。

中國強化外交使團之時，美國則是弱化自身的外交。考量到中國在預算相關的資訊很零散，且依據不同的會計準則，預算數字也有所不同，所以很難比較中美外交活動的規模，不過仍可明顯發現兩國是朝著相反的方向發展。中國在二〇一七年的外交事務支出攀升至七十八億美元，幾乎是二〇一三年的兩倍。同時間裡，川普的預算辦公室草擬出一份計畫，打算把國務院和國際開發總署（United States Agency for International Development）的支出刪減三七%，總計會刪除五百億美元[88]。美國外交部大樓於一九九七年正式啟用時，象徵著美國新斬獲的國際知名度，但到了此時外交部僱用的外交官數量來到六千人，辦公空間已是擁擠不堪。某位外交官指出：「這棟大樓蓋起來的時候，我們沒有預料到中國的立場會如此快速轉變。」[89]

二〇一八年春天即將舉行的年度立法會逼近，中國外交官開始擔心外交部長「銀狐」王毅可能會顯得太過招搖。某位外交官指出「只能有一顆星星」，講的就是習近平[90]。中國外交官擔心，王毅的全球知名度持續增長，可能會讓習近平不高興，就如同周恩來當年成功拉攏尼克森和季辛吉，遂引發毛主席的強烈嫉妒心一樣。不過，召開全國人民代表大會時，其實有許多好消息正等著王毅：除了續任外交部部長之外，他也同時被提升為國務委員，即楊潔篪先前的職位[91]。

這次會議也是中國政治歷史上的轉捩點：習近平渴望執政超過兩任任期的想法正式確立，因為此次的年度立法會取消了主席任期的限制。一九八二年憲法引入的限制，乃是為了防止回到一人統治的政權，但這次會議廢除之後，等於是為習近平終身領導的想法鋪了路。

中國官方報刊《中國青年報》的前資深編輯李大同，是少數幾位發聲表示反對此項修法的人士。李大同為了勸立法者反對此項修法，寫了封公開信：「取消國家領導人的任期限制，會讓我們被全世界的文明國家恥笑。這意味著開歷史的倒車，將埋下中國再次陷於混亂的種子，始害無窮。」[92]

最終，那例行公事般執行的立法會，以兩千九百五十九票對兩票的結果通過修法。中國外交官得跟過往一樣，調適中國國內政治的不確定性：展現對領導階層的忠誠，以及愛國態度。

霸道、憤怒，中國的「大國風範」

二〇一八年底，某位歐洲資深外交官在離開中國十多年後，再度回到中國。二〇〇七年這位外交官離開時，中國正專注於舉辦奧運會，當時北京的樂觀氛圍深具感染力，而中國外交官似乎也有著相同的感受。儘管那時的中國外交官也是以他們典型的正式態度和照稿傳達的方式，與外界溝通、交流，但爭取外國輿論的付出看來很真誠。才過了十年光陰，這位歐洲使節此時卻發現，**中國外交官的語氣變得很有攻擊性，也具備更多意識形態**；她指出，中國外交官的行為展現出強烈的不滿，同時也越來越享受中國擁有的國際角色[93]。

世界各地皆有類似的戲碼上演。二〇一八年九月，十八個太平洋島國的領導人，以及來自美國、中國等非成員國的代表團，一起出席太平洋島國論壇，舉辦地點在密克羅尼西亞的諾魯共和國，這是個擁有約一萬兩千名居民的國家。中國代表團的領隊是先前派駐希臘的中國大使杜起文，為了與會議的非正式主題保持一致性，杜起文抵達時身穿紅色短袖襯衫，袖子上還有花瓣圖案。

論壇裡，區域領導人接續致辭，途中杜起文舉手表示要發言，但諾魯總統回絕，因為下一位發言的應該是吐瓦魯（Tuvalu）總理。諾魯總統巴倫．瓦卡（Baron Waqa）說，當時杜起文「相當堅持，且非常傲慢無禮！小題大作之餘，還耽誤領導人會議好幾分鐘的時間」。另外，他也向媒體表示：「也許是因為他來自一個大國，所以想欺負我們。」

一陣耗費十五分鐘左右的騷動過後，諾魯總統威嚇表示，若中方代表團不讓會議繼續進行的話，就要把他們趕出去。從洩露出來的現場影片看來，瓦卡告訴杜起文：「你在這裡是對各國使節講話，得尊重點！」但是，杜起文此時的情緒也到了頂點。某位出席會議的人如此轉述給英國《衛報》（*The Guardian*）：「最後，杜起文很生氣！他大聲憤怒喊叫，然後站起來、氣沖沖走出去！可是，他卻不是走向最近的出口，而是繞了整個會議桌一圈才走出去，就是要表達他對每個人的憤怒！」

後來，記者請中國外交部解釋杜起文的行為時，發言人華春瑩指出，諾魯所陳述的與事實完全相反，「純屬顛倒黑白、倒打一耙。」此外，又補充應該是諾魯要反思和道歉。[94]

類似事件陸續發生。二〇一八年，巴紐主辦亞太經合峰會，期間中國官員打算要求修改峰會公報內容，試圖「硬闖」巴紐外交部部長的辦公室[95]。而在加拿大，中國大使盧沙野公開指責駐在國患有「西方利己主義和白人優越感」，更多次攻擊加國媒體的報導是「誹謗」[96]。至於南非，中國首席特使宣稱，唐納．川普的政策會讓美國成為「整個世界的敵人」[97]。

在歐洲，桂從友倒是成了中國人堅定、有自信的代表。五十七歲，總是油頭後梳、戴副眼鏡的他，於二〇一七年派任為駐瑞典大使之前，桂從友整個職涯裡都在與俄羅斯和中亞各國打交道。

桂從友到瑞典，承接的是一段已相當緊張的兩國關係：中國當著幾位瑞典外交官的面，從開往北京的火車上，把中國出生的瑞典公民桂民海（編按：作家、出版界人士，二〇一五年銅鑼灣書店股東及員工失蹤事件主角之一）帶走、關押起來，之後雙方關係就變得緊繃。

二〇一八年九月，瑞典警察強行把一名中國男子和其父母趕出斯德哥爾摩（Stockholm）

某間飯店，原因是飯店工作人員表示他們預定的日期是隔天，一行人卻拒絕離開飯店，兩國緊張關係因而更進一步升溫。桂從友抨擊瑞典警方「毫無人道、不講道德」，中國駐瑞典大使館還向中國公民發出旅行警示，表示瑞典對中國遊客會出現「殘酷對待」的行為[98]。桂從友也毫不掩飾，直接告訴瑞典公共廣播電臺：「面對朋友，我們端出美酒招待；面對敵人，我們拿出來的是槍彈。」

另外，桂從友也深感被瑞典媒體冒犯。中國大使館屢次聯繫瑞典的出版媒體和電視新聞媒體，要求他們修改報導內容。後來，桂從友表示，瑞典媒體針對中國的報導「就像是四十八公斤的羽量級拳擊手，找上八十六公斤的重量級拳擊手打架一樣」。

桂從友還解釋，到目前為止，中國都在容忍瑞典的行為，但中國的耐心可是有限的：「出自於禮貌與善意，八十六公斤拳擊手告訴四十八公斤拳擊手，管好自己的事就好，可是輕量級拳擊手不聽，還繼續挑釁，更強行進入重量級拳擊手的家，那這位八十六公斤的拳擊手能有什麼選擇呢？」

針對上述發言，瑞典外交部部長表示，中國大使的言論乃是「無可接受的威脅」，此外，**瑞典三個政黨更訴請將桂從友驅逐出境[99]。短短兩年內，桂從友就因挑釁言論，被瑞典外交部召見超過四十次[100]。**

犯我中華者，雖遠必誅

爭端事件陸續出現的同時，北京這邊也開始有人提出警告。二〇一八年十月，鄧樸方——前最高領導人鄧小平的兒子——於某次演講中表示，中國政府應該「保持清醒的頭腦，知道自己的分量」。鄧樸方的這番話讓人想起他父親呼籲中國要隱藏能力、靜候時機。此外他也表示，中國應「不妄自尊大，也不妄自菲薄」[101]。

過了幾週，曾是中國申請加入世界貿易組織對談的貿易談判代表龍永圖，也出來批評中國領導階層，表示與華盛頓當局的貿易對談「思慮非常不足」，其中對美國大豆課徵關稅的決定更是欠缺思考[102]。

外國觀察家也注意到中國外交上的轉變，甚至替中國越來越沒有外交作風的外交官起了個新名字：「戰狼」[103]。

此稱呼乃是源自於二〇一七年的中國電影《戰狼2》，講述一群中國士兵被派去某個飽受戰爭摧殘的非洲國家，營救一群受困的同胞。劇中，英雄人物冷鋒用十字弓與美國傭兵對戰，當敵方老大被殺死時，他開口說道：「像你們這樣的人，永遠都不如我這種人！」這部電影似乎捕捉了多數中國大眾的某種心理感受，表明中國的光輝時刻已經到來了，而劇中的經典臺詞就是：「**犯我中華者，雖遠必誅！**」[104]

外交部裡有些人很喜歡這種新態度，尤其年輕官員更是如此。某位年輕中國外交官如此說道：「現在我們走進一間房間時，都可以感覺到其他人對待我們的方式不一樣了。若你是來自一個強大的國家，大家似乎會比較尊重你。這跟幾年前的感覺完全是不一樣的。」[105]

其他人也越來越認同這種強硬方式，認為這就是取得成功的方法。一名前中國官方媒體記者談到習近平時，表示「每個人都認為他想看到的是強勢、不接受批評，所以就會讓自己的作為符合該種期望」。他解釋：「這就像是他只是往左邊看了一下，但在他底下的一整群人就往左邊衝過去，還跑出他原本預期的範圍。」[106]

同時，也有些人是因為不安而行動。二〇一九年一月，共產黨中央委員會組織部副部長齊玉，被任命為外交部黨委書記，通常這個職位都是留給外交部的退休老兵，而儘管齊玉欠缺外交經驗，還是出任此一職位。如此一來，齊玉就握有外交部既關鍵又敏感的人事決策權[107]。

此任命下達後沒多久，某位外國大使就表示，中國外交官越來越感到「害怕」[108]。某位中國使節被問及，中國近期的作為是出自於信心還是不安感時，他回答道：「不安感！一直以來都是因為不安！這股不安感扎根的深度比你想的還要深！」[109]

就是在這種極度憂慮的氛圍裡，有位中國外交官跑到推特上，挑戰戰狼外交的臨界線。

作風強硬，才能得到獎賞

二〇一九年七月，四十七歲的中國外交官趙立堅，派駐在巴基斯坦首都伊斯蘭馬巴德，這天他覺得自己受夠了美國對中國的攻擊。此時北京當局遭逢激烈抨擊，人權團體和聯合國皆表示，中國在西部偏遠新疆地區的「再教育營」裡，拘留一百多萬名維吾爾族的穆斯林。美國政治人物譴責此項中國政策，而中國一開始是否認再教育營的存在，後改為捍衛自己的政策。

趙立堅，說話輕聲細語、有時還會口吃，曾於二〇〇九年至二〇一三年間派駐在華盛頓，當時美國正從金融危機中慢慢復原，也就是在美國的這段期間裡，趙立堅申請推特，這是中國境內禁止使用的平臺。後來，趙立堅改任外交部亞洲司司長，隨後又被派駐到伊斯蘭馬巴德的中國大使館。趙立堅待在巴基斯坦期間，曾在推特帳號簡介裡，短暫使用過「穆罕默德」（Muhammad）這個名字，因為後來中國政府決定約束新疆使用伊斯蘭的名字，他就把穆罕默德這個名字刪除了[110]。

趙立堅見到華盛頓當局譴責中國的少數民族政策，他感到越來越生氣。七月的一個週末，他決定公開自己的不滿，在推特發表一堆推文，表示指控中國有人權問題的美國領導人是「偽君子」，還搬出自己對美國現況的理解來做比喻：「如果你待在華盛頓特區，那你就會知道白人永遠不會去西南區，因為那裡是黑人和拉丁裔的領域。」

趙立堅的一連串推文，引起總統歐巴馬時期國家安全顧問蘇珊・萊斯（Susan Rice）的注意，她回應趙立堅：「你真不像話，還有種族歧視，而且非常無知又無禮！」萊斯更要求崔天凱大使，把這名外交官送回中國，因為她誤以為趙立堅當時還派駐在華盛頓。而趙立堅也沒有被威嚇到，直接吼回去：「妳太丟人現眼了！而且，也相當無知又無禮！我可是派駐在伊斯蘭馬巴德。真相總是很殘酷！」[111]

與美國外交政策機構的資深成員展開如此尖銳的口水戰，即便是在二〇一九年當時也是相當不尋常的行為。不過，趙立堅認為他有責任發聲。後來，趙立堅接受 BuzzFeed 新聞訪問時說道：「中國外交官是時候說出真相了。每天都有人誹謗你，像是彭斯，還有龐培歐（編按：指 Mike Pompeo，美國前國務卿），他們說中國的壞話！還談論香港，說什麼香港抗議分子是自由戰士，這完全都是錯誤！」

趙立堅也不得不承認，儘管當時中國外交官在海外也是採取比往更為強硬的態度，但自己的做法依舊算是罕見。趙立堅告訴 BuzzFeed 新聞：「大家看我就像是在看隻貓熊一樣，又好像是看到來自火星的外星人。」[112]

中國外交部裡，有些人不贊同趙立堅的做法。歐巴馬執政時期，萊斯與楊潔篪建立了相當牢固的工作夥伴關係，此外也有充足的理由推測萊斯可能會在下一個民主黨執政的政府中任職。因此，崔天凱試圖止血，這位駐華盛頓中國大使悄悄發訊息給萊斯，告知自己並不認同趙立堅的推文，他的推特發言不能代表中國官方的立場，而惹事的冒犯推文也隨即被刪除了[113]。

然而，也不是每一個人都不贊同。**趙立堅如此不羈的行為，在過去可能會遭來官方的斥責，甚至被解僱，但這行為發生在外交部試圖循著習近平疾呼的方向——採取更為積極、好鬥的外交方式**。因此，**趙立堅非但沒有被懲罰，反而還升了職。趙立堅被召回北京，接著被任命為外交部的官方發言人**，而他也在此職位上，成為世界上備受關注的中國外交官[114]。

趙立堅回到中國首都，辦公室門外聚集一群年輕外交官歡迎他的到來，也祝賀他升官[115]。對這群年輕外交官來說，有非常長的一段時間，中國面對國際輿論總是小心翼翼，趙立堅現在就是中國嶄新的聲音。此外，這群年輕外交官跟趙立堅一樣，也是生長在鄧小平改革之下的中國，生活水準逐年提高，同時中國在世界上的影響力也持續擴大。

從其他發生的事件來看，似乎可證明趙立堅的任命並非只是場意外。因為，就在幾週之前，華春瑩被任命為外交部新聞部的負責人，而**華春瑩是在趙立堅之前，川普時代裡中國最為直言不諱的外交部發言人**[116]。此外，中國備受爭議的駐加拿大大使盧沙野也升職了，改派駐到聯合國安全理事會常任理事國的法國出任中國大使[117]。

二〇一九年底，**習近平親手寫了張便條給外交部，交代外交官，面對逐日惡化的中美關係，要多加展現「戰鬥精神」、採取更為強硬的立場態度**[118]。此時，中國外交官都注意到了，改變說話的語氣就可以得到獎賞，他們也開始陸續開設推特帳號。

儘管一開始速度很慢，但到二〇一九年底時，已有近六十名中國外交官開立推特帳戶，其中有超過一半的人都是在這一年內才申請[119]。有些人的推特大致上無害，只是張貼中國官方的談話要點或官方媒體的報導，也有些人是轉貼詩詞，或張貼野生動物的照片。中國駐尼泊爾的大使，倒是會在上頭分享網紅風格的自拍照[120]。

不過，也有些人不走這麼平淡無奇的風格。有些外交官會採用強烈的川普風格，滿是大寫字母與諷刺語調。例如華春瑩就有這麼一則推文：「#China has become powerful with U.S. money? LOL!」（#中國有了美國的錢，然後就變強大了？笑死！）[121]

由於新冠病毒的肆虐，中美關係下滑到新低點。推特上新出現的戰狼外交官，為雙方的衝突開闢全新戰線。

疫情開啟中美關係新戰線：推特

二〇二〇年一月三十一日，川普政府禁止過去十四天內，曾前往中國的外國人進入美國邊境。因為就在幾個月前，二〇一九年十一月時，新型冠狀病毒疫情首次在中國武漢出現，當時已造成兩百一十三人死亡，而全球也有近一萬個病例。對此，中國憤怒回應：「美方的言論和行動，既沒有事實根據，也不會有任何幫助！」中國外交部發言人華春瑩在某份聲明裡也說道：「此舉肯定沒有善意。」[122]

到了該年二月，新冠病毒繼續在世界各地傳播，越來越清楚的事實是武漢官員未立即向中央當局透露此波疫情，因而延誤整個世界為疫情爆發做準備的時機。三十四歲的武漢醫生李文亮，於疫情初期曾試圖警告大家這場疾病的危急性，他的言論卻被壓了下來，二月七日李文亮便染疫身亡。隨後，網路論壇上引爆憤怒情緒，官方審查機構撤下像是「我要言論自由」等主題標籤，另外也刪除音樂劇《悲慘世界》（*Les Misérables*）歌曲〈你可聽見人民的怒吼？〉（*Do You Hear the People Sing?*）的連結[123]。

國際間因北京處理新冠病毒的方式感到憤怒，這股氣憤持續蔓延，共產黨開始把中國定位為疾病控制的全球領導者。中共官員宣布以六種語言出版一本書，書中內容把習近平描繪成處理這場疫情危機的「大國領導人」。《新華社》也刊出許多報導，講述來自俄羅斯、古巴、白羅斯（Belarus）的健康醫療專家，讚揚中國「開放」與「極為負責的態度」[124]。趙立堅告訴記者：「中國的作為一直都是個負責的國家！中國在這場抗疫行動中，特有的實力、效率與速度，廣受好評。」[125]

這場重新塑造形象的行動，還搭配運送醫療設備給其他國家，包括伊朗、義大利、塞爾維亞、南韓等國。王毅指出，這些付出等同於「醫療保健的絲路」，意指習近平的「一帶一路」倡議[126]。

凡是對這套說法提出質疑的人，隨即就會在推特上被中國外交官嚴厲回擊。中國駐印度加爾各答的總領事查立友如此回覆一位推特用戶：「你說話的方式就像是病毒的一部分，你會跟病毒一樣被殲滅。你應該感到羞愧！」[127]在巴西，則有大使楊萬明指稱該國總統雅伊爾・波索納洛（Jair Bolsonaro，已於二〇二三年一月一日卸任）的一家人都是「毒藥」，因為總統兒子把疫情歸咎給「中國的獨裁政權」[128]。**中國駐委內瑞拉的大使館更是誇張，直接要求該國官員「戴上口罩閉嘴」，因為這些官員把新冠病毒稱呼為「中國病毒」**[129]。

三月十二日，**趙立堅投下震撼彈**。在沒有請示過上級、取得許可的情況之下，趙立堅在推特上公布一支影片，內容是時任美國疾病管制和預防中心（Centers for Disease Control and Prevention）主任羅伯特・雷德菲爾德（Robert Redfield），向美國國會委員會發表談話，其推文寫道：「疾管中心當場被抓包！零號病人是什麼時候出現在美國的？有多少人被傳染？醫院名字是什麼？**可能就是美軍把流行病帶到武漢！**堅決透明化，公開你的資料！**美國欠我們一個解釋！」**[130]

接著，趙立堅又發了另一條推文，鼓勵自己的三十萬名粉絲，把一個擁護陰謀論的網站分享出去，該網站內容涵蓋抨擊「疫苗深層政府」（譯按：Deep State，指軍方或是深具影響力的官員偷偷操控政府政策），以及質疑奧薩瑪・賓拉登（編按：Osama bin Laden，伊斯蘭軍事組織「蓋達組織」第一任首領，二〇一一年遭美國海軍三棲特戰隊擊斃）是否真實存在等議題[131]。

此舉造成的傷害，立即可見。時任美國國務卿龐培歐力促楊潔篪停止「推卸」病毒的責任，川普本人則是被趙立堅的推文「激怒」，他更用力批評中國在傳播病毒[132]。川普在該年三月十八日如此說道：「就像你們知道的，或許中國現在沒有再這樣講了，但他們曾一度聲稱這一切都是美國士兵造成的。休想！只要我還是總統，就不可能！那病毒就是來自中國！」[133]

超過一週的時間，趙立堅持續散播同套說法。此時，先前因趙立堅與蘇珊．萊斯的口水戰而被惹惱的崔天凱，決定插手了。紀錄片新聞節目《Axios on HBO》裡，崔天凱表示堅守自己之前的說法，也就是傳播這套理論「很瘋」，「這種揣測幫不了誰的忙，非常有害！」、「最終，我們一定要找出答案、了解病毒的出處，但這是科學家的工作，不是外交官的工作」。在中國的政治階層中，崔天凱其實是副部長等級，硬是比趙立堅高了兩個層級。此外，當崔天凱被問到趙立堅為何會提出此項主張時，他則回答：「或許你可以自己去問他。」[134]

至於中國外交部內部，各方官員的意見不盡相同。有人說外交部裡有許多人聲援趙立堅的作為，但也有人表示鬆了一口氣，因為崔天凱出來聲明趙立堅的「危險」言論與外交部無關，推測趙立堅只是認為習近平會認同，才發表如此評論[135]。此外，中國外交政策界的其他人，同樣也都有了警覺。北京數個研究機構的學者出面提醒政府，指出中國應該避免在國際間樹立敵人[136]。兩名退休的中國外交官更向某位外國外交官透露，他們對中國現在的行為感到「反感、厭惡」[137]。

崔天凱的話似乎起到讓趙立堅安靜下來的作用——至少是暫時安靜了。隔天，趙立堅反常的發布一條沒有攻擊性的無害推文，一張櫻花照搭配上「團結面對疫情」的訴求文字。過了數週，趙立堅在一場記者會上被問到推特上的推文時，除了死守官方立場外，也為自己的推文解釋那是「對某些美國政治人物先前侮辱中國時的反應」，還表示這些推文也反映多數中國民眾的不滿與憤怒[138]。

世界上有狼，中國外交官才需要跟狼打仗

即便趙立堅已策略性成功退下，但中國外交官逞兇好鬥的行為仍快速延燒。曾在加拿大引發爭議的盧沙野，此時是駐巴黎中國使館的領導人。四月十二日，盧沙野在使館網站上發表一篇文章，標題為「還原被扭曲的事實——一位派駐巴黎中國外交官的觀察」，文中有位不具名的外交官指控西方國家養老院，除了放任住民不管、任憑其死亡之外，還「圍攻」世界衛生組織[139]。這篇文章引發法國民眾的憤怒與不滿，連法國外交部也出言譴責[140]。

同月底，澳洲政府呼籲國際間調查新冠病毒的來源，但中國駐澳洲大使成競業的反應遠遠不止強烈的反擊語言，而是經濟威脅。成競業接受《澳洲金融評論報》（*Australian Financial Review*）採訪時說道：「也許一般民眾會問：為何我們要喝澳洲葡萄酒？要吃澳洲牛肉？」對

此，時任澳洲貿易部部長賽門・伯明罕（Simon Birmingham）則回應，自己國家不會屈服於「經濟脅迫」的恐嚇[141]。

然而，其他的**中國外交官似乎更專注於為習近平贏得喝采，而非挽救中國的聲譽**。中國駐芝加哥領事館外交官吳婷，兩次寫信給時任威斯康辛州（Wisconsin）參議院議長羅傑・羅斯（Roger Roth），要求他通過一項讚揚中國對抗病毒英勇作為的決議，而羅斯回信裡只有一個英文單字：Nuts（瘋了）[142]。歐洲這頭，中國外交官找上德國官員，要求對方就北京如何處理這場危機，發表正面肯定的聲明[143]。

新冠病毒和相關的後續發展，使北京的國際聲譽嚴重受損。二〇二一年四月，隸屬中國國家安全部的某家智庫發表一份內部報告，警告反中情緒已來到一九八九年天安門廣場鎮壓行動以來的新高[144]。問題大部分都源於中國外交官。正如澳洲前總理陸克文（Kevin Rudd）於該年五月陳述：「不論中國新一代『戰狼』外交官向北京當局回報些什麼，實際情況就是中國的地位受到嚴重打擊（諷刺的是，**這些戰狼不是在減輕傷害，而是在加劇受損的程度**）。」[145]

而在中國國內，有關「戰狼」外交的爭論持續引發熱議。有些人讚許這種更為侵略性的風格。該年四月，推崇民族主義的共產黨小報《環球時報》寫道：「中國這種『戰狼』形式外交的背後，其實是中國與西方實力的轉變」、「由於中國外交越來越要反映出人民的利益，因此外交官在外交事務中也變得更加敏銳，軟弱的外交口吻已無法滿足中國外交官。」[146]

十八歲的池薇琪（Vicky Chi，音譯），不只是趙立堅的粉絲，更經營趙立堅的粉絲頁，粉絲數量達一萬四千人，她表示：「我記得許多年前，有些人為了表達不滿，還會郵寄鈣片到外交部。但現在，我很高興看到我們的外交官，面對挑釁與攻擊行為都會堅決說『不』。」[147]

該年五月，王毅也在記者會上為外交官的強硬新作風辯護，他表示：「我們從不會挑起爭端，也不會欺負別人，但我們有原則、有膽量。任何蓄意的侮辱，我們都會反擊，堅決捍衛我們國家的榮譽與尊嚴，同時我們會拿出事實來駁斥一切毫無根據的誹謗。」[148] 劉曉明，中國駐倫敦大使，本人非常敢講敢言，他認為「戰狼」是個象徵「誤解」的標籤，不過他也提出解釋：**「因為這世界上有狼，所以中國外交官才需要跟狼打仗。」**[149]

除此之外，也有人並未感到特別高興。該年九月，曾派駐舊金山的中國總領事袁南生示警：「（北京）對中國民粹主義、極端民族主義如不加以防範，任其發展蔓延，國際社會很可能會因此誤以為中國也在追求『中國優先』。」此處暗指川普的「美國優先」政策。袁南生呼籲，中國要回到一九九〇年代和二〇〇〇年代早期所遵循的低調外交作風，此外他還表示：「中國外交應該『強起來』，而不是單純的『強硬起來』。」[150]

儘管如此，幾個月過去，顯然不論「戰狼」外交是否在國際間發揮作用，這個方法暫時會繼續存在。

中國只要有外交官，就會有戰狼

太平洋大酒店（Grand Pacific Hotel），位在南太平洋群島國家斐濟（Fiji）首都蘇瓦（Suva）的維多利亞大道（Victoria Parade）上，典雅的建築興建於二十世紀早期。二〇二〇年十月八日這天，約有百位貴賓齊聚在此，包括斐濟多位部長、多國外交官、學者、非營利組織員工等，在此慶祝臺灣的國慶日——十月十日，這日子代表一九一一年推翻滿清起義的開端。從一九七五年以來，斐濟一直都是承認北京，但同時與世界上多數國家一樣，也與臺灣保持著友好的非官方關係。

席間，賓客聚在一起輕鬆聊天時，發現有兩名未受邀請的中國大使在拍攝現場的賓客——北京經常用這招嚇阻那些疏於支持中國利益的人。幾位臺灣官員走上前，要求中國大使離開，卻遭到一陣暴打，其中有位商務辦事處負責圖書管理的臺灣官員，居然被打到腦震盪住院。雖然有報警，但中國官員聲稱自己擁有外交豁免權[151]。

這場意外發生的時間點，北京與臺北的關係正好也是越來越緊張。二〇一九年，太平洋島國索羅門群島（Solomon Islands）和吉里巴斯（Kiribati）相繼在短時間內與中國建交，此時美國決定介入，加強在該區對臺灣的支持力道，並力勸臺灣最後四個太平洋島國盟友不要做出同樣的決定。此時，中國駐斐濟外交官則是在尋找蛛絲馬跡，也就是可能會動搖該區支持北京的跡象。

然而，這段爭吵的確有些異常：過去七十年以來，中國一直與臺灣相互競爭，就各項可能指標看來中國正逐步勝出。中國逐漸削弱臺灣的正式邦交，此時臺灣只剩下十五個官方盟友，且主要都集中在太平洋和拉丁美洲的小國。

某個層面而言，中國外交官就只是聽從習近平所下的指示，表現出強硬的態度。臺灣立法委員王定宇，專精外交事務，他給出的解釋很能說明這當中的互動關係。王定宇告訴《紐約時報》記者，中國現在最大的問題是「**在習近平的統治之下，中國外交官轉求報復私人恩怨，無視中國的外交利益，只聽從領導人的內部命令**」[152]。中國外交官在斐濟的行為，與北京使節在一九五〇年代初期和文革期間的過分行為相當雷同，在當時，勃然大怒就是彰顯對領導階層忠誠的一種方式。

斐濟事件也展示了北京當局新有的「戰鬥精神」，仍伴隨著未曾改變過的同個不安全感，這股不安是擔憂中國在世界上的地位，打從一九四九年外交部成立之初就已存在的不安全感。被問到斐濟的打架事件時，趙立堅則否認臺灣的指控，稱臺灣這座島嶼是「在這裡裝受害者」、是「賊喊『捉賊』」。不過，隨後趙立堅的細節補充倒是透露了真相：中國外交官的行動有正當理由，因為北京當局已知會場內的蛋糕「標有偽國旗圖案」。

如今，中國是世界第二大經濟體，也是聯合國安全理事會的常任理事國，擁有世界上數一數二強大的軍隊。然而，在建國七十年之後，中國外交官被激怒到出拳打架，原因竟只是一顆他們認為裝飾不當的蛋糕。

與周恩來在一九四九年招募到的新進人員一樣，二〇二〇年中國外交官對自己國家在世界上的地位依舊是深感不安。此外，**現代中國外交官也跟前輩一樣，比較在意自己在國內觀眾面前展現出軟弱的一面，而不是關心如何實際改善中國的聲譽。就這點來說，中華人民共和國只要有外交官，就會有戰狼。**

後記

中國外交核心戰略：讓批評的人閉嘴

二〇一七年，我在某間北京商場三樓的星巴克，與王力（假名）約好見面，嚴格來說這次會面可是違法了規定。王力剛成為中國外交官，照理來說不應獨自與任何一位外國人見面，更不用說是和記者碰面了[1]。

王力出生於一九九〇年代中期，是富饒沿海省分地方官員的後代，英語能力非常優異，這是父母讓他從小小年紀就學習英語的成果。在這間國際連鎖咖啡店裡，王力顯得十分自在。店內喇叭播放著調式爵士（modal jazz）音樂，咖啡師夾雜著中文、英語和星巴克式義大利語，喊了我們的飲料：「Pete的grande卡布奇諾！」

十多歲時，老師問王力要申請什麼大學科系時，父母便建議他可以考慮成為一名外交官。為了能順利當上外交官，父母甚至幫他選擇具挑戰性、更有助於外交職涯的第三語言作為他的大學主修科系。

跟許多出生在剛轉變成富裕強大中國的孩子一樣，舒適、受保護的童年，乃是他們父母那一代人所無法想像的。王力的父母經歷過文化大革命，祖父母則是歷經一九四九年剛成立的新中國。王力一直很努力，因而能擁有現在的一切；然而，通往成功的道路其實早已在他面前鋪設整齊。

我和王力見面時，他已大學畢業，通過外交部入學考試，也完成為期一個月必要的軍事訓練。此外，外交訓練中還有一部分是到外交部各司實習，王力也前後短暫交替了兩回。他拿到剛出爐的外交護照，幾天後就要啟程了。

對我來說，決定與王力見面的原因很清楚，我就是想了解中國外交的未來可能會變成什麼模樣。從我們的談話過程之中，王力決定與我見面的動機也逐漸變為明朗。我們很輕鬆的聊了一下家庭、工作、人際關係、外交政策，接著，王力問了一個讓我很意外的問題：一九八九年天安門示威抗議活動，真的是「美國大使館密謀、策劃、執行的陰謀」嗎？

王力其實並不缺乏能回答這個問題的資訊。他讀過中國政府記述這起事件的內容，也長期使用VPN軟體翻牆瀏覽在中國被禁的中方與西方論點。然而，到底該相信誰的說法，實在是很難決定。王力與他這一代的人知道，最好不要直接採信政府所說的一切，但他也不相信西方媒體，更不相信美國政府。

一開始，我感到十分吃驚。有關天安門的論述，我已聽過許多不同的版本，也聽了太多次——不過，講的人通常都是非常胸有成竹，很少帶著詢問的開放態度。

我盡我所能分享自己的觀點，但也強調了自己可不是什麼專家。有好多記者、作家和歷史學家對這個議題感興趣長達三十年了，也非常有雄心壯志，只可惜那個時期有太多事情都被隱藏，尤其中方藏得很深。我指出，如此大規模的政府陰謀，一旦挖了出來，絕對會是超大獨家新聞，所以若有具說服力的證據存在，現在早就該被攤出來了。

此外，雖然在我看來，美國外交官和情報員很聰明，但是否能策劃如此大規模的活動——還能藏匿三十年——似乎還是有待商榷。面對廣大民眾呼籲希望能有更為開放、更具有代表性的社會，外國政府顯然是很同情，但數十萬名一般中國百姓和各行各業的工人站出來傳達的是內在渴望，期望政府可以抑制過分作為，以及傳達包括通貨膨脹在內的購買力問題。

王力謝謝我提供的看法，但似乎並沒有特別採信我。我們又聊了一會兒之後就道別了，不過，這段對話一直都掛在我的心上。這麼一位聰明、受過良好教育的孩子，即將到世界舞臺上代表全球第二富有的超級強權政府，但**往後這孩子出席會議所面對的他國外交官，卻很有可能比他本人更了解自己國家某些面向的政治歷史。如果我身在他的處境裡，我也會想要尋求說明與解釋**。

接下來的數十年裡，王力與下一代中國外交官，除了要努力應付中國領導階層急速擴長的野心之外，也要應對外界投來越來越多的期望與審查。就許多層面來說，王力乃是中國外交過去七十年來深遠轉變之下的新生代，但同時也闡明了改變幅度竟如此微小。

從某些角度來看，現在站在中國外交關係前線的這一群人，跟一九四九年中國首批外交官相比已完全不同。這群人比之前任何一代中國外交官都更專業、更內行、更國際化，在全球頂尖大學攻讀學位，精通艱深的語言，還培養了從全球金融到核武器等多種專業知識。在國際外交官之中，這群人可說是最優秀的。

不過，**打從一九四九年周恩來提出要打造「文裝解放軍」的願景以來，有些基本面甚少改變**。二〇〇九年，某位前中國外交官如此寫道：「在周恩來總理的親自關心和帶領下，外交部從建部起就十分重視作風建設，形成了學習勤奮、工作嚴謹、紀律嚴明的好傳統。黨和國家加強外事幹部隊伍建設的指導思想一脈相承……基本精神和要求是一致的。」[2]

另一位外交官則是這樣陳述：「周恩來說，外交使團就像穿文裝的人民解放軍，必須嚴格遵從鐵的紀律……過去幾十年裡，雖然沒有穿上軍服，但我們一直秉持著這項原則工作。」[3]

中國體制既愛遮掩、又偏執，其外交官也無法擺脫中國政治體制的束縛。這套制度是由地下組織打拚建立起來，於冷戰高峰期發展至成熟，未來將會繼續限制、管控著中國外交官。不過，許多小威脅朝中國政治體制逼近，且敵人（無論內部或外部）也一直都在。真相與政治正統理念之間，一直存在著緊張關係，當與外在世界發生摩擦時，這份緊張關係會越發緊繃。

由於這些限制要素的存在，中國外交官非常擅長明確闡述中國的要求，也很會毫無顧忌追求中國的目標，再搭配上對不合意的國家施行經濟脅迫，往往成效都很不錯，至少短期內會很有效果。這套體制讓中國外交官能保守祕密、意見一致，跨組織單位的較勁問題大多能躲過媒體的目光。因此，中國對臺灣或西藏採取的政策，世界上沒有一個國家會產生疑問，或有任何搞不清楚的地方。

不過，**無論中國外交官如何訓練有素、多麼國際化，中國政治體制確實局限了外交官說服他人的能力**。中國外交官所服務的政治體制，完全不相信外在世界，所以與外國人深入交往就會受限，也難以獲取人心與想法。

同時，這套體制也讓執行者沒有空間臨場發揮、展現彈性與靈活，更沒有採取主動的餘地，因此沒有太多機會能夠扭轉中國外交官互動對象的觀點。中國外交官也就變得擅長透過引誘和威脅來取得影響力，但很難結交真朋友。此外，**比起說服他人共享看法，這套體制比較擅長的是讓批評的人閉嘴**。

今日與未來各世代的中國外交官，將承擔起一道沉重的領悟——藉由政治宣傳持續傳承的領悟——也就是自己國家被剝奪了在這世界上的正當地位，他們的使命就是奪回這份地位。儘管國家實力不斷增強，但這群人依舊對輕視、冷落很敏感，也對國家在國際間的地位缺乏安全感，面對國內壓力更是提心吊膽。曾派駐法國的中國大使陳健寫道：「美國說過，臉皮要夠厚才能成為超級強國——正好就是中國人民所欠缺的特質。」[4]

早些時期，核心任務是求生存：抵禦外國威脅，在國際上贏得足夠的空間，好讓國內有機會發展社會革命。而此刻，中國在成為多極世界最大經濟體的道路上，在這個多極世界裡，早已失去單極霸權這座靠山所能提供的少量穩定性與確定感。中國擁有強大的軍隊，越來越有全球野心，還擁有創新科技技術產業，以及企圖心很強的太空計畫。儘管中國在經濟和科技方面進步卓越，但全球的民意調查顯示，中國蒙受低弱的信任度，且許多國家的多數公民都認為中國是個威脅。

中國要拉攏其他各國，倚靠的本事不能只有人民幣，以及揮舞一根大棍子，他們也需要具備說服能力。這項挑戰有賴中國外交施展靈活多變與機智靈巧的本領，而這正是中國鮮少展現出來的那種能力。

前方的道路並不明朗。過去，中華人民共和國出了一大群國際人物，其中不乏能勝任贏得友誼與影響力這份任務的人。

過往曾有一套本能直覺，帶領共產黨成功勝出好幾回合。一路從在延安討好美軍觀察組，到日內瓦會議和萬隆會議的成功，再到天安門事件後的漂亮反擊，最終於二〇〇八年舉辦夏季奧林匹克運動會時達到顛峰。因此，儘管無法克服國內政治設下的每一道限制，但這套本能具備一股力量，牽引整個國家走上一大段旅程。

不過，就如我們所見，**每回中國發動魅力攻勢，最終都會因國內政治運動而前功盡棄**。面對如此壓力，中國又推生出另一套替代性本能。從延安時期開始的早期肅清運動，一直到現今習近平推動的政治控制，此套替代本能一直驅動著中國外交官的核心作為。有位講師告訴學生，中國只在意「毛澤東路線」（Mao Zedong law），起因正是這套本能。一九五〇年，伍修權在聯合國發表尖銳謾罵的演說，也是由此引發。文化大革命期間，中國毀壞與國際間的關係，驅使的動力依舊是這套本能。

這兩套本能，象徵對同個政治體制的不同回應方式。兩者被同樣的約束所限制，同樣對中國一黨獨大制度有一貫的忠誠，甚至採用許多相同的技巧與特質，從迴避策略到尖銳謾罵，一路到承襲對中國世界地位的不安感。

然而，追求專業精神的渴望之中，可清楚見到魅力本能的展現。一種是在中國政治體制允許的範圍內，進行真正對話的本能，試圖藉由與世界接觸來說服他人；另一種是面對外在世界對中國產生的擔憂與質疑時，霸凌本能創造出一種毫無歉意的狂妄自大態度，似乎是在傳達：我就站在這裡，我無法變成另一種樣貌。有了這兩股衝動，中國外交官不論是與外界溝通，或是想要被接受，全都成了不容易達成的任務。不過，後者有可能讓中國變孤立，前者比後者更容易帶著中國朝往全球的影響力和聲望走下去。

現在，隨著共產黨迎來建黨一百週年（譯按：於二〇二一年建黨滿一百年），**中國政治體制也出現跡象，顯示又要回到過去曾阻礙外交進展的形式**。自二〇〇八年起，中國外交部官員在外交上採取有信心的堅決態度，不禁讓人聯想起先前對外侵略的時期。這些外交官的行為顯現，乃是成功度過全球金融危機後新找到的信心，合併二〇一一年阿拉伯之春後，對於政權正當性與長期穩定性感受到的不安全感。二〇一二年之後，由於習近平的崛起，此套新方法又被強化，因為習近平展開行動，壓制、削弱許多對手，並鎮壓國內的反對派。

中國現有領導階層所展現出來的，乃混合了自以為的自信與擔心受怕的不安全感，促使中國外交官呈現長久不變的樣貌，卻也是最不討喜的部分。**假使共產黨允許外交官擁有更多自由，運用他們強大的技能來保護、推動自己的國家，整體情況可能會大有不同。**

可是，**思想自由與獨立行動，對中國政治體制的威脅太大，中國可無法長期容忍**。因此，**比起放眼全世界，中國外交官花比較多時間在緬懷過往**。

本書參考資料
請掃描QR Code

謝辭

寫書時，有許多事情會讓我感到謙卑，其中有兩項尤其鮮明：一是了解到我需要的幫助非常多，二是自己多麼幸運，周圍有許多願意提供資訊的朋友。

十年前，吉姆・麥葛雷格（Jim McGregor）給了我個機會，從那以後吉姆就一直是我的朋友兼導師；寫草稿的期間裡，我收到許多建議，其中「儘管倒出來」這句話證實是最為明智的建言（剩餘沒有倒出來的就都是我個人的責任了）。這一整本書，以及我寫的所有東西，也都應該要下注腳獻給我親愛的朋友大衛・科恩（David Cohen）。

若當時在華盛頓特區的創始農民（Founding Farmers）這間餐廳，與查爾斯・艾德爾（Charles Edel）共進晚餐時，查爾斯沒有早早就給我鼓勵，我可能不會開始這項寫書計畫。此外，如果沒有白明（Jude Blanchette）源源不絕的洞察力與熱忱，我肯定永遠不會看透這一切。還有，閱讀本書初稿時，肯恩・威爾斯（Ken Wills）、韓碧如（Lucy Hornby）、石婷、郭嘉明（James Green）、麥思理（Steven Lee Myers）、奈里斯・艾利（Nerys Avery）、湯姆・龐姆洛伊（Tom Pomeroy）想必覺得痛苦，但他們給我的建議與鼓勵，全都相當寶貴。

以下幾位朋友所提供的專業知識與經驗，更是大力精進了本書的風格與內涵：克里斯・安斯蒂（Chris Anstey）、艾立克・阿許（Alec Ash）、安東尼・貝斯特（Antony Best）、馬特・坎博（Matt Campbell）、安德魯・查布（Andrew Chubb）、艾倫・克洛福（Alan Crawford）、杜如松（Rush Doshi）、艾力克斯・法羅（Alex Farrow）、傅瑞珍（Carla Freeman）、傅立民（Chas Freeman Jr.）、葛凱（Karl Gerth）、克拉拉・葛拉斯皮（Clara Gillispie）、安迪・希斯（Andy Heath）、何天睦（Tim Heath）、季瑞達（Ken Jarrett）、章志勵（Jeremiah Jenne）、貝西・喬斯（Betsy Joles）、丹・藤・凱特（Dan Ten Kate）、傑夫・科恩斯（Jeff Kearns）、韋斯・科索瓦（Wes Kosova）、詹姆斯・梅格（James Mayger）、崔・馬卡佛（Trey McArver）、馬利德（Richard McGregor）、潔西卡・麥爾斯（Jessica Meyers）、威爾・米拉德（Will Millard）、科倫・墨菲（Colum Murphy）、蘭斯・諾博（Lance Noble）、朱尼・歐本（Junni Ogborne）、雷娜・史戈珀（Lena Schipper）、布蘭登・史考特（Brendan Scott）、查理・西斯（Charlie Seath）、施家曦（Gerry Shih）、凱蒂・斯托爾拉德—布蘭切特（Katie Stallard-Blanchette）、大衛・韋納（David Wainer）、鮑柏・王（Bob Wang）、偉德寧、翟琦（Keith Zhai）。

寫書期間與我聊過天、談過話的朋友，有些人名已出現在本書注釋，有些人則選擇匿名，我都非常感謝你們！更要謝謝我最棒的中文老師王微，多年來一直忍受著我想要學習「黨」說話方式的奇怪目標。

此外，我由衷感謝彭博政治團隊（Bloomberg Politics team）對於寫書計畫的支持，特別是布蘭登・史考特、丹・藤・凱特、羅斯・馬蒂森（Ros Mathieson）、韋斯・科索瓦。克里斯汀・鮑爾斯（Kristin Powers）和莎曼莎・博伊德（Samantha Boyd），謝謝你們願意撥出時間給我，提供許多寶貴建議。不過，本書中所有的想法與意見都還是我個人的看法。還要謝謝牛津大學出版社（Oxford University Press）的大衛・布萊德（David McBride）和荷莉・米契爾（Holly Mitchell）安排此次的出版計畫，且還很耐心的從頭到尾陪我完成。

我還想要感謝我的伴侶亞歷珊卓（Alexandra），你是我最好的朋友，更不斷給我靈感；當然也要謝謝我最有力的基石、我的兄弟葛拉漢（Graham）。最後，我要把這本書獻給我的父母，雖然有些微不足道，但還是希望藉此表達感謝之情。

國家圖書館出版品預行編目（CIP）資料

中國戰狼外交：外交官怎成了文裝解放軍？一切要從周恩來說起。／
馬越（Peter Martin）著；吳盈慧譯 . -- 初版 . -- 臺北市：大是文化有
限公司 , 2023.10
400 面；17×23 公分 . --（TELL；59）
譯自：China's Civilian Army: The Making of Wolf Warrior Diplomacy.
ISBN 978-626-7328-63-7（平裝）

1. CST：中國外交　2. CST：外交史

642.7　　112012584

TELL 059

中國戰狼外交

外交官怎成了文裝解放軍？一切要從周恩來說起。

作　　者／馬越（Peter Martin）
譯　　者／吳盈慧
責任編輯／連珮祺
校對編輯／楊　皓
美術編輯／林彥君
副 主 編／馬祥芬
副總編輯／顏惠君
總 編 輯／吳依瑋
發 行 人／徐仲秋
會計助理／李秀娟
會　　計／許鳳雪
版權主任／劉宗德
版權經理／郝麗珍
行銷企劃／徐千晴
業務專員／馬絮盈、留婉茹、邱宜婷
業務經理／林裕安
總 經 理／陳絜吾

出 版 者／大是文化有限公司
臺北市 100 衡陽路 7 號 8 樓
編輯部電話：（02）23757911
購書相關諮詢請洽：（02）23757911 分機 122
24 小時讀者服務傳真：（02）23756999
讀者服務 E-mail：dscsms28@gmail.com
郵政劃撥帳號：19983366　戶名：大是文化有限公司

法律顧問／永然聯合法律事務所
香港發行／豐達出版發行有限公司 Rich Publishing & Distribution Ltd
地址：香港柴灣永泰道 70 號柴灣工業城第 2 期 1805 室
Unit 1805, Ph.2, Chai Wan Ind City, 70 Wing Tai Rd, Chai Wan, Hong Kong
電話：21726513　傳真：21724355
E-mail：cary@subseasy.com.hk

封面設計／兒日設計　內頁排版／王信中
印　　刷／韋懋實業有限公司

出版日期／ 2023 年 10 月　初版
定　　價／新臺幣 520 元（缺頁或裝訂錯誤的書，請寄回更換）
I S B N ／ 978-626-7328-63-7
電子書 ISBN ／ 9786267328651（PDF）
9786267328644（EPUB）

Printed in Taiwan